Während die Rolle der Intellektuellen in der Weimarer Republik unter den verschiedensten Fragestellungen gut untersucht ist, erscheint das Kaiserreich im Vergleich dazu als weißer Fleck.

Ein Intellektueller genannt zu werden, war in der deutschen geistigen Tradition lange ein Schimpfwort; es galt, ein Gebildeter zu sein. Dies hat sich seit geraumer Zeit geändert. Der Begriff des Intellektuellen hat eine deutliche Aufwertung erfahren, wenn auch kritische Konnotationen, wie die angebliche Wurzellosigkeit desselben, dabei immer noch mitschwingen.

Die sozialwissenschaftliche und die historische Forschung haben längst die besondere Rolle der Intellektuellen als einer gesellschaftlichen Gruppe erkannt. Die Deutungskompetenz verleiht ihr eine herausragende Stellung in der modernen Gesellschaft, und dies um so stärker, je mehr sich die politischen Entscheidungsprozesse im Lichte der Öffentlichkeit vollziehen bzw. durch die öffentliche Meinung beeinflußt werden.

Die elf Beiträge beanspruchen nicht, die bedeutende und vielfach noch unerforschte Rolle der Intellektuellen in der wilhelminischen Gesellschaft flächendeckend abzuhandeln; sie wollen vielmehr besonders interessante Aspekte dieser Thematik beleuchten – sei es, indem sie die Rolle einzelner, besonders herausragender oder paradigmatischer Persönlichkeiten innerhalb des öffentlichen Diskurses im Kaiserreich analysieren, sei es, indem sie besondere Elemente des Bewußtseins der deutschen Bildungselite ansprechen. Dazu bedarf es freilich auch des Blickes über die Grenzen, nach Frankreich und Österreich, und auf die russischen Studenten und japanischen Nationalökonomen und Sozialreformer an den deutschen Universitäten.

Dieser Band versteht sich als Beitrag zur Erforschung kultureller Systeme, die als Deutungsinstanzen zwischen den unterschiedlichen Lebenssphären vermitteln und im historischen Prozeß eine wichtige Rolle spielen. Ein Thema also, das gegenwärtig stark an Bedeutung zunimmt.

Die Viten der Herausgeber befinden sich am Ende des Bandes.

# Intellektuelle
# im Deutschen Kaiserreich

Mit Beiträgen von
Rita Aldenhoff, Dittmar Dahlmann, Edith Hanke,
Gangolf Hübinger, Eva Karádi, Gerd Krumeich,
Friedrich Lenger, Wolfgang J. Mommsen,
Birgitt Morgenbrod und Wolfgang Schwentker

Herausgegeben von
Gangolf Hübinger und
Wolfgang J. Mommsen

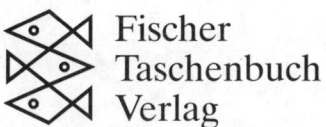

Fischer
Taschenbuch
Verlag

Einige der Beiträge sind aus einem Symposium hervorgegangen, das zum 60. Geburtstag von Wolfgang J. Mommsen im November 1990 in Schloß Kalkum bei Düsseldorf von Stig Förster und Gerd Krumeich veranstaltet wurde.

Lektorat: Walter H. Pehle

Originalausgabe
Veröffentlicht im Fischer Taschenbuch Verlag GmbH,
Frankfurt am Main, November 1993

Umschlaggestaltung: Buchholz/Hinsch/Hensinger
Umschlagfoto: Kulturtagung auf Burg Lauenstein, Pfingsten 1917.
Links Max Weber, daneben im Hintergrund Ernst Toller
(Foto: Verlagsarchiv Diederichs)
Zum Kontext des Fotos vgl. die Beiträge von
W. J. Mommsen, S. 53–55, und
G. Hübinger, »Journalist« und »Literat«, S. 107–109.
Gesamtherstellung: Clausen & Bosse, Leck
Printed in Germany
ISBN 3-596-11322-9

# Inhalt

Einleitung . . . . . . . . . . . . . . . . . . . . . . . . . . . . 7

Gerd Krumeich
**Die Resonanz der Dreyfus-Affäre im Deutschen Reich** . . . . 13

Wolfgang J. Mommsen
**Max Weber**
Ein politischer Intellektueller im Deutschen Kaiserreich . . . . 33

Friedrich Lenger
**Die Abkehr der Gebildeten von der Politik**
Werner Sombart und der »Morgen« . . . . . . . . . . . . . . . 62

Rita Aldenhoff
**Kapitalismusanalyse und Kulturkritik**
Bürgerliche Nationalökonomen entdecken Karl Marx . . . . . . 78

Gangolf Hübinger
**»Journalist« und »Literat«**
Vom Bildungsbürger zum Intellektuellen . . . . . . . . . . . . 95

Birgitt Morgenbrod
**»Träume in Nachbars Garten«**
Das Wien-Bild im Deutschen Kaiserreich . . . . . . . . . . . 111

Eva Karádi
**Macht und Ohnmacht des Geistes**
Mitteleuropäische Intellektuelle im Budapester
»Sonntagskreis« . . . . . . . . . . . . . . . . . . . . . . . . 124

Dittmar Dahlmann
**Bildung, Wissenschaft und Revolution**
Die russische Intelligencija im Deutschen Reich
um die Jahrhundertwende . . . . . . . . . . . . . . . . . . 141

Edith Hanke
**Das »spezifisch intellektualistische Erlösungsbedürfnis«**
Oder: Warum Intellektuelle Tolstoi lasen . . . . . . . . . . 158

Wolfgang Schwentker
**Fremde Gelehrte**
Japanische Nationalökonomen und Sozialreformer
im Kaiserreich . . . . . . . . . . . . . . . . . . . . . . . . 172

Gangolf Hübinger
**Die Intellektuellen im wilhelminischen Deutschland**
Zum Forschungsstand . . . . . . . . . . . . . . . . . . . . 198


**Anmerkungen** . . . . . . . . . . . . . . . . . . . . . . . . 211
**Die Autorinnen und Autoren** . . . . . . . . . . . . . . . . 245

# Einleitung

Ein Intellektueller genannt zu werden, war in der deutschen geistigen Tradition lange ein Schimpfwort; es galt, ein Gebildeter zu sein. Dies hat sich seit geraumer Zeit geändert. Der Begriff des Intellektuellen hat eine deutliche Aufwertung erfahren, auch wenn kritische Konnotationen, wie die angebliche Wurzellosigkeit desselben, dabei immer noch mitschwingen. Die sozialwissenschaftliche und die historische Forschung haben längst die besondere Rolle der Intellektuellen als einer gesellschaftlichen Gruppe erkannt. Die Deutungskompetenz der Intellektuellen, oder, wenn man dem ursprünglichen Begriff der Intelligencija den Vorzug geben will, der dem russischen Beispiel entlehnt ist, verleiht dieser Gruppe eine herausragende Stellung in der modernen Gesellschaft, und dies um so stärker, je mehr sich die politischen Entscheidungsprozesse im Lichte der Öffentlichkeit vollziehen bzw. durch die öffentliche Meinung beeinflußt werden. Sie läßt sich nicht ohne weiteres in ein soziales Schichtungsmodell einfügen, gleichviel ob man sich dabei an dem herkömmlichen marxistischen Klassenschema bzw. an seinen modernen Derivaten orientiert, oder ob man soziale Schichtungsmodelle in Anlehnung an Max Weber für angemessener hält. Ebenso läßt sich das Verhalten der Intellektuellen als einer relativ freischwebenden gesellschaftlichen Gruppierung in konkreten historischen Konstellationen nicht bruchlos auf Klassenlagen bzw. Interessenkonstellationen sozialer oder wirtschaftlicher Art zurückführen, obschon natürlich unübersehbar ist, daß die Intellektuellen dabei nicht selten auch massive eigene Gruppeninteressen vertreten. Von Hegels »allgemeinem Stand« sind sie jedenfalls weit entfernt. Und dennoch bleibt bei aller Interessengeleitetheit ihres Denkens und Handelns stets ein bedeutender Rest; die ihnen von der Gesellschaft zugeschriebene Funktion, die je gegenwärtige Wirklichkeit im Lichte allgemeiner Prinzipien, denen gemeinhin Kulturbedeutung beigemessen wird, zu deuten, verleiht den Intellektuellen eine besondere Stellung. Wie groß auch immer die Eingebundenheit der Intellektuellen in die politischen, ökonomischen und kulturellen Interessenlagen des Tages war oder ist, so darf ihr Wirken gleichwohl als eigenständiger Parameter im geschichtlichen Prozeß gelten.

Dies rechtfertigt es, der Gruppe der Intellektuellen im Deutschen Kaiserreich vornehmlich in der Wilhelminischen Ära besondere Aufmerksamkeit zuzuwenden. Die nachstehenden elf Beiträge beanspruchen nicht, das große und noch vielfach unerforschte Feld der Rolle der Intellektuellen in der wilhelminischen Gesellschaft flächendeckend abzuhandeln; sie wollen vielmehr besonders interessante Aspekte dieser Thematik beleuchten, sei es, indem sie die Rolle einzelner, besonders herausragender oder paradigmatischer Persönlichkeiten innerhalb des öffentlichen Diskurses im Kaiserreich analysieren, sei es, indem sie besondere Elemente des Bewußtseins der deutschen Bildungselite ansprechen. Dabei bedarf es freilich auch des Blicks über die Grenzen. So liegt es nahe, die Resonanz der Dreyfus-Affäre in Frankreich, einer paradigmatischen Auseinandersetzung der französischen Intellektuellen mit den herrschenden Schichten der Dritten Republik, in der deutschen politischen und intellektuellen Szene zu untersuchen und deren Reaktionen aufzuspüren. Von Bedeutung waren auch Intellektuellengruppen, die anderen Kulturkreisen angehörten, aber im kulturellen Milieu des Kaiserreichs eine nicht unbedeutende, wenn auch auf den ersten Blick marginale Rolle spielten wie die russischen Studenten oder die japanischen Nationalökonomen und Sozialreformer an deutschen Universitäten.

Am Anfang steht ein Beitrag von Gerd Krumeich über die Resonanz der Dreyfus-Affäre im Deutschen Reich. Es ergibt sich, daß die Reaktionen auf die Dreyfus-Affäre nicht nur seitens der amtlichen Politik des Deutschen Reiches, sondern auch in den »gebildeten« Kreisen äußerst zurückhaltend gewesen sind; an diesem Umstand läßt sich ablesen, daß es zu diesem Zeitpunkt nur in geringem Maße zur Ausbildung einer selbstbewußten Intelligenz im öffentlichen Leben Deutschlands gekommen ist.

Wolfgang J. Mommsen schildert Max Webers Rolle als Prototyp eines Intellektuellen, der als steter, oft unbequemer Mahner und als unerbittlicher Kritiker der politischen und sozialen Verhältnisse im Deutschen Kaiserreich eine herausragende Rolle gespielt hat, in gleichzeitiger scharfer Abgrenzung seiner selbst von den »Literaten«, deren Tun sich, wie er erbittert beklagte, in der beständigen gedankenlosen Akklamation der jeweils Mächtigen erschöpfe.

Friedrich Lenger behandelt Werner Sombarts Plädoyer für die Abkehr der Intellektuellen, als den Trägern einer spezifischen Geisteskultur, vom politischen Tageskampf und insbesondere von aller Parteipolitik, zugunsten der höchstmöglichen Entfaltung ihrer eigenen Individualität, zugleich aber, um die Eigenständigkeit der Intellektuellen als einer vorgeblich unabhängigen Instanz im politischen Leben zu verteidigen.

In das Umfeld dieser geistigen Aktivitäten gehört auch die Auseinandersetzung mit Karl Marx, die um die Jahrhundertwende in der deutschen und österreichischen Nationalökonomie ausgetragen wurde, über die Rita Aldenhoff berichtet. Im Diskurs mit den Positionen des zeitgenössischen Marxismus legte die deutsche Sozialwissenschaft die Grundlagen für eine nicht bloß ökonomische, sondern eine kulturwissenschaftliche Deutung des industriellen Kapitalismus, die den bürgerlichen Schichten eine sachgerechtere Einstellung gegenüber dem industriellen System und der proletarischen Arbeiterschaft nahebringen wollte.

Gangolf Hübinger analysiert den Prozeß der schrittweisen Auflösung des Kanons verbindlicher bildungsbürgerlicher Kulturwerte seit der Jahrhundertwende, an deren Ende der »Journalist« und der »Literat« zu Schlüsselfiguren der Selbstdeutung der modernen Gesellschaft aufstiegen, auf Kosten der herkömmlichen Trägerschichten von Wissenschaft und Bildung.

Birgitt Morgenbrod zeichnet ein anschauliches Bild des gebrochenen Verhältnisses der »reichsdeutschen« Intellektuellen zur Kulturmetropole Wien. Die Deutschen waren von der Schönheit, von dem »vornehmen Charakter« und der geistigen Vitalität Wiens tief beeindruckt; der kultivierte, gleichsam aristokratische und dennoch bodenständige, Lebensstil des wohlhabenden und zugleich hochgebildeten Wiener Bürgertums faszinierte sie, gerade vor dem Hintergrund der Verhältnisse im Deutschen Reich, wo die Einebnung der ursprünglich sozial und ökonomisch herausgehobenen gesellschaftlichen Stellung der Gebildeten bereits weit vorangeschritten war. Aber sie wurden gleichwohl ein Gefühl der Geringschätzung gegenüber ihren österreichischen Vettern nie los.

Daran schließt sich eine Würdigung des Budapester »Sonntagskreises« aus der Feder von Eva Karádi an. Der Budapester »Sonntagskreis« war ein Intellektuellenzirkel klassischen Typs, mit vielfältigen
Ausstrahlungen nicht allein auf die ungarische, sondern auch auf die
deutsche intellektuelle Szene der Zeit des Ersten Weltkrieges und der
ersten Jahre der Zwischenkriegszeit. Der geistige Mittelpunkt dieses
Kreises war der deutsch-ungarische Wissenschaftler, Schriftsteller
und Philosoph Georg Lukács; doch gehörten ihm zahlreiche bedeutende Persönlichkeiten, u. a. der Schriftsteller Béla Balázs und der
Sozialwissenschaftler Karl Mannheim an.

Dittmar Dahlmann behandelt die (exil-)russischen Intellektuellengruppen an den deutschen Universitäten, die im Neukantianismus
einen Gegenpol sowohl zum Marxismus wie zu den Volkstümlern
suchten. Ihre Ausstrahlung auch auf die deutsche Kulturszene war
nicht gering; diese trug dazu bei, daß russische Literatur und russische
Denkformen in der deutschen Bildungsschicht eine wachsende Zahl
von begeisterten Anhängern gewannen.

Edith Hanke beschreibt am Beispiel des protestantischen Theologen
Friedrich Rittelmeyer und des anarcho-syndikalistischen Sozialisten
Gustav Landauer, wie groß die Faszination war, die von Leo Tolstoi
auf die deutschen Intellektuellen ausging. Max Weber beispielsweise
hat Tolstois Lebensphilosophie zeitlebens als intellektuelle Herausforderung seiner eigenen, bürgerlich-protestantischen und zugleich
Macht und Nationalstaat bejahenden Position angesehen; er trug sich
seit 1911 mit dem Gedanken, ein Buch über diesen zu schreiben, das
zugleich eine Rechtfertigung seiner selbst sein sollte.

Daran schließt sich eine Studie von Wolfgang Schwentker über die
bedeutsame Mittlerfunktion einer Reihe von japanischen Studenten
an, die ihre intellektuelle Formung durch ihr Studium bei führenden
Nationalökonomen in Deutschland und in Österreich erhielten. Vor
allem der damals unter den deutschen Nationalökonomen leiden-
schaftlich geführte Diskurs über eine konstruktive staatliche Sozialpolitik, die sich die Überwindung der großen sozialen Konflikte zum
Ziele setzen müsse, welche sich mit der rapide voranschreitenden industriellen Entwicklung eingestellt hatten, hinterließ bei den jungen
japanischen Wissenschaftlern, deren eigene Schüler dann später in
großen Zahlen an deutschen Universitäten studierten, einen tiefen
Eindruck. Außerdem verfolgten sie mit großer Aufmerksamkeit die

seinerzeitige leidenschaftliche Debatte im Lager der Nationalökonomie über das Für und Wider der Schutzzollpolitik sowie den Widerstreit zwischen der historischen Schule der Nationalökonomie und der Grenznutzenlehre. Die Gründung eines japanischen »Vereins für Socialpolitik« nach deutschem Vorbild war nur eine der vielfältigen Auswirkungen dieses bemerkenswerten Transfers deutscher Intellektuellenkultur in ein Land mit völlig unterschiedlicher geistiger Tradition.

Den Abschluß des Bandes bildet ein Beitrag von Gangolf Hübinger, der die Gruppe der Intellektuellen im Kaiserreich als bedeutsames Objekt der historischen Forschung vorstellt und eine Übersicht über den gegenwärtigen, in starker Bewegung befindlichen Forschungsstand gibt.

Dieser Band möge als bescheidener Beitrag zu einem Thema verstanden werden, das gegenwärtig an Bedeutung zunimmt. Gemeint ist die Erforschung kultureller Deutungsinstanzen, die zwischen den vielfach radikal unterschiedlichen Lebenssphären komplexer Gesellschaften vermitteln und auf ihre Weise im historischen Prozeß eine bedeutsame Rolle spielen.

Im April 1993                                            Gangolf Hübinger
                                                               Wolfgang J. Mommsen

Gerd Krumeich
# Die Resonanz der Dreyfus-Affäre
# im Deutschen Reich

Im Jahre 1894 wurde der jüdische Hauptmann Alfred Dreyfus in Paris
unter dem Verdacht verhaftet, militärische Geheimnisse verraten zu
haben; wenig später wurde er zu lebenslänglicher Deportation verurteilt und auf die »Teufelsinseln« verbracht. Für die französische und
internationale Öffentlichkeit war dies noch keiner sonderlichen Er-
wähnung wert, nur französische Sozialisten mokierten sich über die
unverhältnismäßig milde Bestrafung eines »bürgerlichen« Spions,
was sie als neues Indiz für Klassenjustiz rechneten. Allein die antise-
mitische Presse versuchte, diesen Fall von Militärspionage für ihre
Propaganda zu nutzen, und sie registrierte auch sorgsam die Bemühungen von Familie und Freunden des Verurteilten, neues Beweis-
material für dessen Unschuld zu beschaffen und eine Revision des
Prozesses von 1894 zu erreichen. Diese Bemühungen waren in der Tat
intensiv, nicht frei auch von dubiosen Methoden, etwa bei der Be-
schaffung und Publikation von Privatbriefen, so daß auch auf der
Rechten bald Klage geführt wurde über die Machenschaften des von
ihr so genannten »Syndikats« der Dreyfus-Anhänger. Diese hatten
indessen in dem Maße, wie ihre Ermittlungen voranschritten, das Gefühl, auf eine Mauer von Konnivenz der antirepublikanischen Rechten mit Mitgliedern der Militärbürokratie und des Generalstabs, auch
der Regierung zu stoßen. Ohne auf die Gründe dieser Polarisierung –
nicht der ersten, aber dann die Zukunft prägenden – eingehen zu können, sei hier nur festgestellt, daß der Spionagefall Dreyfus erst 1898 zu
einem die breitere Öffentlichkeit bewegenden, dann bald Frankreich
in zwei feindliche Lager zerreißenden politischen Skandal werden
sollte.
Die von den »Dreyfusards« mobilisierte bürgerliche Presse, »Le Fi-
garo«, »Le Siècle«, »l'Aurore«, stand in einem deutlichen Gegensatz
zur überwiegenden öffentlichen Meinung der Massenpresse, »La

Croix«, »La Libre Parole«, und der nationalen Verbände.[1] Emile Zolas »Offener Brief an den Präsidenten der Republik«, unter der Bal-
kenüberschrift »J'accuse« am 13. Januar 1898 in Clemenceaus »l'Aurore« veröffentlicht,[2] war eine recht mutige Einzelaktion des sicherlich damals populärsten französischen Schriftstellers – zunächst
schien es indessen, daß ihn diese Stellungnahme seine Popularität
kosten würde. Ganz überwiegend lehnten Parlament und Öffentlichkeit diese Anklage der wichtigsten militärischen und politischen Spit-
zen ab, das Recht gebeugt zu haben. Die Beleidigungsklage, die der
Kriegsminister Billot unverzüglich gegen Zola erhob, wurde als sachlich gerechtfertigt empfunden. Bereits einen Monat später, am 23. Februar 1898 wurde Zola zur Höchststrafe für Beleidigung, einem Jahr
Gefängnis und 3000 Francs Geldstrafe, verurteilt. Und noch am 7. Juli
1898 erhielt der Kriegsminister Cavaignac im Parlament nahezu unge-
teilte Zustimmung, als er gegen die anhaltenden und hartnäckigen
Bemühungen der Dreyfusards, die Revision des Prozesses zu erreichen, die ganze Autorität seines Amtes und seiner Überzeugung
setzte: Die Kammer beschloß mit 572:16 Stimmen den sogenannten
»affichage« dieser Rede, d. h.: In jeder französischen Kommune
wurde per Aushang am Bürgermeisteramt die Ansicht des Parlamentes veröffentlicht, daß Dreyfus zu Recht verurteilt und daß die Bemühungen um Revision fehlgeleitete bzw. unseriöse Bemühungen einer
kleinen Schar von Fanatikern darstellten. Erst als wenig später der
Oberst Henry gezwungen war, einzugestehen, daß er eines der
Hauptbelastungsstücke gegen Dreyfus, welches noch im Juli von Cavaignac vor dem Parlament als ausschlaggebend bezeichnet worden
war, gefälscht hatte, und als er sich zudem wenig später (31. 8. 1898)
im Militärgefängnis das Leben nahm,[3] »kippte« die Situation: Diejenigen, die sich bislang in einer deutlichen Minderheitenposition für
die Wiederaufnahme des Verfahrens eingesetzt hatten, konnten
triumphieren. Die Revision war unausweichlich geworden.
Indessen war der Kampf der Antirevisionisten, der sogenannten
»Anti-Dreyfusards«, noch keineswegs zu Ende. Die Bipolarisierung
Frankreichs gewann erst jetzt ihre größte Intensität. Es ergab sich
eine unerbittliche und hochideologische Schlachtordnung der Innenpolitik, der Streit entzweite selbst noch die Familien. Besonders das
militärische Establishment reagierte auf diese dramatische Wende
mit dem extrem hysterischen Bemühen, gleichwohl recht zu behal-

ten. Hohe Generale drohten für den Fall einer Revision der »chose jugée« ihren Rücktritt an, und innerhalb eines Monats traten drei Kriegsminister zurück, als sich zeigte, daß die parlamentarische Mehrheit gegen die Wiederaufnahme des Verfahrens nach dem Tode des Obersten Henry zerschmolz. Der militärische Hauptaktivist der Revision, der Oberst Piquart, wurde nunmehr sogar – nachdem er schon jahrelang schikaniert worden war – aufgrund absurdester Behauptungen seinerseits als Verräter verhaftet. Berühmt geworden ist die Kampagne der rechtsextremen »Libre Parole«, die nach dem Freitod des Oberst Henry eine Subskription für ein Denkmal für diesen der Fälschung überführten Militär organisierte, welche einen überaus signifikanten Erfolg hatte.[4] Charles Maurras, bislang wenig mehr als ein eleganter neo-royalistischer Schriftsteller, erlangte in kürzester Frist Berühmtheit, als er im September 1898 seinen Artikel »Le Premier Sang« veröffentlichte, einen Nachruf auf den Oberst Henry, worin er dessen Opfertod zur Rettung Frankreichs vor dem »Syndikat« der »Intellektuellen« und anderer antifranzösischer Elemente als Beginn einer immensen Bewegung der Regenerierung Frankreichs feierte.[5]

Dies war ein Musterstück moderner Ideologie – die ganz offensichtliche und laut betonte Beliebigkeit von Wahrheit angesichts vorgeblich »vitaler« Notwendigkeiten.[6] Die Gründung der »Action Française« durch Maurras noch im selben Jahr, zwecks Weiterführung des erbitterten Kampfes gegen die Revision, war das Schlußstück dieser ideologischen Neuformierung der französischen Innenpolitik. Die Formierung derjenigen, die – ohne in jedem Fall »Dreyfusards« zu sein – um die Republik fürchteten, begann nunmehr auch massiv: Was der Protest der »intellectuels« ab dem Januar 1898 vorbereitet hatte, floß jetzt im Kampf um die laizistische Republik gegen den ja tatsächlich massiven Ansturm der »Reaktion« zusammen. Beispielsweise die von den Sozialisten – nach wie vor zum geringsten Teil von der Unschuld Dreyfus' überzeugt – veranstalteten Massendemonstrationen als Protest gegen die Handgreiflichkeiten erregter Nationalisten gegen den Präsidenten Loubet anläßlich des Pferderennens von Auteuil im Juni 1899; oder die von Charles Péguy so meisterhaft beschriebene Massendemonstration anläßlich der Einweihung der »République«-Statue von Dalou am 19. November 1899, wo es zu einem historischen Bündnis der sozialistischen Massen mit den »intellektuellen« Verteidigern der Republik und der Menschenrechte kam.[7] Tatsächlich war ja der »Triumph der Republik« das Hauptergebnis der »Affäre«, die indessen auch nach der letztendlichen Revision von 1906 nicht wirklich beendet war. Das Mißtrauen der »zwei Frankreich« gegeneinander blieb Struktur. »C'est Dreyfus le coupable« soll der Maréchal Pétain bei seiner Verhaftung gesagt haben.[8]

Die deutsche Reaktion auf die Ereignisse in Frankreich vollzog sich in einem eigenartigen Rhythmus von Anteilnahme, Verschweigen, öffentlicher Aufregung und offiziellem Herabspielen, Schüren des Feuers von Regierungsseite aus und öffentlicher Kritik. Ein wirkliches Imbroglio von Betroffenheit, ahnungsvollem Mitwissen, beleidigtem Schweigen und aufgeregtem Anschuldigen. All dies ist nur schwer im einzelnen nachzuvollziehen, indessen durch die Arbeit von Czempiel, sowie z. T. von Baumont, einigermaßen kohärent erschlossen.[9]

Im folgenden soll versucht werden, zunächst die Resonanz der Affäre in deutschen Regierungskreisen darzustellen, weniger im Hinblick auf die Fragen der deutschen Einwirkung auf den Fortgang der Angelegenheit in Frankreich als vielmehr bezüglich des Problems der Gründe der deutschen Einmischung – bzw. dezidierten Nicht-Einmischung in die Angelegenheit. In den Entscheidungen der deutschen Regierung kamen vorwaltende Frankreich-Stereotypen zum Ausdruck, deren öffentliche Wirksamkeit in einem zweiten Schritt zu untersuchen ist. Hierbei stellt sich in erster Linie die Frage, ob und in welcher Weise die gebildeten Schichten der wilhelminischen Gesellschaft fähig waren zur Kritik, d. h. fähig waren, sich von etablierten und in der Massenpresse verfestigten Frankreich-Stereotypen zu lösen. Genau dies war ja der Anspruch derjenigen Mitglieder der französischen Bildungsschicht, die abfällig als »intellectuels« bezeichnet wurden, weil sie es unternahmen, gegen die Autorität von Regierung und Generalstab, gegen den Druck der antisemitischen und autoritären Massenpresse, der Stimme ihres Gewissens bzw. ihres Intellekts zu folgen und sich für eine verfolgte Unschuld einzusetzen. Gegenstand der Untersuchung ist in diesem zweiten Teil also nicht die Tagespresse, sondern die Stellungnahme der gebildeten öffentlichen Meinung. Diese Differenzierung mag nach heutigen Vorstellungen von Öffentlichkeit als schematisch erscheinen, entspricht aber, wie Rüdiger vom Bruch gezeigt hat, durchaus der Selbsteinschätzung der wilhelminischen Öffentlichkeit.[10] Ferdinand Tönnies' Unterscheidung von »uneigentlicher« und »eigentlicher« Öffentlichkeit, wobei letztere die wissenschaftliche und aufgeklärte Meinung der »Gelehrtenrepublik« sei, trifft durchaus das Selbstverständnis der politischen Zeitschriften in Deutschland um 1900. Vielleicht ist der wichtigste Unterschied zu den gemeinhin in strukturell ganz ähnlichen Zeitschriften kommunizierenden französischen Intellektuellen, daß diese nunmehr – provoziert durch den öffentlichen Skandal der Dreyfus-Affäre – sich nicht mehr auf die Bastionen der Gelehrtenrepublik zurückzogen, sondern tatsächlich Führungspositionen für die gesamte öffentliche Meinung der Republik beanspruchten.[11] Wie dem auch sei, für die Ausdifferenzierung der deutschen Öffentlichkeit gegen Ende des Jahrhunderts scheint die Scheidung zwischen Tagespresse und »Tendenzperiodika« entscheidend gewesen zu sein; letztere beanspruchten, »kulturelle Lotsen« zu sein, bzw. ein nationales Wächteramt auszuüben.[12] Diese »abgehobene Eigenständigkeit der Periodika, die das späte Kaiserreich kennzeichnet«[13], steht in einem deutlichen Gegensatz zur radikalen Politisierung der französischen Bildungsschicht, wofür gerade die Dreyfus-Affäre mit der Geburt des äußerst stark tagespolitisch engagierten Intellektuellen das wichtigste Zeichen ist. In dem deutschen Fall ist natürlich zu fragen, wie weit sich diese »Abgehobenheit« tatsächlich manifestieren konnte, wie weit also konkret die Gebildeten fähig blieben zu einem allseitig kritisch abwägenden Urteil. Waren sie nicht vielleicht auch den gewöhnlichen Vorurteilsstrukturen besonders im Hinblick auf die »französischen Zustände« unterworfen, die sie je nach politischer Couleur verschieden, aber doch unisono verstärkten? Und wie weit wurde ihre Berichterstattung über Frankreich von dem beeinflußt, was sie in Deutschland im Sinne ihres »kulturellen Wächteramtes« zu erreichen bzw. durchzusetzen suchten? Lassen sich diese Ansichten irgendwie systematisieren? Ich greife diese Probleme anhand einer Betrachtung der Reaktionen dieser gebildeten Öffentlichkeit auf zwei besonders signifikante Ereignisse in der jahrelang schwärenden »Affäre« paradigmatisch auf, nämlich erstens den Moment, in dem sich mit Zolas »J'accuse« die Bewegung der »intellectuels« bildete, und zweitens die Probleme, welche die Revision des Dreyfus-Prozesses in Rennes, im Sommer 1899, für alle möglichen bislang üblichen Ansichten mit sich brachte.

Was zunächst die Aktivitäten der deutschen Regierung in der Krise angeht, so lassen sich diese deutlich in drei Phasen unterteilen. Zunächst ging es um die Mitteilung des Massenblattes »Le Matin«, welches im Oktober 1894 als erstes von einem Verrat militärischer Geheimnisse berichtete, der ganz ausdrücklich »zugunsten Deutschlands« erfolgt sei. Der deutsche Botschafter Graf Münster, der noch jahrelang von seinem Militärattaché Schwarzkoppen bzw. dessen Bezugspersonen im Generalstab und im Militärkabinett des Kaisers im unklaren gelassen wurde, dementierte unmittelbar. Ende November 1894 war das ohnehin stets gereizte deutsch-französische Klima äußerst belastet, als verschiedene Zeitungen »Enthüllungen« über die Rolle der Militärattachés, besonders des deutschen, in der Spionage brachten. Graf Münsters Proteste wurden noch unterstützt durch die Verlautbarungen der offiziösen »Norddeutschen Allgemeinen Zeitung«, welche Ende November 1894 einen Abbruch der diplomatischen Beziehungen in Erwägung zog. Die französische Regierung war bemüht, wieder Ruhe einkehren zu lassen, und zu diesem Zeitpunkt war auch die deutsche Regierung bereit, es bei diplomatischen Aktivitäten zu belassen: es gelang sogar, die ganz ungewöhnliche und genug Provokationsstoff bietende Forderung des Kaisers Wilhelm II. nach einer Versicherung des französischen Staatspräsidenten, daß es keine Hinweise auf deutsche Beteiligung an der Spionage gegeben habe, beiderseitig vor der Öffentlichkeit geheimzuhalten. Bis zum Spätherbst 1897, also für mehr als zweieinhalb Jahre, war die Dreyfus-Angelegenheit kein Thema der Erörterung in den offiziellen deutsch-französischen Beziehungen mehr, auch wenn es im Herbst 1896 zu öffentlicher Erregung kam, als Bernard Lazare sein Pamphlet »Une erreur judiciaire« veröffentlichte, womit die Kampagne zur Wiederaufnahme des Verfahrens begann. Zu diesem Zeitpunkt bemerkte der deutsche Militärattaché Schwarzkoppen auch, daß das Hauptbelastungs-Dokument gegen Dreyfus, das sogenannte »bordereau«, in Wirklichkeit von Esterhazy geschrieben war, einem französischen Offizier, der den deutschen Militärattaché regelmäßig mit Informationen »bediente«, ohne Wissen allerdings des deutschen Botschafters. Als wiederum ein Jahr später, Herbst 1897, die Dreyfusards aufgrund anderer Indizien ebenfalls Esterhazy ins »Visier« bekamen, wurde der Skandal unvermeidlich. Der absehbaren Aufdeckung von Esterhazys Beziehungen zu Schwarzkoppen kamen die Militärbehörden in Berlin, inzwischen im Unterschied zu Graf Münster von den Beziehungen zwischen Esterhazy und Schwarzkoppen informiert, durch Versetzung des Militärattachés zuvor. Diese Versetzung brachte für die just zu diesem Zeitpunkt über Esterhazys Aktivitäten informierte französische Öffentlichkeit das Faß zum Überlaufen.

Ende November 1897 mußte Graf Münster nach Berlin berichten, daß Deutschlands Beteiligung an der Spionage-Affäre in Paris nahezu einziges Thema sei. Die öffentliche Erregung kulminierte in der Behauptung, wie sie der extrem nationalistische »Intransigeant« Rocheforts verbreitete, daß Wilhelm II. brieflich persönlich mit Dreyfus in Kontakt gestanden habe.[14] Die engstirnige Verteidigung der »chose jugée« durch die französische Regierung, die im Dezember 1897 wiederholt erklärte, daß an Dreyfus' Schuld kein Zweifel bestehen könnte, brachte selbstverständlich die deutsche Regierung insofern in Zugzwang, als diese Behauptung ja unmittelbar Deutschland involvierte. Überdies wurden dadurch frühere Erklärungen des Reichskanzlers, daß es keine Beziehung zwischen amtlichen Stellen Deutschlands und Dreyfus gegeben habe, von offizieller französischer Seite als unzutreffend bzw. unwahr desavouiert. Der Staatssekretär des Auswärtigen Amtes, Bernhard v. Bülow, veranlaßte als Reaktion auf diese Obstinenz französischer Offizieller eine Reichstags-Interpellation, zu der er am 24. 1. 1898 Stellung nahm. Bülow wählte eine ungewöhnlich scharfe Sprache, blieb aber von der Sache her zutreffend: »Ich erkläre auf das allerbestimmteste, daß zwischen dem gegenwärtig auf der Teufelsinsel befindlichen französischen Ex-kapitän Dreyfus und irgendwelchen deutschen Organen Beziehungen oder Verbindungen irgendwelcher Art niemals bestanden haben.«[15]

Czempiel, dessen Aktenstudium und Präsentation des Problems ich viel verdanke, hat das Verhalten Bülows scharf als »Musterbeispiel diplomatischer Rabulistik« kritisiert und dagegen das angeblich loyalere Verhalten seines Amtsvorgängers Hohenlohe gesetzt.[16] Sicherlich hatte Bülow ausgeprägte Frankreich-Stereotypen, und er war auch gerne zu diplomatischen Intrigen bereit, wie noch zu schildern sein wird. Indessen erscheint es mir nicht statthaft, in der Darstellung des Verhaltens der deutschen Regierung den extremen Nationalismus der öffentlichen Meinung auszublenden, der zu jenem Zeitpunkt in Frankreich herrschte. Eine irgendwie geartete Erklärung der deut-

schen Regierung bezüglich Dreyfus hätte mit Sicherheit auf jeden Fall
Proteststürme und neue Verdächtigungen hervorgerufen. Die französische Regierung, die – allein um das »Gesicht der Armee« zu retten –
sich gegen immer stärkere Evidenz auf die erwiesene Spionage Dreyfus' zugunsten Deutschlands zurückzog, hatte in dieser diplomatischen Konstellation sicherlich eine offensivere Rolle übernommen.
Die deutsche Regierung hatte zu diesem Zeitpunkt, um die Jahres-
wende 1897/98, alles Notwendige zur Entschärfung der Situation un-
ternommen. Sie hatte Schwarzkoppen »zurückgezogen«, und Bülows
Erklärung vom 29. Januar 1898 war sachlich korrekt. Dieses Abwie-
geln der deutschen Regierung ist vor dem Hintergrund der Tatsache
zu sehen, daß wenige Tage zuvor, am 13. Januar 1898, die »Affäre«
eine vollständig neue Dimension angenommen hatte, als Emile Zola
seinen »Offenen Brief an den Präsidenten der Republik« veröffentlichte. Den Revisionsbemühungen war dadurch enormer Auftrieb
gegeben worden, wenige Tage später begann zudem die Petitions-
kampagne der französischen ›intellectuels‹. Andererseits zeigte die
»Antwort« der französischen Regierung, nämlich die unmittelbar er-
folgende Beleidigungsklage gegen Zola, daß von einem Reflexions-
prozeß keinerlei Rede sein konnte. Der starre Standpunkt, daß es
keinen Anlaß gebe, die »chose jugée« wieder aufzugreifen, da der
Verrat Dreyfus' zugunsten Deutschlands erwiesen sei, unterstützte
ganz zweifellos die entfesselte antideutsche Kampagne der französischen Nationalisten, deren Presse inzwischen beispielsweise von persönlichen Kontakten zwischen dem Kaiser und Dreyfus zu berichten
wußte.
Auch der nächste Schritt in der Eskalation der Krise vollzog sich wie
im Januar 1898: Am 9. Juli 1898 verteidigte der Kriegsminister Cavaignac im Parlament vehement die »orthodoxe« Überzeugung von der
Schuld Dreyfus'. Dieser habe eindeutig Verrat begangen. Und als Beleg zitierte er einen vorgeblichen Brief des italienischen Militärattachés Pannizardi an seinen deutschen Amtskollegen, in welchem dieser den Deutschen bat, niemals zuzugeben, daß man Kontakte zu
Dreyfus gehabt habe. Und markig fügte Cavaignac hinzu, daß die
französische Regierung gedenke, Herr im eigenen Haus zu bleiben
und sich nicht mit Rücksichten auf andere Mächte zur Handlungsun-
fähigkeit zu verurteilen. Dieser in einem »drolligen Französisch«[17]
abgefaßte Brief strotzte von grammatikalischen Fehlern und sollte

belegen, daß deutsche Offizielle, entgegen den formellen Dementis der deutschen Regierung, mit Dreyfus Kontakt gehabt hatten. Die deutsche Regierung beließ es indessen bei einer in der oft als »inspiriert« geltenden »National-Zeitung« veröffentlichten Notiz, derzufolge man nie behauptet habe, daß Esterhazy keinen Kontakt mit deutschen Offiziellen gehabt habe.[18] Das war natürlich eine ebenso elegante wie unangreifbare Desavouierung Cavaignacs. Deutschland gab hiermit zu verstehen, daß Esterhazy, nicht Dreyfus!, der Verfasser des »bordereau« war.

Wenige Tage später, am 11. Juli 1898, berichtete Bülow an den Kaiser, daß die Affäre, gleichgültig wie sie ausgehe, Frankreich schädigen werde. Entweder werde die Armee an Prestige verlieren, oder – im Falle eines Sieges der Anti-Dreyfusards – würde Frankreich die Sympathie »nicht allein des in Kapital und Presse einflußreichen Judentums, sondern auch aller gebildeten Kreise des Auslandes verlieren«.[19]

Mehr noch als Zolas »J'accuse« machte die Entdeckung, daß der Oberst Henry von der französischen Spionageabwehr das bislang für entscheidend gehaltene Dokument – noch von Cavaignac im Juli vor dem Parlament als Hauptbeweisstück verlesen – schlicht gefälscht hatte, die Affäre zu einer politischen. Henrys Geständnis und der Selbstmord des Offiziers am 21. August 1898 ließen die Revision unausweichlich werden. Selbstverständlich bedeutete dieses Geständnis einen großen Prestigeverlust sowohl für die Regierung als auch für die Armee insgesamt. Deren Ehre erschien befleckt, und die nachfolgenden Kriegsminister, die sich bislang – und nach wie vor – der Revision zu widersetzen suchten, weil selbige ein Angriff auf die Ehre der Armee sei, fanden sich vor der Öffentlichkeit vollständig desavouiert. Frankreich stand ab dem Herbst 1898 vor einer regelrechten Systemkrise. Die Rücktritte von Ministern und Regierungen häuften sich, und überall wurde der Ruf nach dem »starken Mann« laut, bzw. die Furcht vor einem › Pronunciamento‹ geäußert. Diese Destabilisierung der 3. Republik, welche von der wilhelminischen Elite gemeinhin als »sittlich« verdorben und politisch unterlegen perzipiert wurde,[20] ließ die Politik des Deutschen Reiches nunmehr auf einen betont unfreundlichen, tatsächlich aggressiven Kurs einschwenken.

Bülows großes Memorandum vom 29. September 1898 sowie die übrige diplomatische Korrespondenz jener Tage[21] zeigt deutlich, wie

sehr die deutsche politische und militärische Führung in jener Zeit
davon überzeugt war, daß Frankreich am Rande eines militärischen
Staatsstreichs stünde. Und getreu den Axiomen schon des Bismarck-
schen Frankreich-Bildes konnte es für Deutschland nichts Gefähr-
licheres geben, als wenn die französische Republik durch einen neuen
»Caesar« gestürzt worden wäre, da dann – wie in der Boulanger-Krise
1887 – ein Revanchekrieg unmittelbar drohe. Die als intrinsisch
»schwach« angesehene Republik war die Staatsform, vor der Deutschland glaubte, sich am wenigsten fürchten zu müssen. Bülow formulierte abschließend, unmittelbar nachdem die französische Regierung
beschlossen hatte, dem Revisionsbegehren nunmehr stattzugeben
(26. 9. 1898), diese Position folgendermaßen: »Unser Hauptinteresse
an der Dreyfus-Affäre ist, so sehr als möglich aus derselben herauszu-
bleiben. Ein Sieg der Antirevisionisten ist nicht zu wünschen, weil ein
solcher zur Diktatur und diese zum Krieg gegen uns führen könnte.
Daß sich die französische Generalität und der französische Generalstab [...] diskreditieren, braucht uns nicht zu betrüben. [...] Andererseits ist nicht zu wünschen, daß Frankreich durch eine rasche und
eklatante Reparation von Dreyfus sich sofort wieder die liberalen und
jüdischen Sympathien erwirbt. Am besten ist es, wenn die Affäre wei-
terschwärt, die Armee zersetzt und Europa skandaliert [...].«[22]
Die Absichten der deutschen Regierung abschließend zu charakterisieren, fällt insofern schwer, als ihr Verhalten in diesem Fall doch sehr
stark »reaktiv«, d. h. determiniert von der Dynamik der Entwicklung
der öffentlichen Meinung in Frankreich erscheint. Die extrem aufge-
ladene nationalistische Hysterie, wie sie ja nicht allein in der vor einer
großen Öffentlichkeit ausgebreiteten Nachricht von vorgeblichen
Briefen des Kaisers Wilhelm an Dreyfus zum Vorschein kommt, das
politische Ausschlachten auch der antideutschen Affekte von Militärs
und Regierungsmitgliedern, die ständige Insinuation, daß der Schlüssel zur Klärung der Angelegenheit in Deutschland liege, bringen eine
Dynamik zustande, in welcher wilhelminische Politik wenig mehr als
reaktiv, mit gezielten Nadelstichen, ist. Sie ist in der Tat wenig gene-
rös, bewegt sich allerdings nicht außerhalb der Normalität diplomatischer Beziehungen und eng verstandenen »nationalen« Interesses.
Eine besondere Schuld der Regierung in Berlin an der Eskalation der
Verhältnisse in Frankreich wird man in diesem Fall kaum feststellen
können.[23]

Wie aber reagierte die »gebildete« Öffentlichkeit in Deutschland gegenüber der Entwicklung der Dreyfus-Affäre? Betrachtet man zunächst die Reaktionen der Sozialisten,[24] so fällt auf, daß zwar über
Korrespondenten- und Agenturberichte ab und zu von der Affäre die
Rede ist, vor Januar 1898 es aber zu keinen eigenen Stellungnahmen
kommt. Erst mit Zolas »J'accuse« wird das Interesse der deutschen
Sozialdemokraten wach. Dieses richtete sich zunächst auf die gesellschaftspolitischen Aspekte des Skandals, wobei die »Nutzanwendun-
gen« für Deutschland auf der Hand lagen. Als Hauptproblem wird
hierbei das Aufkommen weniger des Antisemitismus als des Militarismus angesehen. In den Kommentaren des »Vorwärts« ist hiervon
deutlich am häufigsten die Rede:
»Der Militarismus ist Herr in Frankreich [...] Der Generalstab hat
gesiegt, mit ihm der Klerikalismus. [...] der Militarismus und der Klerikalismus sind nicht nur die Vertretung der Revanche-Ideen, der nationalen Hoffnungen des Bürgertums, sondern auch das Instrument
der Herrschaft über die große Masse des arbeitenden Volkes.«[25]
Auch nach dem Selbstmord Henrys gehen die Kommentare in die
Richtung, daß auch dieses Ereignis die Macht des Militärs in der französischen Gesellschaft zeige: Henry sei in Wirklichkeit kaltblütig ermordet worden, um weitere Enthüllungen zu vermeiden.[26] Viel weniger Aufmerksamkeit findet der Kampf der Intellektuellen, die man
eher als Speerspitze der Bourgeoisie ansieht denn als Verteidiger von
Menschen- und Bürgerrechten. So wird in charakteristischer »Ideo-
logiekritik« unmittelbar zu dem Zeitpunkt, als in Frankreich die Peti-
tionskampagne der »intellectuels« beginnt,[27] vor allem darauf insi-
stiert, daß die französischen Juden alles Interesse daran hätten, den
Panama-Skandal vergessen zu machen, und daß die Sozialdemokraten allen Grund hätten, entsprechend dem Verhalten der französischen Sozialisten sich nicht in diese innerbourgeoise Angelegenheit
einzumischen.[28] Allerdings ist festzustellen, daß sich wenig später,
1899, die Emphase insofern ändert, als im Esterhazy-Prozeß, der unmittelbar nach dem Zola-Prozeß stattfand und mit der Entlastung
Esterhazys endete, die Desavouierung des Militarismus begleitet wird
von deutlicher Stellungnahme für die Position Jaurès', der zu diesem
Zeitpunkt sich vom »Klassenegoismus« eines Jules Guesde ab-
wandte und den »Kampf für das Recht« seinerseits mit Verve aufnahm.[29]

Die »Neue Zeit«, die Zeitschrift des theoretischen Sozialismus, begnügte sich im wesentlichen mit dem Abdruck einer umfangreichen Stellungnahme eines bereits vor dem Zola-Prozeß verfaßten Artikels eines der führenden französischen Sozialisten aus dem engeren Kreis um Jules Guesde, dem Vertreter des »marxistischen« Flügels des französischen Sozialismus. Hier wurde dargestellt, wie sich die französische Bourgeoisie in »zwei Lager« gespalten und wie man auf bürgerlicher Seite begonnen habe, um die »Gunst der Sozialisten« zu werben. Die Sozialisten indessen wüßten genau, daß es hier nicht um ihre Belange und Interessen gehe: In Wirklichkeit stünden nur Klerikalismus und Militarismus gegen eine »unklare, konfuse Masse von Radikalen, Schriftstellern, Gelehrten, Börsenjobbern etc., kurz Leuten, welche über den Vorstoß des Klerikalismus erschrocken sind«. Die Sozialistische Partei habe keinen Grund, »die Hochherzige« zu spielen, auch wenn »Schriftsteller, Gelehrte und sentimentale Gemüther aller Art« dies von ihr verlangten. Selbstverständlich dürfe man nicht die Gefahr einer »Tyrannei des Säbels« unterschätzen. Die Sozialisten interessiere vor allem das Problem der Militärgerichtsbarkeit: »Die Affäre Dreyfus ist nicht interessanter, ja sie ist sogar weniger interessant als der Fall des und jenes Soldaten, der zum Dienst in der Strafkompanie verurtheilt oder erschossen wurde.« Wenn sich Bonnier gleichermaßen gegen Einmischung der ausländischen Sozialisten in diese Angelegenheit verwahrte, so führte dies zu einer ganz ungewöhnlich ausführlichen redaktionellen Anmerkung. Gegen Bonnier wurde der Standpunkt verteidigt, daß die Affäre eine weit über Frankreich hinausgehende Bedeutung habe. Der neue Boulangismus, »die Diktatur der Dummheit und Brutalität in Frankreich« betreffe auch die deutsche Sozialdemokratie, »die im Deutschen Reiche im Vorkampf gegen dieselben Elemente steht, welche in Frankreich jetzt kräftig und frech genug geworden sind, offenkundig ihr Belieben über Gesetz und Recht zu stellen«.

Die »Sozialistischen Monatshefte«, Organ des theoretischen Revisionismus, beharrten ebenfalls ohne allzu großes Engagement auf dem hinter dem Skandal stehenden Militarismus-Problem und stellten Reflexionen über die Schwierigkeit an, »bürgerlichen« Fortschritt zu verteidigen, ohne sozialistische Positionen zu verletzen. Im Unterschied zur »Neuen Zeit« verurteilten sie indessen streng die guesdistische »sacro egoismo«-Position. Ganz ungewöhnlich und in dem hier verfolgten Zusammenhang besonders interessant ist, daß sich bei den Revisionisten auch eine ausführliche Verteidigung der Intellektuellen-Bewegung findet: »Der Kampf, der tödliche Kampf vollzieht sich zwischen dem Militarismus und dem Intellektualismus. Der erste besinnt sich auf Jahrhunderte lange Unterdrückung, die er ausgeübt hat, seine Stärke besteht in der Tradition; der zweite verteidigt die Freiheit, die ihm in der Geschichte blitzartig entgegen geleuchtet hat, seine Stütze ist der gesunde Menschenverstand und der Haß der Bedrückten, der Haß, den Jahrhunderte des Elends aufgekämpft haben. Auf der einen Seite die brutale und disziplinäre Gewalt, auf der anderen Seite der Gedanke allein.«[30]

Eine ganz ungewöhnliche und bemerkenswerte Außenseiter-Position nahm in diesen Stellungnahmen der deutschen Sozialdemokratie Wilhelm Liebknecht ein. In Karl Kraus' »Fackel« veröffentlichte er im Herbst 1899, also zur Zeit des Revisionsverfahrens in Rennes, mehrere Beiträge, die so extrem die Antiposition zu den mittlerweile in der Sozialdemokratie üblich gewordenen Auffassungen vertraten, daß sie scharfe Repliken der anderen Führer der Sozialdemokratie hervorriefen.[31] Liebknecht ereifert sich insbesondere über Deutschlands gebildete Kreise, er spricht ausdrücklich und verächtlich von der unter »Intellectuellen«[32] üblich gewordenen »Franzosenfresserei«. Nach seiner Überzeugung war Dreyfus tatsächlich ein Spion für Deutschland, sonst hätte die deutsche Regierung sicherlich nicht allein sichtlich unwahre »konventionelle Floskeln« in ihren Erklärungen gebraucht. Einen Hauptvorwurf der Rechten gegen das angebliche »Syndikat« der dreyfusistischen Presse macht sich Liebknecht vollständig zu eigen und mokiert sich über die »Entrüstungskomödie« der bürgerlichen Presse in Deutschland.[33] Dahinter verberge sich in den meisten Fällen eine jeglichem Fortschritt und internationaler Verständigung feindliche »Franzosenfresserei« vornehmlich der liberalen oder gar demokratischen Zeitungen, die »an die wüstesten Orgien des 1870/71er Kriegsfanatismus erinnerte«.[34] Die ansonsten absurd-außenseiterische Anti-Kritik Liebknechts, in der der antibourgeoise Affekt sich mit systematischer Kritik Deutschlands paart und der schlechthin jedes Maß verliert, wird allein nachvollziehbar, wenn man hierin den Aufschrei eines Menschen sieht, der sogar bereit war, die französischen Militärs zu verteidigen, weil er ansonsten eine Schwächung Frankreichs befürchtete, die die deutsche Aggressivität noch steigern und den Frieden noch unsicherer machen würde.[35]

Zu Beginn des Jahres 1898, also noch vor Beginn des Zola-Prozesses, legte »Die Nation« in einem vom Herausgeber Th. Barth selber gezeichneten Artikel ihre grundsätzliche Position im Zusammenhang mit einer Betrachtung über den mutigen Kampf des Senators Scheurer-Kestner, »Gatte einer Enkelnichte von Werther's Lotte«, dar, der ja einer der kämpferischsten Dreyfusards war und von Werdegang und Persönlichkeit kaum in das Bild eines jüdisch-kapitalistisch-antifranzösischen »Syndikats« paßte.[36] Für Barth repräsentierte Dreyfus' Schicksal einen Skandal für jedes Gefühl »einfacher Menschlichkeit«. Man müsse Frankreich dazu beglückwünschen, daß es »Männer hat, die ihre ganze öffentliche Stellung daran setzten, dem populären Vorurtheil ein unschuldiges Opfer zu entreißen«. Barth zeigt auf, daß dieser Bürgergeist in Frankreich – ungleich Deutschland! – eine lange Tradition habe, seit Voltaire zumindest als ein heilsames Korrektiv gegenüber der anderen Tendenz des französischen Nationalcharakters wirke, der immer wieder die »Volkswuth« gegen angebliche Verräter mobilisiere. Und weniger als die französischen interessieren ihn die deutschen Verhältnisse: »Wir Deutsche könnten uns daran ein Beispiel nehmen. Um unsere bürgerlichen Freiheiten würde es wesentlich besser stehen, wenn nicht der Einzelne, der um sein Recht kämpft, sich in der Regel bald isoliert sähe.«[37]

Es kann unter diesen Prämissen nicht verwundern, daß, als wenig später Zola sein »J'accuse« veröffentlichte, ihm von dieser Zeitschrift »die vollste Sympathie der gebildeten Welt« zugesichert wurde. Zola ist ein Held ohne Fehl und Tadel, der Frankreich die bereits in der Welt verlorenen Sympathien zurückerobert. Seit Zolas Eingreifen und dem öffentlichen Echo dieser Tat habe die Affäre ihr Gesicht verändert, es handelt sich nicht mehr um Dreyfus, sondern um »den Kampf der Republik gegen den wieder aufgelebten Boulangismus, jene Koalition des Klerikalismus, der politischen Reaktion und der Demagogie gegen die Republik«.[38] Warnend wurde auf die Konsequenzen dieser neoboulangistischen Bewegung für den Frieden hingewiesen. Gäbe es einen neuen Boulanger, so könne nicht ausgeschlossen werden, daß die aufgeputschte Masse erneut »à Berlin« schreien werde, wie im Sommer 1870.[39] Alle weiteren Stellungnahmen dieses Organs des entschiedenen Liberalismus kreisen um das

Problem des Verhältnisses von individueller Freiheit und Massensuggestion, die das Kernproblem sei, »die Wunde, die Frankreichs Leben frißt«[40]. Die Verurteilung Zolas wegen Beleidigung führte selbstverständlich zu recht pessimistischen Aussagen bezüglich des Gleichgewichts zwischen Menschenrechten und politischer Gewalttätigkeit: die »aufgestachelten Leidenschaften des Pöbels« und dessen Instrumentalisierung durch die rücksichtslose »Ordnungs«-Partei führten allein dazu, daß »die Kulturvölker der Welt mit Abscheu auf den Mißbrauch der Gewalt, den die fanatisierte Menge in Paris unter Jubelrufen ratifizirt«, blicken.[41] Der Selbstmord des Oberst Henry, 31. August 1898, bewirkte mit den damit zusammenhängenden weiteren Enthüllungen, daß sich die Beurteilungswaage für längere Zeit in Richtung einer Verdammung der »französischen Zustände« neigte. Gegenüber der »tiefen Verkommenheit«, die die Machinationen von höchstrangigen Mitgliedern der Armee spiegelten, erschien die Rolle derer, die, wie Zola, versuchten, den Anstand und die Republik zu retten, vergleichsweise unbedeutend.[42] Vollends nach dem Skandalurteil des Revisionsprozesses von Rennes, der im September 1899 Dreyfus gegen alle Evidenz »mit mildernden Umständen« erneut für schuldig erklärte, offensichtlich, um das Gesicht der Armeeführung zu retten, schien man nachgerade an Frankreich zu verzweifeln: »Frankreich erlitt eine moralische Niederlage, die man mit Recht ein zweites Sedan genannt hat. Aber das jetzige ist schlimmer; damals unterlag die Armee einem stärkeren Gegner, der von außen kam, diesmal enthüllt sich die innere Zersetzung einer Nation.«[43] Letzter Hoffnungsschimmer ist neben der Arbeitermasse eine »kleine Schar zuverlässiger echter Liberaler«. Was nun den deutsch-französischen Vergleich angeht, so hat in den Augen der »Nation« Deutschland keinen Grund zur Schadenfreude, denn »Ansätze zu solchen Entwicklungen gibt es in allen Ländern; auch bei uns [...].«[44]
Interessant ist, abschließend festzustellen, daß das Phänomen des Aufstandes der »intellectuels« in der Berichterstattung und Kommentierung dieses linksliberal-individualistisch engagierten Blattes kaum eine bemerkenswerte Rolle spielt. Aber die aus einer kritischen Minderheiten-Position heraus argumentierenden Liberalen verfielen auch nicht auf die Idee, gegenüber den »französischen Zuständen« die deutschen Verhältnisse zu idealisieren. Im Unterschied zur linksliberalen Tagespublizistik[45] war dieses »meinungsführende« Organ

ganz offensichtlich weniger an Problemen von Meinungs- und Pressefreiheit interessiert, die ja in der Affäre, insbesondere im Umkreis des Zola-Prozesses eine große Rolle spielten. Besonders interessant erscheint aber, daß das individualistisch-fortschrittliche Eintreten für das Recht der verfolgten Unschuldigen nicht begleitet wurde von einer irgendwie substantiellen Einbeziehung der Geburt der neuen soziologischen Elite Frankreichs, nämlich der »intellectuels«, für die es offensichtlich in Deutschland kein soziologisches und öffentlich relevantes Äquivalent gab.

Die 1874 von Julius Rodenberg gegründete »Deutsche Rundschau« war besonders repräsentativ für den gemäßigt liberalen und gouvernementalen Kurs. Sie wird als »Muster der deutschen ›geglückten Nationalrevue‹« bezeichnet.[46] Von daher ist in unserem Zusammenhang diese Zeitschrift sicherlich besonders interessant. Was die inhaltlichen Urteile über Frankreich und die Dreyfus-Affäre angeht, so lassen sich einige interessante Übereinstimmungen mit dem linksliberalen Standpunkt feststellen, insbesondere die Kritik des »Pariser Mobs in vornehmen Kleidern«, der sich in Verbindung mit der unziemlich nationalistischen Massenpresse an den Sturz der Republik begibt. Dieses Frankreich erscheint hier als ein »Spott der zivilisierten Welt«, und die Systemkrise kann angesichts latenter Staatsstreichgefahr zum Untergang der Republik führen.[47] Konservative kultur- und frankreichkritische Töne klingen an, wenn beispielsweise an Tocqueville erinnert wird, der bereits gezeigt habe, wie die Republik den Despotismus gebiert. Auch die Überreizung des Nationalitätenbegriffs in Frankreich wird sorgsam registriert. Und der deutschen Regierung wird durchgehend bestätigt, sich überaus korrekt verhalten zu haben. Auffällig ist indessen die Tatsache, daß dieses Organ des nationalen und gouvernementalen Liberalismus einen sehr viel stärkeren und positiveren Bezug auf die Intellectuels-Bewegung in Frankreich nimmt als die untersuchte linksliberale Presse. Die »intellectuels«, so wird beispielsweise im Oktober 1899 geurteilt, die zunächst nur eine winzige Zahl gewesen wären, seien inzwischen zu einer großen Bewegung geworden, nicht ohne Einfluß bereits auch auf das Parlament: »Eine Nation, die so überzeugungstreue Richter wie Bertulus und die Mitglieder des Cassationshofes besitzt, in der Officiere [...] der unerhörten Pression der Generale Widerstand leisten, birgt in sich selbst die Elemente eines Umschwunges zum Besseren.«[48] An anderer

Stelle wird vom »mannhaften Eintreten einer ganzen Reihe von Persönlichkeiten für die Wahrheit« gesprochen, was die Hoffnung erlaube, »daß das Beispiel der Männer, die den Kampf für das gute Recht führen, in absehbarer Zeit in vielen anderen Kreisen Nacheiferung finden wird«.[49] Und gegen das in Deutschland gängige, durch die Dreyfus-Affäre außerordentlich bestärkte Klischee vom »Niedergang Frankreichs«[50] setzt Rodenbergs Zeitschrift immer wieder die Überzeugung, daß gerade die »intellectuels«-Bewegung die Existenz eines »großherzigen Frankreich« beweise, in dem mit großem Erfolg ein Kampf für Menschlichkeit und Gerechtigkeit gekämpft werde. »Gouvernemental« klingt der Hinweis auf die »Interessengemeinschaft« Deutschlands und Frankreichs bei der Bewältigung der Krise. Deutschland habe Interesse an einem Sieg der Republik, weil »beide Länder zur Lösung vielfacher gemeinsamer Culturaufgaben berufen sind«.[51] Es besteht ein merkwürdiger Gegensatz zwischen der verantwortungsvoll-gouvernementalen Überzeugung dieser Zeitschrift und dem tatsächlichen Verhalten der deutschen Regierung, die sich zwar nach außen hin zurückhaltend verhielt, auch keine sonderlich destruktive Politik gegenüber Frankreich führte, indessen – wie im Falle Bülows gezeigt – durchaus von der Hoffnung ausging, daß die verachtete Republik durch den Skandal noch stärker innerlich zersetzt und deshalb als außenpolitischer Faktor uninteressant für andere Mächte werde.

Betrachtet man abschließend konservativ-gouvernementale Stellungnahmen, so fällt auf, daß hier vornehmlich in Frankreich-kritischer Absicht auf den verhängnisvollen Einfluß moderner Öffentlichkeit abgehoben wird. Die Krise der französischen Republik wird ganz allgemein als Beweis für deren »moralische Unterlegenheit« gewertet: »Der Parlamentarismus riß selbst die Schranken nieder, die ihm die liberale Konstitution von 1875 gesetzt hatte.«[52] Frankreich gilt hier insgesamt als »krankes« Land: Die Republikaner bedrohen die Existenz des Landes, nur unter solchen Auspizien konnte die Justiz dermaßen zur Klassenjustiz herabgewürdigt werden. Angesichts solcher Verdorbenheit bleibt allerdings die Hoffnung, daß die konservativ-nationale Öffentlichkeit, die so viel »sittliche Widerstandskraft« gezeigt hat, einen Umschwung schafft, indem sie die Republik beseitigt.[53] Zwar stehen solche systemkritischen Bemerkungen im Widerspruch zu der andererseits oft geäußerten Ansicht, daß man in

Deutschland nichts Besseres tun könne, als die Franzosen »im eigenen Saft« schmoren zu lassen, aber die Versuchung zu »moralisie-
ren«, war offensichtlich zu groß: »Das Ausland wird aber auch irre an
der Nation, die ihren so hoch gehaltenen Verfassungsprinzipien so
wenig praktische Kraft zu verschaffen weiß, die trotz ihres Evangeliums von Freiheit und Recht dem Despotismus der Masse zum Opfer
fällt [...].«[54]

Maximilian Hardens »Die Zukunft«, kein genuin hochkonservatives
Blatt, sondern gemeinhin eher »artifiziell-maliziöser« Machart,[55]
widmet sich der Dreyfus-Affäre immer wieder mit äußerster Ausführ-
lichkeit. In keiner anderen der durchgesehenen deutschen Zeitschriften, gleichgültig welcher politischen Provenienz, wird diese dermaßen zur Abrechnung mit innenpolitischen Gegnern genutzt wie von
Maximilian Harden. Hier sind Liberale und Juden, die sich aus rassischen bzw. religiösen Gründen um Dreyfus scharen, gleichermaßen
im Visier: »[...] die für den Dienst des Dreyfus-Syndikates gemie-
thete Meute heult und bellt, daß die gleichmüthigsten Leute nachgerade unruhig werden.«[56] Hiermit ist nicht etwa die französische liberale Presse gemeint, sondern die deutsche, der empfohlen wird, nicht
zu vergessen, daß sie »zum deutschen Reichsverbande« gehört. Zola
ist es gelungen, »um sein Banner in Europa eine ansehnliche Gemeinde zu sammeln«, aber die vorgebliche Wahrheitsliebe dieser
Gruppe ist nur vorgetäuscht. Besondere Kritik erfährt die Berichterstattung der liberalen Tagespresse Deutschlands, vor allem der
»Vossischen«, deren Pariser Korrespondent Max Nordau offensichtlich Hardens jüdischer Intimfeind ist. Harden wirft dieser Presse
interessanterweise vor, daß ihr Klagen über die französische Rechts-
beugung eine übereifrige »Einmischung in fremde Händel« sei: »[...]
es wird gestattet sein, einstweilen in einem Streit neutral zu bleiben, in
dem die Kämpfer für Wahrheit und Gerechtigkeit mit den Waffen der
Wegelagerer fechten.«[57] Immer wieder nimmt sich Harden mit be-
trächtlichem polemischem Aufwand der Dreyfusards an, die er als
»Dreyfusmeute«, »Miethlingsschaar« oder als »Panamistensyndikat«
tituliert. Sich den »Umtrieben des Dreyfus-Syndikats« so anzuschließen, stehe Deutschen nicht an. Das führe lediglich zur Destabilisierung der Republik, und ein dann kommendes autoritäres Regime in
Frankreich brächte die Gefahr kriegerischer Verwicklungen. »Es ist
nicht unsere Sache, die angeblich in ekler Ruchlosigkeit verkommen-

den und höchstens noch durch die panamistische Dreyfusgarde aus dem Schlamm zu rettenden Franzosen bessere Sitte zu lehren; wir haben im eigenen Hause genug zu thun.«[58] Andererseits betrachtet Harden den Kampf der französischen Intellektuellen mit einiger Sympathie. Denn sie sorgen dafür, daß die französische Republik erhalten bleibt, die für Deutschland doch der angenehmste Nachbar ist: »An sich hätte diese Republik, in der der zügelloseste Egoismus auf dem Thron gesessen hat, zehnmal den Untergang verdient; aber ihre präsumtiven Erben erwecken kein Vertrauen und für die Erhaltung des Friedens bleibt sie unschätzbar. Mit dem Frankreich, das uns nach einer Erdrosselung der Republik, aller Wahrscheinlichkeit gemäß, gegenüber treten würde [...], würde die Bewahrung des Friedens kaum möglich sein.«[59] Interessant ist, daß Hardens Urteil mit demjenigen des anderen Außenseiters, Wilhelm Liebknecht, in diesem Falle genau übereinstimmt, wie er im übrigen selber betont.[60]

Betrachtet man insgesamt die deutsche Reaktion auf die Dreyfus-Affäre, so bleibt doch der Eindruck eines relativ gemäßigten Verhaltens, das z. T. um Verständnis bemüht ist, z. T. die Wirrungen der französischen Politik mit maliziöser Genugtuung betrachtet, nicht aber sonderlich aggressiv auftrumpft. Zehn Jahre zuvor, während der Boulanger-Krise, war die Reaktion Bismarcks und der deutschen Öffentlichkeit doch sehr viel nervöser gewesen, auch wenn objektiv in Frankreich weniger antideutsche Agitation stattfand als während der Dreyfus-Affäre. Zwar kultivierte die wilhelminische Elite immer noch den Topos, daß Frankreich auf die Revanche sinne, aber ihr Verhalten zeigt, daß man so recht sich davon nicht mehr betroffen fühlte. Zu stark war inzwischen die Überzeugung von der militärischen Überlegenheit Deutschlands gewachsen.[61] Aber möglicherweise hat auch der hartnäckige und letztlich erfolgreiche Kampf der »intellectuels« um die Republik dazu beigetragen, bei den deutschen Gebildeten die Überzeugung zu verstärken, daß die Republik eine Staatsform sei, mit der man sich zumindest arrangieren könne.

Was indessen auch hervortritt, ist eine interessante Differenz zwischen der Einschätzung der »Affäre« auf seiten der deutschen national- und radikal-liberalen Intelligenz einerseits und andererseits der Reichsregierung. Die Regierung spielte zwar nicht die aggressive Rolle, die ihr späterhin zuerkannt worden ist, war indessen doch in

der Einschätzung Frankreichs, der Tragfähigkeit der republikani-
schen Institutionen, überaus destruktiv. Wenn Bismarck sich ein
Vierteljahrhundert zuvor noch eine institutionell gefestigte französische Republik gewünscht hatte, da er die Republik per se als ko-
alitionsunfähig einschätzte, so war bei Wilhelm II., Bülow und anderen führenden Persönlichkeiten der wilhelminischen Zeit dieser Gedanke zum Stereotyp vom zwar aggressiven, aber institutionell
»schwachen« Frankreich geronnen. Im Unterschied zu einem erheblichen Teil der »gebildeten« Öffentlichkeit war diese Regierung kei-
nes innovativen politischen Denkens im Hinblick auf Frankreich fähig. Auch dies ist ein Indiz für die Trennung der Gebildeten von der
Politik im kaiserlichen Deutschland.

# Wolfgang J. Mommsen
## Max Weber
Ein politischer Intellektueller
im Deutschen Kaiserreich

Im deutschen Sprachraum hat der Begriff des Intellektuellen traditionell einen negativen Klang; angesichts der bedeutsamen Rolle eines Teils der kritischen Intelligenz im Rahmen der dritten Welle der demokratischen Revolution, die sich in den letzten Jahren in Osteuropa vollzogen hat, hat diese allerdings eine bemerkenswerte Aufwertung erfahren. Was Max Weber angeht, so wird man sagen dürfen, daß der Begriff des kritischen Intellektuellen sowohl in seiner Eigenschaft als politischer Bürger wie auch als kritischer Wissenschaftler durchaus angemessen ist.[1] Er selbst hat den Begriff des politisch engagierten Intellektuellen in erster Linie auf den Typ des modernen Journalisten angewendet, aber es ist durchaus angemessen, ihn auch auf sein wissenschaftliches Werk zu beziehen, soweit und insofern es sich auf die Bemühungen bezog, auf die Gesellschaft seiner Zeit unmittelbar oder mittelbar einzuwirken. Vor allem aber ist dieser Begriff angemessen im Hinblick auf die Unmöglichkeit, sein politisches Denken und auch sein wissenschaftliches Werk eindeutig einer bestimmten Klasse oder sozialen Schicht zuzuordnen. Zwar hat sich Max Weber wiederholt und mit einer gewissen Emphase der Klasse des Bürgertums zugerechnet. Schon in der Freiburger Antrittsrede heißt es: »Ich bin ein Mitglied der bürgerlichen Klasse, fühle mich als solches und bin erzogen in ihren Anschauungen und Idealen.«[2] Ähnlich hat er sich angelegentlich einer seiner wiederholten Auseinandersetzungen mit Robert Michels, der seine scharfen Äußerungen über die deutsche Sozialdemokratie anläßlich ihres Mannheimer Parteitags 1906 moniert hatte, ausgesprochen: Dieser möge seine abfälligen Bemerkungen über die Sozialdemokratie doch einfach als die Äußerungen eines klassenbewußten Bourgeois betrachten; übrigens sei er durch seine Frau Teilhaber an einem Industriebetrieb in Oerlinghausen geworden und insoweit mit der bürgerlichen Klasse auch unmittelbar verknüpft.[3] Jedoch wird man Webers intellektuellen Lebensweg ebenso wie seine politische Aktivität im deutschen Kaiserreich gleichermaßen als Prozeß einer fortschreitenden Ablösung vom herkömmlichen bürgerlichen Ethos deuten können; Max Weber wurde aus einem Bourgeois zu einem kritischen Analytiker und zugleich zu einem Mahner, wenn auch nicht gerade, wie Wilhelm Hennis vor kurzem gemeint hat, zu einem »Erzieher der Nation«.[4]

Max Weber ist groß geworden im Umkreis des deutschen Liberalismus der späten Bismarckzeit; die führenden Männer des deutschen Nationalliberalismus, aber auch prominente Repräsentanten der Fortschrittspartei, wie etwa Theodor Mommsen oder Friedrich Kapp, verkehrten im elterlichen Hause Max Webers, und mit ihnen nicht wenige der intellektuellen Größen des damaligen Berlin. Wesentlich unter dem Einfluß seiner Mutter, aber auch seines engen Freundes, dem Theologen Otto Baumgarten, eines Sohnes von Hermann Baumgarten, hat sich Max Weber dann in den 90er Jahren der christlich-sozialen Bewegung angenähert, wenn auch nicht eigentlich angeschlossen. Zeitweilig kooperierte er, wie im jüngsten Band der Max-Weber-Gesamtausgabe eingehend dokumentiert werden wird,[5] eng mit Paul Göhre und Friedrich Naumann im Evangelisch-sozialen Kongreß, dem Sprachrohr des fortschrittlichen Flügels der deutschen protestantischen Bildungsschicht im Kaiserreich. Daraus erwuchsen eine lebenslange Freundschaft und enge Partnerschaft mit Friedrich Naumann, die freilich keineswegs konfliktlos verlief. Damals brachte Max Weber Friedrich Naumann nicht ohne schwere Auseinandersetzungen von der Bahn eines utopistischen christlichen Sozialismus ab und wies ihm den Weg hin zu einer progressiven Politik bürgerlichen Zuschnitts, die eine entschieden liberale und zugleich sozial aufgeschlossene Programmatik mit einem klaren Bekenntnis zum Nationalstaat verband. Der Tiefpunkt der Beziehungen kam, als Max Weber an Friedrich Naumanns Versuch, durch die Gründung des Nationalsozialen Vereins die Arbeiterschaft wieder ins nationale Lager herüberzuziehen, Anstoß nahm; damals mißbilligte Weber in schärfsten Worten den »unpolitischen Zug des Miserabilismus«, der im Programm des Nationalsozialen Vereins zum Ausdruck kam, und verlangte statt dessen die Gründung einer entschieden bürgerlichen Partei fortschrittlichen Zuschnitts oder, wie er

sich damals ausdrückte, es fehle eine »nationale Partei der bürgerlichen Freiheit [...], der wir die Leitung Deutschlands durch unsere
Wahlstimmen anvertrauen könnten, weil wir der Wahrung der nationalen und wirtschaftlichen Machtinteressen in ihrer Hand sicher sein
würden«.[6]
Es stand keineswegs unbedingt von vornherein fest, daß Max Weber
eine wissenschaftliche Laufbahn einschlagen würde. Nach Abschluß
seines juristischen Studiums an der Universität Berlin, während dessen er sich ganz zeitgemäß besonders mit Fragen des Handelsrechts in
historischer Perspektive befaßt hatte, bewarb er sich in Bremen um
die Stelle eines Syndikus. Erst als aus dieser Bewerbung nichts wurde,
habilitierte er sich dann als Privatdozent für Handelsrecht an der Universität Berlin. Die Beauftragung mit der Auswertung einer Enquete
des Vereins für Socialpolitik über die Lage der Landarbeiter in
Deutschland veranlaßte Weber, sich erstmals näher mit nationalökonomischen und politischen Fragen zu befassen. Weber wurde die Be-
arbeitung des politisch sensibelsten Teils der Enquete, nämlich der
ostelbischen Gebiete, übertragen, einer Region, in der das Problem
der Landflucht der Landarbeiter nach Berlin und in die westlichen
Provinzen des Reiches besonders groß war und zugleich akute Probleme aus der Zuwanderung von polnischen, ruthenischen und ukrainischen Wanderarbeitern auftraten. Hier zeichneten sich Änderun-
gen der Struktur des ländlichen Proletariats ab, die mittelfristig auf
eine Stärkung des polnischen zuungunsten des deutschen Volksteils in
jenen Provinzen Preußens hinauszulaufen schienen.
Die Enquete war erhoben worden zu einem Zeitpunkt, an dem die
schwere Agrarkrise der Jahre 1892 bis 1894 in ihren Anfängen stand,
welche die ostelbische Großgüterwirtschaft traditioneller Art, die
ökonomische Basis der preußischen Aristokratie, langfristig zu unter-
minieren drohte. Bei dieser Gelegenheit stellte Max Weber seine außerordentliche wissenschaftliche Leistungsfähigkeit in eindrucksvol-
ler Form unter Beweis. Es gelang ihm, binnen weniger Monate ein
riesiges statistisches Material über die Landarbeiter in den ostelbischen Provinzen Preußens auszuwerten und diesem bedeutsame Ergebnisse abzugewinnen; bemerkenswert war eigentlich mehr noch,
daß Max Weber sogleich erkannte, welche enorme Sprengkraft in diesen Ergebnissen steckte.
Max Weber stellte unter anderem die folgenden Thesen auf: 1. Mit

dem Vordringen des Kapitalismus auch im agrarischen Bereich, begünstigt durch die überseeische Konkurrenz, werde das überkommene patriarchalische System der Großgüterwirtschaft im Osten, welches in bestimmten Grenzen eine Interessengemeinschaft von Großgrundbesitz und der ländlichen Arbeiterklasse gekannt hatte, unvermeidlich zerstört werden. 2. Hier sei die revolutionäre Kraft des Kapitalismus, als eines irreversiblen Prozesses, am Werke, der gegenüber Palliativmaßnahmen nichts fruchteten, sondern nur radikale Strukturänderungen sinnvoll seien. Aus diesen Beobachtungen leitete Weber 3. die Folgerung ab, daß im Interesse der Erhaltung und Stärkung des Deutschtums im Osten die vom preußischen Junkertum geprägte Großgrundbesitzstruktur im ostelbischen Preußen einer klein- und mittelbäuerlichen Siedlungsstruktur weichen müsse, welche den Vorteil habe, nicht mehr für den Markt zu produzieren.

Hier trat zum ersten Mal ein typischer Zug des politischen Denkens Max Webers hervor, nämlich die Fähigkeit, aus wissenschaftlichen Beobachtungen mit äußerster Konsequenz Schlüsse zu ziehen, die sich unter Berücksichtigung der politischen und gesellschaftlichen Gesamtkonstellation in seiner Gegenwart zwingend ergaben, und diese dann hinsichtlich ihrer Tragfähigkeit und ihren Auswirkungen bis an die Grenze des Vorhersehbaren weiter zu verfolgen. Max Weber tat dies ohne Rücksicht auf Parteistandpunkte, obschon seine Kritik am preußischen Junkertum zwischen den Zeilen hervorschaute, vor allem aber ohne jede Rücksicht auf Karrieregesichtspunkte. Er vertrat seine Meinung, wenn er es für richtig hielt, gegebenenfalls in dichotomischer Entgegensetzung zu den jeweils modischen bzw. herrschenden Meinungen, in äußerster intellektueller Aufrichtigkeit. Allen seinen Äußerungen, insbesondere jenen politischer Art, ist insofern eine gewisse dialektische Überspitzung eigen, die darauf abzielte, nicht nur den Sachverhalt als solchen darzulegen und die Zuhörer von dessen Richtigkeit zu überzeugen, sondern unmittelbar Wirkung zu erzielen durch die Kontrastierung der eigenen Beobachtungen mit den vorgegebenen, entgegenstehenden Kräften, Tendenzen, Konstellationen oder Institutionen. Jedoch fühlte Max Weber selbst sich mehr als kritischer Analytiker, der Anstöße gibt und Richtungen angeben will – also als politisch engagierter Intellektueller –, nicht aber eigentlich als Politiker, der in einem politischen Verbande zu fechten und demgemäß Rücksichten taktischer Natur zu nehmen hat.

Spätestens mit der Freiburger Antrittsrede vom Jahre 1895 trat die große Begabung Max Webers als Analytiker des politischen Systems des wilhelminischen Deutschland und der deutschen Gesellschaft jedermann deutlich vor Augen. Max Weber selbst hatte seine akademische Antrittsrede aus Anlaß der Übernahme eines nationalökonomischen Lehrstuhls an der Universität Freiburg, die eine Frucht seiner großen Leistungen im Rahmen der Enquete des Vereins für Socialpolitik gewesen war, nicht in erster Linie als eine wissenschaftliche Visitenkarte betrachtet, sondern vielmehr als »Darlegung und Rechtfertigung des persönlichen und insoweit ›subjektiven‹ Standpunktes bei der Beurteilung volkswirtschaftlicher Erscheinungen«.[7] Was die politischen und gesellschaftlichen Verhältnisse im Kaiserreich anging, so zog Weber eine äußerst ungünstige Bilanz, die auf die Zeitgenossen teilweise niederschmetternd gewirkt, andererseits aber den Anstoß für neue politische Entwicklungen gegeben hat. Die Aristokratie, so meinte Weber, habe die ökonomischen Voraussetzungen dafür verloren, die herrschende Schicht im Staate zu sein; sie sei vielmehr zu einem Kostgänger des Staates geworden und demgemäß nicht länger berechtigt, als politische Führungsschicht im echten Sinne dieses Wortes aufzutreten. Das Bürgertum, dem die politische Macht gemäß den Entwicklungsgesetzen des ökonomischen Systems eigentlich hätte zufallen müssen, sei hingegen unreif, teils, weil Bismarck aus den Köpfen der bürgerlichen Klasse die politische Urteilsfähigkeit ausgebrannt habe, teils, weil diese bei den alten, autoritären Mächten Schutz gegen die aufsteigende Arbeiterklasse suche.

Es war dies die Zeit der »Umsturzvorlage«, mit der, wie Weber mißbilligend beobachtete, insbesondere Teile des Nationalliberalismus liebäugelten, obschon dies mit liberalen Grundsätzen schlechterdings unvereinbar war. Die Arbeiterschaft hingegen, so meinte Weber, sei in einen blinden Dogmatismus verfallen und daher unfähig zur Macht. Ihr fehle jegliches Bewußtsein für die großen nationalen Machtaufgaben ebenso wie eine weitsichtige Führung. Max Weber wollte dem deutschen Volk gleichsam als Heilmittel für die Mängel der inneren Verfassung eine große nationale Machtpolitik verordnen, die mit demokratischer Reform im Innern gepaart sein sollte. Auf diese Weise sollte die innere Bereitschaft der breiten Schichten des

Volkes, einschließlich der Arbeiterschaft, für eine energische Weltmachtpolitik gewonnen werden, nicht zuletzt auch deshalb, weil von
deren Erfolg auf längere Sicht der Lebensstandard und die wirtschaftliche Zukunft aller Schichten der Nation abzuhängen schienen. Zugleich aber sah Weber in einer kraftvollen Weltpolitik ein probates
Mittel, um den Liberalen das Epigonenbewußtsein auszutreiben, in
das sie seit dem Ende der liberalen Ära 1879 verfallen waren, und eine
neue Epoche liberaler Politik heraufzuführen. Er hoffte, mit einer
solchen entschieden nationalen Machtpolitik den konservativen Kräften im wilhelminischen Deutschland den Rang abzulaufen. Im Zusammenhang dieser seiner Ausführungen gab Max Weber das Stich-
wort für eine künftige deutsche Weltpolitik großen Stils: »Wir müssen
begreifen, daß die Einigung Deutschlands ein Jugendstreich war, den
die Nation auf ihre alten Tage beging und seiner Kostspieligkeit hal-
ber besser unterlassen hätte, wenn sie der Abschluß und nicht der
Ausgangspunkt einer deutschen Weltmachtpolitik sein sollte.«[8] Damit stellte sich Max Weber intellektuell an die Spitze jener neuen
Welle der Begeisterung für eine imperialistische Weltpolitik großen
Stils, wie sie in den 90er Jahren die deutsche Öffentlichkeit erfaßte.
Er suchte dieser Parole freilich zugleich eine liberale Wendung zu
geben, statt die taktische Ausnutzung imperialer Politik allein den
traditionellen Kräften zu überlassen.

In jenen Jahren bot sich Weber eine Chance, in die aktive Politik zu
gehen; die Saarbrücker Nationalliberalen trugen ihm die Kandidatur
für die Reichstagswahl 1898 gegen den Saar-Industriellen Stumm an,
der sich aus vielerlei Gründen in seinem Wahlkreis unbeliebt gemacht
hatte. In der Tat war Webers eigenes Programm, wie er es damals
nicht nur in der Freiburger Antrittsrede, sondern in einer Reihe Gele-
genheitsäußerungen dargelegt hatte, das gerade Gegenteil des Pro-
gramms, für das Freiherr von Stumm stand. Weber wollte eine kraftvolle Politik der Liberalisierung im Innern, verbunden mit einer fortschrittlichen, zugleich grundsätzlich liberalen Sozialpolitik, durch
welche die Macht des Patriarchalismus in den Großbetrieben von
Stahl, Kohle und Eisen gebrochen werden sollte.

Nach einem durch eine schwere psychische Erkrankung bedingten In-
tervall von nahezu sechs Jahren trat Max Weber seit 1904 in eine neue
Phase seines politischen und gesellschaftlichen Wirkens ein. Dieses
war nun nicht mehr in gleichem Maße von nationalem Pathos und

politischem Kampfeswillen geprägt, wie dies in den 90er Jahren der Fall gewesen war. Im Vordergrund stand nunmehr das Bemühen um eine gründliche reflexive Standortbestimmung sowohl im wissenschaftlichen wie auch im gesellschaftspolitischen Bereich, während das unmittelbare politische Engagement einstweilen ganz zurücktrat. Die wissenschaftstheoretischen Aufsätze der Jahre 1903 bis 1907, die späterhin unter dem einigermaßen irreführenden Titel »Wissenschaftslehre« veröffentlicht worden sind, sind Ausdruck der Bemühungen Max Webers, im Widerstreit von historischer Nationalökonomie, repräsentiert durch Gustav Schmoller, theoretischer Nationalökonomie, repräsentiert durch Karl Menger, der zeitgenössischen historischen Geschichtsschreibung, repräsentiert durch Theodor Mommsen und Eduard Meyer, und schließlich dem Marxismus in seinen damaligen Spielarten, einen eigenen geistigen Standort zu gewinnen. Im Vordergrund stand dabei fraglos der Gegensatz der historisch ausgerichteten Nationalökonomie einerseits, von der Weber selbst herkam, und der theoretischen Wirtschaftswissenschaft, die allgemeine Gesetze des wirtschaftlichen Handelns zu begründen und damit prognostisch das wirtschaftliche und soziale Geschehen zu beurteilen bestrebt war.

1904 übernahm Max Weber die Mitherausgabe des Archivs für Sozialwissenschaft und Sozialpolitik; dieses war aus dem Braunschen Archiv für soziale Gesetzgebung und Statistik hervorgegangen, welches der Sozialdemokratie nahegestanden hatte und in dem sozialistische und marxistische Probleme in verschiedenster Weise erörtert worden waren. Insofern lag es für Weber nahe, eine klare Position auch zum zeitgenössischen Marxismus zu beziehen, obschon diesem im Kontext der bürgerlichen Nationalökonomie und Jurisprudenz, dem er entstammte, eigentlich keinerlei Gewicht zugemessen wurde.

Es ist hier nicht möglich, Max Webers wissenschaftstheoretische Position im einzelnen zu beschreiben. Doch verdient eine grundsätzliche Dimension seiner Position hier erwähnt zu werden, nämlich die entschiedene Distanzierung von der landläufigen Meinung, daß sich weltanschauliche Positionen wissenschaftlich begründen lassen. Die Erkenntnis, daß Wissenschaft dergleichen grundsätzlich nicht leisten könne, führte zwangsläufig zu einer radikalen Ablehnung aller sogenannten holistischen Geschichtstheorien und insbesondere des historischen Materialismus. Als kritischer Rezipient Friedrich Nietzsches war Weber sich keinen Augenblick über die grundsätzliche Heterogenität von Wertsphäre und empirischer Realität im Zweifel. Werte kann man nur dadurch begründen, daß man sie aufgrund einer höchst persönlichen Lebensentscheidung zur Grundlage der eigenen Lebensführung macht und ihnen damit gleichsam praktische Geltung verleiht. Anders gesagt, Werte besitzen nur insofern empirische Realität, als sie durch das wertgeleitete Handeln von Individuen oder Gruppen in der konkreten Realität zu kraftvollen Orientierungsmustern sozialen Handelns werden, keineswegs aber, weil sie sich in irgendeiner Weise theoretisch begründen oder gar durch unmittelbare Inspektion aus der historischen Realität selbst ableiten lassen. Eben weil allein auf diese Weise Werte begründet werden können, ist die Frage der individuellen Lebensführung, wie Hennis jüngst betont hat, für Webers Denken durchaus zentral, aber es ist natürlich nicht das eigentliche Thema seines soziologischen Werks. Vielmehr fragt dieses danach, unter welchen Bedingungen eine bestimmte Form der Lebensführung des einzelnen gemäß letzten persönlichen Idealen möglich sei bzw. unter welchen Bedingungen diese vielmehr tendenziell oder absolut ausgeschlossen werde.

In säkularer Perspektive gesehen lief die fortschreitende Bürokratisierung und Entzauberung der modernen Welt darauf hinaus, alle Formen einer individuell verantworteten Lebensführung gemäß letzten persönlichen Werthaltungen, die nach Max Weber der Ursprung aller großen Hervorbringungen in der Geschichte darstellt, immer stärker einzuschränken. Die Konsequenzen dieser Position waren weitreichend. Objektive Kulturwerte gleich welcher Art, wie beispielsweise die neuhumanistischen und idealistischen Ideale, wie sie von den bürgerlichen Schichten in Deutschland im 19. Jahrhundert als maßgeblich empfunden und als allgemein verbindlich betrachtet wurden, kann es demgemäß nach Max Webers Auffassung nicht geben; denn Kulturwerte gewinnen ihre reale Geltung nur aufgrund der persönlichen Willensentscheidung des einzelnen und einer entsprechenden Lebensführung, die diese Werte dann gleichsam empirisch konstituiert. Objektive Kulturwerte, in dem Sinne wie Heinrich Rickert diese als Richtpunkte einer Erkenntnistheorie der Geisteswissenschaften postulierte, waren nach seiner Ansicht ein Unding. Weber kam vielmehr zu der radikalen Schlußfolgerung: »›Kultur‹ ist ein vom Standpunkt des Menschen aus mit Sinn und Bedeutung bedachter

endlicher Ausschnitt aus der sinnlosen Unendlichkeit des Weltge-
schehens«; dieser wird im Grunde nur durch die subjektive Wertwahl
der Persönlichkeit konstituiert.[9] Oder, anders gesagt: »Transzendentale Voraussetzung jeder *Kulturwissenschaft* ist nicht etwa, daß wir
eine bestimmte oder überhaupt irgendeine ›Kultur‹ *wertvoll* finden,
sondern daß wir Kultur*menschen* sind, begabt mit der Fähigkeit und
dem Willen, bewußt zur Welt *Stellung* zu nehmen und ihr einen *Sinn*
zu verleihen.«[10] Damit waren die Grenzen des herkömmlichen bürgerlichen Bewußtseins eindeutig überschritten. Dies vor allem schied
Max Weber vom Bürgertum und wies ihn zugleich als Angehörigen
einer neuen, sozial nicht mehr eindeutig zuzuordnenden Bildungs-
bzw. Intellektuellenschicht aus.
Gleichzeitig wandte sich Max Weber seinen berühmten Studien über
»Die protestantische Ethik und der ›Geist‹ des Kapitalismus« zu – in
der Manuskriptfassung der dritten Auflage erwog Weber, dem Wort
»Kapitalismus« das Wort »modern« hinzuzufügen, um Mißverständ-
nissen entgegenzutreten. Hier ging es ihm um die Rekonstruktion der
ursprünglichen ideellen Antriebe, die die Entstehung der bürgerlichen Welt allererst möglich gemacht haben. Er wies in seiner quel-
lengesättigten Studie, die sich insbesondere auf theologische Traktate
des späteren 18. Jahrhunderts stützte, nach, daß die Wirtschaftsge-
sinnung des modernen Kapitalismus aus dem Geist der religiösen Askese der radikalen protestantischen Sekten hervorgegangen ist. Im
Umkreis des asketischen Protestantismus seien die typischen sozialen
Verhaltensmuster, die den modernen marktorientierten industriellen
Kapitalismus allererst möglich gemacht haben, entstanden und hätten
wesentlich dazu beigetragen, diesem in einer noch weithin traditionalen Gesellschaft zum Durchbruch zu verhelfen. Dazu gehört
eine streng rationale methodische Lebensführung, eine radikal auf
persönliche Leistung ausgerichtete Arbeitsethik und eine Grundeinstellung zum alltäglichen Leben, die anstelle standesgemäßer Lebensführung eine bescheidene Lebenshaltung zwecks möglichster
Erfolgs- und Gewinnmaximierung setzte. Eben diese Elemente einer
ursprünglich innerweltlich gewendeten religiösen Heilsgewißheit haben dann nach Max Webers Auffassung entscheidend zur Ausbildung
eines spezifisch bürgerlichen politischen und gesellschaftlichen Bewußtseins beigetragen, welches jenem der aristokratischen Schichten
diametral entgegengesetzt war und deren Ablösung als politische

Führungsschicht durch das Bürgertum zur logischen Konsequenz hatte. Soweit das Bürgertum sich solchen Werten verpflichtet fühlte, war es vor den zeitgenössischen Versuchungen, sich den Lebensidealen der Aristokratie anzugleichen, wie sie Max Weber in seiner Gegenwart mißbilligend beobachtete, weitgehend gefeit. Es war dies übrigens einer der Gründe, weshalb er der These von der Entstehung des Geistes des Kapitalismus aus der protestantischen Ethik so große Bedeutung zumaß.

Diese innerweltlichen Dimensionen des protestantischen Asketismus waren im Regelfall gepaart mit einer antiautoritären, im Grundsatz liberalen Einstellung zur gesellschaftlichen Umwelt. Max Weber entdeckte die Anfänge jener antiautoritären Gesinnung, die ein wesentliches Element liberalen Denkens darstellt, in den emanzipatorischen Bewegungen, die in den deutschen und italienischen Städten des späten Mittelalters die fürstliche Herrschaft beiseite fegten und auf revolutionärem Wege freie städtische Gemeinschaften begründeten. Er sah sie ebenso in der Entwicklung von »formal freier« Arbeit in der mittelalterlichen Stadt, inmitten einer von traditionalen Lebensweisen gebundenen Wirtschaftsordnung. Eine noch radikalere Ausprägung fanden diese antiautoritären Traditionen des Protestantismus dann im angelsächsischen Raum, insbesondere bei den Levellers. Diese wurden zu den eigentlichen Schöpfern der Lehre von den Menschenrechten, die in der Folge die Entwicklung freiheitlicher Gesellschaften allererst möglich gemacht hat.

Diese Beobachtungen bestimmten Max Weber, seiner eigenen Gegenwart überaus kritisch und nüchtern gegenüberzutreten. Seine vergleichsweise pessimistische Analyse lief darauf hinaus, daß für eine Durchdringung der wilhelminischen Gesellschaft wie überhaupt der modernen hochkapitalistischen Gesellschaften mit jenen idealen Werthaltungen, die das soziale Verhalten des einzelnen von innen heraus prägen, keine günstigen Voraussetzungen bestünden. Vielmehr glaubte er, das genaue Gegenteil feststellen zu müssen, nämlich das zunehmende Überhandnehmen bloßer Routine, unter Zurückdrängung allen individuell verantworteten Handelns; am Ende dieser Entwicklung werde, so fürchtete er, Erstarrung oder gar Versteinerung stehen. In den berühmten Passagen am Ende des Aufsatzes über die »Protestantische Ethik und der ›Geist‹ des Kapitalismus« kam Weber zu dem Schluß, daß der voll entwickelte Kapitalismus nicht länger jener ideellen Antriebskräfte bedürfe, welche für seine Entstehung entscheidend gewesen seien: »Der Puritaner wollte Berufsmensch sein; – wir *müssen* es sein. Denn indem die Askese aus den Mönchszellen heraus in das Berufsleben übertragen wurde und die innerweltliche Sittlichkeit zu beherrschen begann, half sie an ihrem Teile mit daran, jenen mächtigen Kosmos der modernen, an die technischen und ökonomischen Voraussetzungen mechanisch-maschineller Produktion gebundenen, Wirtschaftsordnung erbauen, der heute den Lebensstil aller einzelnen [...] mit überwältigendem Zwange bestimmt [...].«[11] Aus jenem, aus individuell empfundenen Motiven tief religiöser Art hervorgegangenen, neuen ökonomischen System war vielmehr, wie Weber meinte, »ein stahlhartes Gehäuse« geworden, welches tendenziell »unentrinnbare Macht über den Menschen, wie niemals zuvor in der Geschichte« gewonnen habe.[12]

Der Siegeszug des Kapitalismus und seines Zwillingsbruders, nämlich der fortschreitenden formalen Rationalisierung aller Lebensbereiche, zwecks Steigerung der Effizienz des kapitalistischen Systems, schien Weber in seiner Gegenwart unaufhaltsam. Er verfolgt die Spuren des fortschreitenden kapitalistischen Systems in unterschiedlichen gesellschaftlichen Bereichen, unter anderem der psychischen Dispositionen der industriellen Arbeiterschaft, und konstatierte, daß der moderne industrielle Kapitalismus eine schlechthin revolutionäre Macht sei, die im Begriff stehe, mit unwiderstehlicher Gewalt alle traditionalen Lebensordnungen zu sprengen. Am bedeutsamsten aber erschien ihm vom Standpunkt des Liberalismus das mit diesem Prozeß unvermeidlich verbundene Fortschreiten der Bürokratisierung aller Bereiche der sozialen Welt, angefangen vom modernen Staat bis hin zu den ursprünglich persönlich geprägten Bereichen von Religion und Kultur.

Die Analyse der Prozesse der Rationalisierung und der Bürokratisierung in den unterschiedlichsten Lebensbereichen wurde hinfort zum eigentlichen Thema des Soziologen Max Weber, und zwar nicht zuletzt im Hinblick auf die Frage, welche Chancen positiver oder negativer Art unter diesen Umständen für eine persönliche, letzten Werten verpflichtete Lebensführung des einzelnen bestanden. Max Weber ließ in seinen Analysen immer wieder die apokalyptische Vision einer der westlichen Gesellschaft bevorstehenden Versteinerung ähnlich jener der Spätantike aufschauen, andererseits dienten solche Progno-

sen – self-denying prophecies – gerade dem Ziel, einem solchen Prozeß nach Maßgabe des Möglichen entgegenzutreten. Die sein For-
schungsinteresse wie auch seine politische und gesellschaftliche Haltung letztendlich maßgeblich bestimmende Kernfrage war: »Wie ist
es angesichts dieser Übermacht der Tendenz zur Bureaukratisierung
*überhaupt noch möglich, irgend welche* Reste einer in irgendeinem
Sinn ›individualistischen‹ Bewegungsfreiheit zu retten?«[13] Dies, und
nicht die Frage nach dem Menschen als solchem, war der eigentliche
Kern seines intellektuellen Bemühens, und zwar sowohl auf dem
Felde der Wissenschaft wie auch in der Arena der Tagespolitik.[14] Der
Gesichtspunkt der Schaffung von Freiräumen gleichviel welcher Art,
verbunden mit der Optimierung der Chancen für die Durchsetzung
individuell verantworteten menschlichen Handelns, gewann für Max
Webers soziologisches Werk, zugleich aber auch für sein politisches
Denken, zentrale Bedeutung.

Dies läßt sich auch in Max Webers leidenschaftlichem Engagement
für den konstitutionellen Liberalismus in Rußland nach dem Ausbruch der russischen Revolution von 1905/1906 ablesen. Die Entstehungsgeschichte der beiden großen Abhandlungen zur russischen Revolution von 1905 »Zur Lage der bürgerlichen Demokratie in Rußland« und »Rußlands Übergang zum Scheinkonstitutionalismus«[15]
läßt sich in dem inzwischen erschienenen ersten Band des Briefwerks
»Briefe 1906–1908« gut verfolgen. Ursprünglich war Webers erster
Beitrag nur als Ergänzung zu dem im Archiv erschienenen Bericht
S. I. Givagos über den Verfassungsentwurf des russischen Konstitutionellen Liberalismus gedacht; er hatte demgemäß unter dem Titel
»Zur Beurteilung der russischen liberalen Bewegung« erscheinen sollen.[16] Doch wuchs sich diese Stellungnahme in eine grundlegende
Analyse der revolutionären Vorgänge im zarischen Rußland und, damit eng verbunden, der Zukunftschancen des Liberalismus aus, der
Weber dann noch eine zweite, weit umfangreichere folgen ließ. Ihre
zögerliche Drucklegung trieb ihn zur Verzweiflung, weil mit dem Ver-
lust der Aktualität der Berichterstattung die Chancen immer geringer
wurden, unmittelbar auf die öffentliche Einschätzung der revolutionären Vorgänge in Rußland Einfluß zu gewinnen; dies aber hielt er
aus allgemeinpolitischen Gründen für äußerst wichtig. Denn Max
Weber war mit der Berichterstattung der deutschen Presse, einschließlich der liberalen Zeitungen, wie insbesondere der Frankfurter

Zeitung, über die Vorgänge in Rußland aufs äußerste unzufrieden, weil diese den politischen Bemühungen des russischen Kadettenliberalismus in keiner Weise gerecht wurde und damit indirekt auch die Durchsetzung liberaler Grundsätze in der wilhelminischen Gesellschaft beeinträchtigte. Deshalb unterwarf sich Max Weber der Pflichtübung, die revolutionäre Entwicklung in Rußland vornehmlich aufgrund der zeitgenössischen Zeitungsberichte minutiös nachzuzeichnen und die gesellschaftlichen und ökonomischen Gründe zu analysieren, die unter den gegebenen Verhältnissen in Rußland der Durchsetzung liberaler Ideale im Wege stünden.[17]

Max Weber maß den Entwicklungen in Rußland in gewissem Sinne eine säkulare Bedeutung zu. Rußland und die Vereinigten Staaten, so meinte er, seien jene beiden Regionen, in denen sich das Schicksal der Idee einer freiheitlichen Gesellschaftsordnung entscheiden werde: »Es sind, in gewissem Sinn, [...] vielleicht ›letzte‹ Gelegenheiten, für den Aufbau ›freier‹ Kulturen ›von Grund aus‹.«[18]

Der unter den Zeitgenossen verbreiteten Auffassung, daß die großen Fortschritte, die das kapitalistische System seit dem Ende der 90er Jahre in Rußland gemacht habe, dieses unvermeidlich in die Bahn einer fortschrittlicheren und freiheitlicheren Entwicklung lenken würden, hielt Weber entgegen, daß die Einführung des Kapitalismus in Rußland oder anderswo für sich genommen keinerlei Garantie dafür biete, daß dies auch zum Siege des Liberalismus führen werde. Vielmehr bestehe ganz im Gegenteil keinerlei »Wahlverwandtschaft« des heutigen Hochkapitalismus »mit ›Demokratie‹ oder gar mit ›Freiheit‹«. Nur »›wider den Strom‹ der materiellen Konstellationen« könne man, so Weber, unter den gegebenen Verhältnissen freiheitliche Ideale in modernen Gesellschaften durchsetzen. Insofern schätzte er die Chancen eines Erfolgs der liberalen Bewegung in Rußland von vornherein gering ein, zum einen, weil ein Bündnis des Bürgertums mit der Arbeiterschaft unter den gegebenen Verhältnissen nicht erreichbar sei, zum anderen, weil sich die Agrarfrage nicht mit demokratischen Mitteln werde lösen lassen. Die Entwicklung der Dinge verfolgte Weber dennoch mit zunehmender Enttäuschung; er ließ seiner Erbitterung über die repressive Strategie der russischen Regierung freien Lauf. Am Ende gelangte er zu der resignativen Feststellung, daß es in Rußland zu einer Restituierung des »Scheinkonstitutionalismus« gekommen sei, ebenso wie auch »bei uns«.[19]

In der Folge setzte Max Weber alles daran, nach Maßgabe der begrenzten Möglichkeiten, die ihm dafür zur Verfügung standen, die deutsche Variante dieses Systems des »Scheinkonstitutionalismus« zu bekämpfen, den er insbesondere im »persönlichen Regiment« Wilhelms II. verkörpert sah. Weber nutzte, wie in dem Band »Briefe: 1906–1908« eingehend dokumentiert ist, seine persönlichen Kontakte zu führenden Persönlichkeiten der Fortschrittlichen Volkspartei, um diese zu einem entschiedeneren Auftreten in den Verfassungsfragen zu bestimmen; ebenso begrüßte er 1906 Jellineks Abhandlung über »Verfassungsänderung und Verfassungswandel« als wichtigen theoretischen Beitrag zu diesen Bemühungen, nicht ohne seine eigene, sehr differenzierte Auffassung vom Charakter des deutschen Verfassungssystems dabei ins Spiel zu bringen.[20] Er drängte Friedrich Naumann, der damals noch dem Ideal einer Kombination von Demokratie und Kaisertum nachhing, sich von seinen cäsaristischen Velleitäten zu trennen und alles zu tun, um der »dynastische[n] Prestige-Politik der großen Worte« ein Ende zu machen. »Um Gottes willen« müsse in den Reichstagswahlen 1906 »jedes ›Vertrauensvotum‹ für den Kaiser und seine Art, Politik zu machen«, vermieden werden.[21] Nach seiner Auffassung stellte das Regierungssystem im deutschen Kaiserreich eine nahezu »kontrollfreie Beamtenherrschaft« dar, die nach außen hin durch ein machtloses Parlament abgeschirmt und bemäntelt werde.[22]

Unter den bestehenden Umständen sah Weber wenig Chancen, das beständige Hineinregieren Wilhelms II. in die tagespolitischen Entscheidungen, durch die nach seiner Ansicht das Ansehen des Deutschen Reiches weltweit immer stärker geschädigt und dieses in die Isolierung hineingetrieben wurde, zu beseitigen, es sei denn, es komme zu einer weitreichenden Reform der Reichsverfassung. Demgemäß bemühte er sich, anläßlich der Daily-Telegraph-Affäre von 1908 der Fortschrittlichen Volkspartei konkrete Vorschläge für eine Änderung der Reichsverfassung zu machen.[23] Auch späterhin fungierte er als informeller, aber fachlich kompetenter Berater der Fortschrittlichen Volkspartei vor allem in verfassungspolitischen Fragen. Er war längst zu der Meinung gekommen, daß der schwächlichen und inkonsistenten Politik der Reichsregierungen nur durch eine entschlossene Parlamentarisierung der Reichsverfassung abgeholfen werden könne. Allerdings war er sich hinsichtlich des verfassungstechnischen Weges, der hier einzuschlagen sei, anfänglich selbst noch nicht voll im klaren; damals erschien ihm eine »Parlamentarisierung des Bundesrates«, d. h. die Öffnung des Bundesrats für die Führer der großen Parteien, der einzige Weg, um eine mit dem deutschen Föderalismus vereinbare Form parlamentarischer Herrschaft im Deutschen Reiche einzuführen, während er eine formelle Bindung des Reichskanzlers an das Vertrauen einer Parteienmehrheit im Reichstag für mit der föderalistischen Struktur der Reichsverfassung nicht vereinbar hielt.[24]

Die Korrespondenz der Vorkriegsjahre seit der Wiedergesundung Max Webers ist allerdings überwiegend wissenschaftlichen Fragen gewidmet. Sie zeigt Max Weber als engagierten Herausgeber des »Archivs für Sozialwissenschaft« und bald auch als Planer und potentiellen Herausgeber eines großangelegten Werks, welches das gesamte Feld der damaligen Sozialwissenschaften abdecken und einen neuen Standard setzen sollte, nämlich der Neuherausgabe des sog. »Schönbergschen Handbuchs«, die unter dem anspruchsvollen Titel »Grundriß der Sozialökonomie« erscheinen sollte. Die Korrespondenz mit zahlreichen Sozialwissenschaftlern, Historikern und Philosophen läßt erkennen, daß Max Weber, obwohl er als bloßer Honorarprofessor formal außerhalb des Universitätssystems stand, sich tatsächlich im geistigen Zentrum der damaligen wissenschaftlichen Entwicklungen auf dem Gebiet der Sozial- und Kulturwissenschaften bewegte. Gleichzeitig aber bilden gerade die Briefe der Jahre 1906 bis 1908 ein bedeutendes Zeugnis für die Entwicklung des politischen Denkens Max Webers.

Eine Schlüsselrolle kommt in diesem Zusammenhang dem beständigen Dialog mit Robert Michels zu, an dem Weber ursprünglich vor allem deshalb Interesse nahm, weil dieser ebenso wie dessen Frau, wie Weber sich ausdrückte, »knallrothe Sozialdemokraten«[25] waren. Weber tat alles, um Robert Michels' wissenschaftliche Karriere zu fördern, insbesondere nachdem diesem wegen seiner Zugehörigkeit zur Sozialdemokratie mehrfach die Möglichkeit einer Habilitation an einer deutschen Universität versagt geblieben war. Dies gab Weber den Anstoß, um die politischen Begrenzungen der Freiheit von Wissenschaft und Lehre im wilhelminischen Deutschland auch öffentlich zu brandmarken; allerdings wollte er dies nicht einfach, wie Michels und seine sozialdemokratischen Freunde, auf das Konto mangelnder

Zivilcourage seiner Kollegen geschrieben sehen, wie aus der Korrespondenz jener Jahre eindrucksvoll hervorgeht.[26] Die Berufungspoli-
tik der deutschen Hochschulen und, mehr noch, deren politische
Schranken, die sich in erster Linie gegen Sozialdemokraten und Juden richtete und die Max Weber am Begriff der »Hoffähigkeit« fest-
zumachen geneigt war, war in der wissenschaftlichen Korrespondenz
jener Jahre ein beständiges Thema scharfer Beobachtung und ent-
schiedener Kritik.[27]

In eindrucksvollen und gelegentlich mit äußerster Erbitterung geführ-
ten Auseinandersetzungen mit Michels formulierte Max Weber seine
eigene Position eines dem bürgerlichen Lager zuzurechnenden, aber
entschieden für die Gleichberechtigung der Arbeiterbewegung ein-
tretenden Intellektuellen. Er bezeichnete sich zwar, in dialektischer
Entgegensetzung zu Michels, als scharfen Gegner der deutschen Sozialdemokratie, in der seiner Meinung nach »das behäbige Gastwirts-
gesicht« den Ton angab.[28] Gleichwohl hielt er es für immerhin möglich, der Sozialdemokratie beizutreten, »wenn *Alles* in Scherben
ginge«, etwa eine Rückwärtsrevidierung der Reichsverfassung unter
Beseitigung des allgemeinen Wahlrechts.[29]

Wichtiger noch, in der intensiven Auseinandersetzung mit Robert
Michels formierte sich Max Webers eigene Konzeption der modernen
Demokratie. In Entgegensetzung zu Robert Michels' fundamentali-
stischem Demokratiebegriff, der mißbilligend die zunehmende Aus-
breitung oligarchischer Tendenzen insbesondere in den sozialistischen Parteien, als den Vorkämpfern einer wirklichen sozialistischen
Demokratie, diagnostizierte, entwickelte er sein eigenes pragmati-
sches Konzept demokratischer Herrschaft, und zwar mit einer begriff-
lichen Präzision, die in seinem sonstigen Werk keine Entsprechung
findet. »Ach wie viel Resignation werden Sie noch über Sich ergehen
lassen müssen!«, schrieb er am 4. August 1908 an Michels: »Solche
Begriffe wie ›Wille des Volkes‹, ›wahrer Wille des Volkes‹ usw. exi-
stieren für mich schon lange nicht mehr. Sie sind Fiktionen.«[30] Weber
bezeichnete die völlige Beseitigung der Herrschaft des Menschen
über den Menschen zugunsten der Verwaltung von Sachen weder für
erreichbar noch überhaupt für wünschbar. »[...] jeder Gedanke,
durch *irgend*ein *noch* so ›sozialistisches‹ Gesellschaftssystem, durch
*noch* so ausgetüftelte Formen der ›Demokratie‹ die ›Herrschaft des
Menschen über den Menschen‹ zu *beseitigen*,« sei »eine *Utopie*«.[31] An

die Stelle einer derartigen fundamentalistischen Theorie der Demokratie, die der naturrechtlichen Tradition verhaftet war, wie sie Michels damals noch vertrat, setzte Weber das Prinzip der formal freien Führerwahl; dies aber sei »gar nicht so wenig«.[32] Umgekehrt entstand Robert Michels' großes Buch »Zur Soziologie des Parteiwesens in der modernen Demokratie. Untersuchungen über die oligarchischen Tendenzen des Gruppenlebens«[33] in beständigem kritischem Diskurs mit Max Weber. Dieser war sich mit Michels einig über die außerordentliche Bedeutung der Bürokratisierung der modernen Parteien, und von ihm dürften auch die Anregungen zu einer systematischen Analyse dieses Phänomens ausgegangen sein. Aber anders als Michels wertete er die Ausbildung bürokratischer Parteiapparate und mit ihnen die sog. »Oligarchisierung« der Parteien keineswegs als eine uneingeschränkt negative Erscheinung, die demokratische Herrschaft zunehmend zu einer Unmöglichkeit mache, sondern eher als eine Chance, um unter den Bedingungen der modernen bürokratischen Gesellschaft demokratische Führerherrschaft auch fernerhin zu ermöglichen. In diesem Punkte vor allem trennten sich die Wege von Weber und Michels; während letzterer schließlich ins Lager der Faschisten getrieben wurde, gelangte Weber schrittweise zu einer Theorie der »plebiszitären Führerdemokratie«, die als antiautoritäre Umdeutung charismatischer Herrschaft zu verstehen sei.[34]

Obschon bis 1910 bestenfalls Bruchstücke des wissenschaftlichen Werks im Druck erschienen waren und die große Zeit der politischen Publizistik erst nach dem Ausbruch des Ersten Weltkrieges kam, lassen sich die Grundzüge des politischen und ebenso des wissenschaftlichen Denkens schon in der hier skizzierten Frühphase der geistigen Entwicklung Max Webers erkennen. Sie sind hervorgegangen aus dem steten Bemühen, der Gesellschaft seiner Zeit durch unvoreingenommene kritische Analyse der gesellschaftlichen Tendenzen rationale Orientierungen vorzugeben, die zugleich dazu helfen sollten, den Ansätzen einer liberalen Politik gegenüber den überhandnehmenden bürokratischen Tendenzen Hilfestellung zu geben. Dies bedeutete jedoch nicht, daß Max Weber deswegen schon selbst in die politische Arena einzutreten gewillt war.

Der Höhepunkt des öffentlichen Engagements des politischen Intellektuellen Max Weber kam dann im Ersten Weltkrieg selbst. Max Weber war tief irritiert über die Umstände, unter denen der Erste

Weltkrieg ausgebrochen war, und insbesondere über die mächtepoli-
tische Konstellation, in der die Mittelmächte den Kampf aufnehmen
mußten. Dennoch nahm er, und darin in Übereinstimmung mit der
großen Mehrheit der deutschen Öffentlichkeit, eine grundsätzlich be-
jahende Haltung zum Kriege ein: »Wir mußten ein Machtstaat sein
und mußten, um mitzusprechen bei der Entscheidung über die Zukunft der Erde, es auf diesen Krieg ankommen lassen.«[35] Ja mehr
noch, Max Weber war keineswegs von einer gewissen Idealisierung
des Krieges als solchem frei; in der »Zwischenbetrachtung« sprach er
von den großen Wirkungen, die die Erfahrung des Krieges und der
Aufopferung des Lebens vieler einzelner für eine positive Einstellung
zum Staate habe.[36] Grundsätzlich nahm Max Weber während der
Kriegsjahre eine entschieden nationale Grundhaltung ein; aber nunmehr war diese durch die Überzeugung gemäßigt, daß es in diesem
Kriege nicht einfach nur um die Erringung der Weltmachtstellung des
Deutschen Reiches gehe, sondern zugleich um die Art der Kultur der
Zukunft. Er maß dabei den großen Mächten, und hier in erster Linie
dem Deutschen Reich, eine Mitverantwortung auch für die Zukunft
der kleineren Staaten Europas und deren spezifische Kulturleistun-
gen zu. Insofern war seine Einstellung letzten Endes geleitet von
einem kulturell geprägten Nationalismus, der dem Deutschen Reiche
die Aufgabe zuwies, die Eigenart deutscher Kultur gegenüber der
»russischen Knute« ebenso wie dem »britischen Löwen« mit allen
Mitteln zu verteidigen.[37]
Max Weber hat sich zeitlebens dazu bekannt, daß Macht das spezifische Mittel des Politikers sei, und demgemäß hat er sich im Ersten
Weltkriege mit großer Entschiedenheit für eine entschlossene Machtpolitik eingesetzt, die gegebenenfalls auch den Einsatz der äußersten
Kräfte der Nation rechtfertigen werde; aber zugleich verlangte er
Machtgebrauch mit Augenmaß und nicht zuletzt auch unter Berücksichtigung der politischen Konstellationen, wie sie sich nach dem
etwaigen Ende des Völkerringens für die deutsche Außenpolitik
ergeben könnten. Demgemäß lehnte er konsequent die extrem annexionistischen Bestrebungen in der deutschen Öffentlichkeit ab; diese
müßten dazu führen, daß künftighin Deutschland auf jedermanns
Fußzehen stehen werde und damit eine rationale Außenpolitik in Zukunft unmöglich gemacht würde. Max Webers entschiedenes Auftreten gegen extreme Kriegsziele schloß freilich nicht aus, daß er eine

Festigung der Hegemonialstellung des Deutschen Reiches auf dem europäischen Kontinent und die Schaffung eines Satellitengürtels von autonomen, aber vom Reich außenpolitisch abhängigen Nationalstaaten in Ostmitteleuropa anstrebte. Von Anfang an widersetzte er sich mit äußerster Schärfe der Idee des »unbeschränkten U-Boot-Krieges«, weil er den Kriegseintritt der Vereinigten Staaten von Amerika unter allen Umständen verhindert sehen wollte; der unbeschränkte U-Boot-Krieg werde, wie er richtig voraussagte, nicht nur zwangsläufig den Kriegseintritt der USA nach sich ziehen, sondern vor allem, als die unabdingbare Spätfolge, die ökonomische Weltherrschaft der USA nach dem Ende des Krieges besiegeln, gleichviel wie dieser letztlich auch ausgehen möge. Ebenso wandte er sich späterhin entschieden gegen den Friedensvertrag von Brest-Litowsk, der, wie er meinte, auf eine Herausforderung des Schicksals hinauslaufe.

Webers Interesse galt freilich in besonderem Maße den inneren Verhältnissen im Deutschen Reiche, auf die er mit publizistischen Mitteln Einfluß zu nehmen hoffen konnte. Aus seiner Sicht war die Verfassungsordnung des Reiches in keiner Weise geeignet, eine wirklich kraftvolle Führung des Krieges zu gewährleisten; er beklagte immer wieder mit Bitterkeit das Fehlen einer kraftvollen politischen Führung, zugleich aber das Ausbleiben der von Bethmann Hollweg zu Beginn des Krieges in Aussicht gestellten »Neuorientierung«, die eine Versöhnung der autoritär-bürokratischen Staatsführung mit den breiten Massen der Bevölkerung, insbesondere mit den von der Sozialdemokratie repräsentierten Schichten der Arbeiterschaft, hätte bringen können. In besonderem Maße irritiert war Max Weber über die in akademischen Kreisen seit Ende 1914 propagierte Ideologie der sogenannten »Ideen von 1914«, die die bestehende Symbiose einer autoritären Beamtenherrschaft mit einem gebremsten Parlamentarismus unter monarchischer Flagge als die deutsche, als die schlechthin optimale Verfassungsform idealisierten, im Gegensatz zu den westeuropäischen Verfassungsidealen, die ja auf die Ideen von 1789 zurückgingen. Hans Delbrück beispielsweise bezeichnete die Bürokratie als die organisierte politische Intelligenz in Deutschland. Max Weber empfand diese Argumentation als eine direkte Herausforderung; er war überzeugt, daß der Kern des Übels der deutschen Politik eben darin bestand, daß Beamte und nicht verantwortliche Politiker die Geschicke der Nation zu leiten trachteten.

Vor dem Hintergrund der, wie er dies sah, Literatenideologie der
»Ideen von 1914« entwickelte Max Weber vornehmlich in einer Artikelserie vom Sommer 1917 in der Frankfurter Zeitung, die dann später als eigenständige Broschüre unter dem Titel »Parlament und Regierung im neugeordneten Deutschland« erschienen ist, mit großer
Schärfe und Akribie sein eigenes Modell parlamentarischer Herrschaft demokratischen Typs.[38] Er tat dies unter Berücksichtigung der
zeitgeschichtlichen Situation im Kriege, die vor allen Dingen nach
einer effizienten politischen Führung verlangte, welche zugleich in
der Lage sein würde, für ihre Politik die Zustimmung der breiten Massen zu erlangen. Diese Konstellation hat Max Weber dazu veranlaßt,
seine Theorie demokratischer Herrschaft nicht von den Grundpostu-
laten der Selbstbestimmung des Bürgers und der Volkssouveränität
her zu entwickeln, obschon sich dafür durchaus Ansatzpunkte in seinem Werk finden lassen. Vielmehr stellte er die überlegene Leistungsfähigkeit demokratischer Systeme im Vergleich mit dem halb-
konstitutionellen System in Mitteleuropa, von Rußland ganz zu
schweigen, in den Vordergrund seiner Argumentation. Er hob dabei
vor allem auf den Umstand ab, daß nur parlamentarische Regime mit
starken Parlamenten in der Lage seien, wirklich leistungsfähige politische Führer hervorzubringen. An den wesentlichen Postulaten eines
liberalen Verständnisses demokratischer Herrschaft, insbesondere an
der Überzeugung, daß alles demokratisch verantwortete Handeln des
politischen Konsensus der mündigen Bürger bedürfe, hielt Weber im
Grundsatz fest. Aber zunehmend betonte er demgegenüber das ent-
gegengesetzte Prinzip, daß nämlich der große Politiker sich seine Ge-
folgschaft mit Hilfe seiner persönlichen charismatischen Fähigkeiten
zu schaffen habe, mit anderen Worten, daß Willensbildung prinzipiell
von oben nach unten verläuft und nicht von der Basis aufwärts zu den
gewählten Führern.
Tief überzeugt von der Notwendigkeit großer politischer Führer-
schaft unter den gegebenen politischen Verhältnissen in Deutschland
trug Weber keine Bedenken, den Gedanken der Eigenverantwort-
lichkeit des großen politischen Führers bis an die Grenzen des Denk-
möglichen vorzuschieben. Das parlamentarische System ist nach Weber in erster Linie dazu da, die Voraussetzungen für die Auslese und
den Aufstieg großer politischer Persönlichkeiten zu schaffen, die ihre
Macht ausschließlich kraft ihres persönlichen Charismas, d. h. des

Glaubens der breiten Massen an ihre Führungsbegabung als solche erlangt haben, nur mittelbar durch Mehrheitsentscheidungen innerhalb des Parlamentes.

Innerhalb dieses auf die Führungsrolle einzelner großer plebiszitärer Persönlichkeiten abgestellten parlamentarischen Systems wies Max Weber dem Parlament wesentlich die Funktion zu, als Widerlager der politischen Führung zu dienen. Als solches hatte es vor allem die Aufgabe, die Staatsbürokratie zu kontrollieren und nicht zuletzt im Interesse der politischen Leitung in Schach zu halten. Darüber hinaus aber sollte das Parlament als Stätte der Auslese politischer Führerpersönlichkeiten fungieren, welche im parlamentarischen Kampfe zu eigenständiger Verantwortung erzogen und im Rahmen der Arbeit in den Ausschüssen zu einer Versachlichung ihrer demagogischen Fähigkeiten veranlaßt würden. Schließlich war das Parlament, als Gegengewicht zur Staatsführung, dazu da, die charismatische Qualität der politischen Führer, eben weil sich diese in der Auseinandersetzung mit der parlamentarischen Mehrheit ständig bewähren müsse, gleichsam *ex negativo* zu gewährleisten. Schließlich hatte das Parlament die Aufgabe, dann, wenn das Charisma des großen politischen Führers versagt, für eine geregelte Ablösung und entsprechende Nachfolge Sorge zu tragen.

In der Situation des Jahres 1917 vermochte sich Max Weber mit seinen verfassungspolitischen Vorstellungen nur sehr begrenzt durchzusetzen. Trotz wiederholter Anläufe der Mehrheitsparteien des Reichstags in Richtung auf eine Parlamentarisierung der Reichsverfassung blieb während der späteren Jahre des Weltkrieges im wesentlichen alles beim alten. Ebensowenig kam es zu der überfälligen Reform des preußischen Dreiklassenwahlrechts. Weber wurde dieserhalb von zunehmend schweren Sorgen erfaßt, befürchtete er doch, daß bei einem Ausbleiben der Wahlrechtsreform die Sozialdemokratie am Ende ihre loyale Unterstützung der Kriegspolitik der Reichsleitung endgültig aufsagen und damit die innere Situation unhaltbar werden würde.

Es gab freilich noch eine zweite, gleichsam intellektuelle Kampflinie, die sich während des Ersten Weltkrieges gebildet hatte, in die sich Max Weber mit Verve hineinbegab, nämlich das Anschwellen rein emotionaler und irrationaler Strömungen in der deutschen Öffentlichkeit. Weber beobachtete eine starke Tendenz insbesondere in den

Kreisen der akademischen Jugend, gleichsam vor den Notwendigkeiten des Tages wegzutauchen und ihr Heil in sektiererischen Bewegungen irrationalen Zuschnitts zu suchen. Max Weber hatte die säkularen Gefahren des Prozesses der Rationalisierung und Bürokratisierung, wie er sie in allen Bereichen der Gesellschaft immer weiter vordringen sah, mit großer Schärfe diagnostiziert. Die geistige Situation der Gegenwart sah er bestimmt durch die fortschreitende »Entzauberung« aller traditionellen religiösen Werthaltungen und Weltbilder. Jedoch hielt Weber es ehrlicherweise nicht für möglich, hinter diesen Stand der Dinge zurückzugehen und sich neuen Mythen, wenn auch säkularisierter Art, oder politischen Religionen anheimzugeben. Nach Weber war es die Prämisse einer jeden realistischen Orientierung in seiner Gegenwart, daß die Rationalität als das Prinzip der modernen Lebensordnungen nicht einfach aufgehoben oder negiert werden könne, vielmehr müsse der einzelne seinen Lebensweg gerade unter diesen neuen Bedingungen gehen und die Konflikte, die sich daraus ergaben, im Innern seiner eigenen Persönlichkeit austragen.

Demgemäß machte Weber gegen den Kult des Irrationalismus und des bloßen Erlebens, wie er ihn in intellektuellen Kreisen seit 1916 immer mehr vordringen sah, mit ungewöhnlicher Entschiedenheit Front. Im Frühjahr 1917 führte der Verleger Eugen Diederichs eine große Tagung auf Burg Lauenstein durch, mit der er das Ziel verfolgte, eine neue kulturelle Identität für die deutsche Nation in der Nachfolge Paul de Lagardes und Houston Stewart Chamberlains zu begründen. Bei dieser Gelegenheit polemisierte Max Weber mit äußerster Schärfe gegen den neuen nationalistischen Mythos, wie ihn beispielsweise Max Maurenbrecher beschwor, um so mehr, als dieser einer Elitekultur das Wort redete, die sich den demokratischen Tendenzen des Zeitalters diametral entgegenstellte.[39] Noch ungleich massiver wandte sich Max Weber gegen diese Tendenzen in seiner im November 1917 vor Mitgliedern des Freistudentischen Bundes gehaltenen Rede »Wissenschaft als Beruf«. Weber wies hier einmal mehr darauf hin, daß Wissenschaft nicht in der Lage sei, Werte zu begründen, und daß der Beruf des Wissenschaftlers weder mit jenem des Führers noch mit jenem des Propheten vereinbar sei. Wissenschaft könne dem einzelnen nicht sagen, welchen Lebensweg er zu gehen habe; sie könne ihm freilich dabei helfen, sich selbst Rechenschaft zu geben über den letzten Sinn seines eigenen Tuns. Auch hier also tritt

uns wieder Webers Grundauffassung gegenüber, daß in der modernen, bürokratischen Welt der einzelne auf die eigene Persönlichkeits-
sphäre zurückgeworfen sei und nicht erwarten könne, von seiten der
Wissenschaft Antwort auf die Frage »Was tun?« zu bekommen. Das
»Jagen nach dem Erlebnis«[40] bzw. die Kultivierung ästhetischer Le-
bensideale, ausstaffiert mit ›garantiert alten echten Sachen«,[41] wie er
sie in seiner Gegenwart beobachtete, laufe auf Selbstbetrug und
Selbsttäuschung hinaus; es sei nicht möglich, auf diese Weise den
Sachzwängen der Wirklichkeit und dem Rationalisierungsdruck, dem
jeder einzelne in der modernen Welt ausgesetzt ist, zu entfliehen.
Vielmehr sei die gegenwärtige Situation durch die Tatsache bestimmt, daß der Kampf zwischen den unterschiedlichen Werthaltungen in Gestalt der Rivalität von anonymen, institutionalisierten
Mächten ausgetragen werde: »Die alten vielen Götter, entzaubert
und daher in Gestalt unpersönlicher Mächte, entsteigen ihren Grä-
bern, streben nach Gewalt über unser Leben und beginnen unterein-
ander wieder ihren ewigen Kampf.«[42] In einer solchen geistigen Situation sei der einzelne dazu aufgerufen, statt auf »neue Propheten oder
Heilande« zu hoffen, an die Arbeit zu gehen und der Forderung des
Tages gerecht zu werden: »Die aber ist schlicht und einfach, wenn
jeder den Dämon findet und ihm gehorcht, der *seines* Lebens Fäden
hält.«[43]
Freilich hatte sich in Webers eigener Persönlichkeit schon länger ein
innerer Konflikt über die Frage zusammengebraut, ob diese Philosophie der Unterwerfung unter die Gegebenheiten bürokratischer
Sachzwänge in einer entzauberten Welt die letzte Antwort sein
könne. Schon in der »Zwischenbetrachtung« aus dem Jahre 1915 finden wir eine Distanzierung gegenüber dem »Heilsaristokratismus der
innerweltlichen Askese mit ihrer rationalen Versachlichung der Lebensordnungen als die härteste Form der Lieblosigkeit und Unbrü-
derlichkeit«.[44] Hier bereits werden die Sphäre der Kunst und die
Sphäre der Erotik als alternative Ordnungen zur Sphäre der Alltags-
wirklichkeit vorgestellt, die den Zwängen der formalen Rationalität
nicht in gleicher Weise unterworfen sind, freilich ohne daß Weber
zunächst daraus unmittelbare Konsequenzen gezogen hat. Sowohl die
Begegnung mit Else Jaffé, die ihm eine neue Dimension persönlicher
Lebenswirklichkeit erschloß, wie auch seine intensiven Debatten mit
Georg Lukács oder mit Anhängern einer alternativen Lebensführung

abseits der industriellen Alltagswelt, wie sie in der Siedlung am Monte
Verita in Ascona ihren Niederschlag fanden, bestimmten Max Weber
zu einer schrittweisen Modifikation seiner Grundpositionen. Weber
war nunmehr stärker als zuvor bereit, auch gesinnungsethische Positionen politischer Art, die seinen eigenen Auffassungen diametral
entgegenstanden, wie der Anarchismus, den er in der Person Ernst
Tollers aus nächster Nähe erleben konnte, oder der Sozialismus gesinnungsethischen bzw. syndikalistischen Zuschnitts, wie er ihn unter
den Heidelberger Studenten beobachten konnte, als potentiell berechtigt anzuerkennen. Er begann, sich ernstlich mit diesen radikal
gesinnungsethischen Typen politischen Verhaltens auseinanderzusetzen.

Dies steht im Zusammenhang damit, daß Max Weber nunmehr selbst
dem Paradigma der »formalen Rationalisierung«, welche das Schicksal der modernen Welt zu beherrschen schien, differenzierter entge-
gentrat. Zwar war er weiterhin der Auffassung, daß die Prozesse der
Entzauberung und der formalen Rationalisierung, die mit der zuneh-
menden Beherrschung der Welt mit den Mitteln der modernen Wissenschaft einhergehen, die Gegenwart und die voraussehbare Zukunft beherrschten, um so mehr, als sie durch die Selbstläufigkeit des
fortschreitenden kapitalistischen Weltsystems eine äußerst mächtige
Abstützung erfuhren. Aber für Weber stellte nunmehr der okzidentale Rationalisierungsprozeß, welthistorisch gesehen, keineswegs die
einzig mögliche, sondern nur eine von vielen, theoretisch unendlich
vielen, denkbaren Formen von Rationalisierungsprozessen dar.
Schon in den Studien über Buddhismus, Hinduismus und Judentum
hatte Weber den Gegensatz von formaler und materialer Rationalisierung, der in den Frühschriften eher eine kryptische und nicht besonders akzentuierte Bedeutung gehabt hatte, immer schärfer her-
ausgearbeitet. Es wurde nun deutlich, daß Rationalisierung durchaus
sehr Unterschiedliches bedeuten kann. Weber legte nunmehr Wert
auf die Feststellung, daß Rationalisierungsprozesse materialen Charakters ihren Ausgang von ganz unterschiedlichen Wertidealen nehmen und in die unterschiedlichsten Richtungen weisen könnten. Dies
ergab sich zwingend aus dem Studium der großen außereuropäischen
Weltkulturen, die eben nicht, wie anfänglich angenommen, einfach
nur Relikte magischer oder irrationaler Lebensformen darstellten,
sondern ihre eigene, immanente Rationalität besaßen.

Der okzidentale Prozeß der fortschreitenden Weltbeherrschung, der, wie er fürchtete, am Ende in ein neues »Gehäuse der Hörigkeit der Zukunft« hineinzuführen drohte, verlor demgemäß zunehmend seine zentrale Position im Denken Max Webers; nunmehr sprach er gelegentlich von der »okzidentalen Sonderentwicklung« als einer von vielen möglichen Formen universalhistorischer Entwicklungsprozesse. Dementsprechend ging Max Weber fortschreitend dazu über, die geschichtliche Wirklichkeit nicht als einen linearen Prozeß fortschreitender formaler Rationalisierung zu rekonstruieren, ein Modell, das in seinen früheren Schriften gleichsam die Funktion eines idealtypischen Orientierungsmodells innegehabt hatte. Vielmehr bestimmte er geschichtliche Wirklichkeiten fortan als Gemengelage von Rationalisierungsprozessen von prinzipiell unendlicher Vielfalt, Rationalisierungsprozessen, die ihren Ausgang jeweils von kreativen Innovationen einzelner Persönlichkeiten oder kleiner Gruppen nehmen, die sich von außeralltäglichen Werthaltungen unterschiedlichster Art leiten lassen und diesen ihre eigene Lebensführung zwingend unterwerfen. Mit anderen Worten, geschichtliche Wirklichkeit stellt sich dar als eine unendliche Vielfalt von sich überlagernden, sich kreuzenden und gegenseitig begrenzenden Prozessen der Routinisierung und schließlich der Rationalisierung von in ihrem Ursprung charismatisch induzierten Entwicklungsprozessen.

Dies läßt sich auch an der Veränderung des Bedeutungsgehalts der Kategorie des Charismas in Webers Spätwerk ablesen. Charisma wurde aus einem rückläufigen Phänomen, das vornehmlich in vormodernen gesellschaftlichen Ordnungen anzutreffen ist und in der modernen formal-legalen Gesellschaft keinen Platz mehr hat, zur Schlüsselkategorie des Geschichtsprozesses schlechthin. Der wechselvolle Kampf des Charismas mit den jeweils vorfindlichen institutionellen Mächten, seine unvermeidliche Routinisierung und Rationalisierung und schließlich seine Erstarrung und Ablösung durch neue Formen des Charismas bildet das Drama der Geschichte. Dies gilt nun im Prinzip durchaus auch für die gegenwärtige Welt. Wie wir aus Hinweisen der spätesten Teile von »Wirtschaft und Gesellschaft«, die im Frühjahr 1920 niedergeschrieben worden sein dürften, entnehmen können, beabsichtigte Weber damals, einen eigenen Abschnitt über »charismatische Revolutionen« zu schreiben; er subsumierte etwa die Aktivität der Arbeiter- und Soldatenräte in der deutschen Revolution von 1918/19 unter eben diesen Typus charismatischer Revolutionen.

Diese neue Stufe der Entwicklung des Denkens Max Webers fand eine Entsprechung auch in seiner Theorie der parlamentarischen Demokratie. Nunmehr akzentuierte Max Weber noch stärker als zuvor die Rolle der charismatischen Führerfiguren innerhalb des demokratischen Herrschaftsprozesses. Hatte Max Weber noch 1917 erwogen, die parlamentarische Demokratie im Rahmen seiner drei reinen Typen legitimer Herrschaft als wertrationale Variante des Typus legaler Herrschaft zu konzipieren, so deutete er diese nunmehr als antiautoritäre Variante charismatischer Herrschaft, bei der der formale Konsensus der Beherrschten die Voraussetzung und die Bedingung der Bewährung der charismatischen Qualifikation des jeweiligen Führers bildet. Demgemäß sah Max Weber nunmehr keinerlei Schwierigkeit darin, der sogenannten »führerlosen Demokratie« der »Berufspolitiker ohne Beruf«, wie er sie in der Nationalversammlung von Weimar wirken sah, die »plebiszitäre Führerdemokratie« entgegenzustellen.

Es macht die Bedeutung Max Webers als eines politischen Intellektuellen und Denkers der Umbruchsituation des Ersten Weltkrieges und der unmittelbaren Nachkriegszeit aus, daß er trotz seiner grundsätzlichen Kritik an dem Prozeß der formalen Rationalisierung, deren Fortschreiten bürokratischer Institutionen auf allen Ebenen der Gesellschaft und in der Entzauberung aller religiösen Werthaltungen seine Entsprechung fand, keine einfache Gegenposition zur Moderne bezog. Dies unterschied ihn von der großen Mehrzahl der Intellektuellen seiner Zeit, die sich ganz überwiegend auf die Position einer mehr oder minder radikalen Zivilisationskritik zurückzogen, wie dies besonders ausgeprägt beispielsweise Oswald Spengler in seinem Buche »Der Untergang des Abendlandes« tat. Demgemäß fand Max Weber die Option des Aussteigens aus der industriellen Gesellschaft in die Esoterik einer ausschließlich ästhetischen Idealen zugewandten Lebensführung, wie sie beispielsweise die Jünger Stefan Georges propagierten, erbärmlich und eines Intellektuellen nicht würdig. Vielmehr galt es, den Gefahren der Moderne mit den Mitteln der Moderne entgegenzutreten und auf solche Weise dem einzelnen Freiräume zu erhalten bzw. neue Freiräume zu eröffnen, zugleich aber die Dynamik des sozioökonomischen Systems nach Möglichkeit zu stärken.

Diese Grundeinstellung bestimmte dann maßgeblich auch Max Webers politische Rolle während der Revolution von 1918/19. Damals
erneuerte er seine radikale und, wie wir nach dem Zusammenbruch
des Marxismus-Leninismus endgültig sehen können, zwingende Kritik an allen zentral gesteuerten sozialistischen Systemen. Sein Argument, daß die Entmachtung und die Entfremdung der Arbeiterschaft
durch die Expropriation der Unternehmer nur gesteigert werde, und
zwar zugunsten einer allmächtigen bürokratischen Klasse, hat heute
eine gleichsam handgreifliche historische Bestätigung gefunden. Im
Prinzip hat Weber bereits in seiner Zeit die potentiellen Konsequenzen der bürokratischen Produktionsweise (Schluchter) diskutiert, wie
sie in der UdSSR zur Wirklichkeit geworden sind und heute als leere,
freilich nicht mehr ohne weiteres zu beseitigende Hülsen weiterbeste-
hen. Dies war für Weber ein Grund, um die Revolution von 1918/19
mit großer Schärfe abzulehnen. Ein weiterer Grund dafür war seine
leidenschaftliche nationale Gesinnung, die gerade im Augenblick der
Niederlage des Deutschen Reiches einen neuen emotionalen Höhepunkt erlangte.

Dennoch zog Weber nüchterne Folgerungen aus dem Zusammenbruch der bisherigen Systeme. Zum ersten sei es unbedingt erforder-
lich, daß die fortschrittlich gesinnten Teile des Bürgertums mit der
Sozialdemokratie zusammengingen, um die Grundlagen für eine parlamentarische Demokratie zu legen. In diesem Sinne hat sich Weber
dann auch aktiv für die Gründung der Deutschen Demokratischen
Partei eingesetzt und sich an deren Wahlkampf in den Wahlen zur
Nationalversammlung aktiv beteiligt. Weiterhin forderte Weber die
uneingeschränkte Wiederherstellung eines marktorientierten, international ausgerichteten kapitalistischen Systems, anstelle aller sozialistischen Experimente, obschon er anfänglich bereit war, in der So-
zialisierungsfrage gegenüber der Sozialdemokratie taktische Konzes-
sionen zu machen. Im übrigen setzte er sich mit großer Energie dafür
ein, daß in der neu zu schaffenden Reichsverfassung wirkliche politische Führer die Chance zum Aufstieg zur Macht erhalten sollten;
demgemäß plädierte er seit November 1918 mit großer Entschiedenheit für die Volkswahl eines machtvollen Reichspräsidenten.

Darüber hinaus sah er es als Aufgabe des Augenblicks an, die Bedingungen, unter denen das Deutsche Reich in die Friedensverhandlungen eintreten werde, nach Möglichkeit zu verbessern. Das veranlaßte

ihn, sich aktiv an der »Arbeitsgemeinschaft für Politik des Rechts (Heidelberger Vereinigung)« zu beteiligen, die der alliierten Propaganda über angebliche Greueltaten der Deutschen während des Krieges sowie über die alleinige deutsche Schuld am Kriege entgegenzutreten suchte. Ebenso stellte sich Weber als Sachverständiger zur Mitwirkung an den Verhandlungen der deutschen Friedensdelegation in Versailles zur Verfügung; er hat dort, über seine führende Beteiligung an der Abfassung der sogenannten Viererdenkschrift über die Schuld am Kriege hinaus, auch auf die Haltung der deutschen Friedensdelegation in den territorialen Fragen einigen Einfluß nehmen können.[45]

Alle diese Bemühungen endeten freilich in tiefer Frustration; sie stellen in mancher Hinsicht Paradebeispiele für das Dilemma des politischen Intellektuellen dar, der die politischen Entscheidungen aus dem zweiten Glied heraus zu beeinflussen bestrebt ist, aber nicht die Chance hat, für deren Durchsetzung Machtmittel einzusetzen. Zum ersten scheiterte Max Webers Kandidatur für die Weimarer Nationalversammlung, und damit verlor er die Chance, aus nächster Nähe aktiv auf die Gestaltung der Weimarer Reichsverfassung einzuwirken. Zum zweiten endete seine Tätigkeit in Versailles mit großer Enttäuschung. Schon bald stellte sich heraus, daß seine Funktion als Mitglied der sogenannten Viererkommission über die Schuld am Kriege eigentlich nur darauf hatte hinauslaufen sollen, einer bereits fertiggestellten Kriegsschulddenkschrift der Arbeitsstelle für die Friedensverhandlungen des Auswärtigen Amtes seinen Segen zu geben, ohne diese materiell beeinflussen zu können. Es ging den Verantwortlichen, insbesondere dem Leiter der deutschen Friedensdelegation, Graf Brockdorff-Rantzau, vielmehr in erster Linie um die Ausnutzung des wissenschaftlichen Prestiges Max Webers und seiner Partner, hingegen war dieser keineswegs an seiner wirklichen Meinung als unabhängiger Experte interessiert. Schließlich war Max Weber über den Vertrag von Versailles aufs äußerste erbittert. Nicht nur die Bestimmungen des Vertrages, die dazu bestimmt schienen, Deutschland auf alle absehbare Zukunft am Boden zu halten, sondern auch die Modalitäten der Annahme des Vertrages durch den Reichstag und die Reaktion der wilhelminischen Führungsschichten auf diese Vorgänge erschütterten ihn zutiefst. Er selbst hätte eine Ablehnung für richtiger gehalten, selbst dann, wenn dies eine partielle Besetzung des Deut-

schen Reiches durch die westlichen Mächte nach sich gezogen haben
würde. In tiefstem Pessimismus versunken, sah Max Weber voraus,
daß den revolutionären Entwicklungen seiner Gegenwart eine Flut-
welle gegenrevolutionärer Aktionen folgen werde. Seine meisterliche
Analyse des Systems moderner Politik, die er in der berühmten Rede
»Politik als Beruf« vom 28. Januar 1919 in München vortrug, endet
mit der Voraussage, daß Deutschland in zehn Jahren in tiefster Reaktion versunken sein werde.[46]
Unter den gegebenen Umständen zog sich Max Weber schließlich
von aller aktiven Politik zurück und trat am Ende auch aus der DDP
aus, deren Ausschuß er ursprünglich angehört hatte. Anläßlich einer
Erklärung zum Fall des Grafen Arco, der ein Attentat auf den bayerischen Ministerpräsidenten, Kurt Eisner, verübt hatte, deklarierte
Max Weber seine eigene Position gegenüber seinen Studenten am
19. Januar 1920 in folgenden Worten: »Daß ich, wie Sie wissen, keinerlei Politik mehr treibe, hat seinen Grund vor Allem darin, daß
eine deutsche Politik zu machen so lange eine Unmöglichkeit ist, als
– von links und rechts – Irrsinnige in der Politik ihr Wesen treiben
können.«[47] Statt dessen vergrub sich Max Weber bis zur völligen
physischen Erschöpfung in wissenschaftlicher Arbeit; in wenigen
Monaten brachte er nicht nur seine »Gesammelten Aufsätze zur Religionssoziologie« in einer teilweise erheblich überarbeiteten Form
heraus, sondern ging zugleich an eine völlige Neubearbeitung seines
ursprünglich für den Grundriß der Sozialökonomie bestimmten
Werkes »Wirtschaft und Gesellschaft«, dessen Vollendung ihm freilich nicht mehr vergönnt war. Weber zog sich nicht zuletzt deshalb in
die Klause des Wissenschaftlers zurück, um sich daran zu hindern,
beständig über die aus seiner Sicht verzweifelte Situation Deutschlands in der unmittelbaren Nachkriegszeit reflektieren zu müssen.
Aber er blieb doch zutiefst politisch engagiert, und nur sein früher
Tod am 20. Juni 1920 hat es verhindert, daß er, seiner Rolle eines
politischen Intellektuellen gemäß, auch weiterhin in publizistischer
Form mahnend und wegweisend in den Gang der politischen Dinge
eingreifen konnte.

Friedrich Lenger
# Die Abkehr der Gebildeten von der Politik
Werner Sombart und der »Morgen«

## I.

Stärker als andere Rundschauzeitschriften trug der seit dem 14. Juni 1907 erscheinende »Morgen« das Gepräge einer reinen Kulturzeitschrift. Neben Sparten für Musik, Literatur, Kunst und Lyrik gab es zwar auch eine Abteilung Kulturphilosophie, doch machte deren Herausgeber Werner Sombart schon in der ersten Nummer der neuen Zeitschrift deutlich, daß dort »Kulturprobleme« unter Ausschluß jedweder Tagespolitik behandelt werden sollten. Die Herausgeber, die die verschiedenen Bereiche der im Vordergrund stehenden Kunst betreuten: Richard Strauss, Georg Brandes, Richard Muther und Hugo von Hofmannsthal, lassen sich – bei aller Unbestimmtheit des Begriffs – als Repräsentanten der »Modernen« bestimmen. Diese Ausrichtung kam weniger in programmatischen Essays zum Ausdruck, in denen vielmehr Richard Strauss bestritt, daß es »für die Musik eine Fortschrittspartei« gebe, und Richard Muther sich über die »jetzt so verbreitete Art von Kritikern« lustig machte, »die ihren vorgeschrittenen Standpunkt dadurch beweisen zu müssen glauben, daß sie zum Verrücktesten Ja sagen«. Sie schienen ihm »kaum besser als die ältere Spezies, die alles Neue verspottete«. Bei aller Offenheit gegenüber künstlerischen Neuerungen stand also für Muther fest: »Verhältnis zur Kunst hat allein, wer das Gute in allen seinen Ausdrucksformen erkennt.«[1] Durch Texte von Autoren wie Rainer Maria Rilke, Arthur Schnitzler, Frank Wedekind oder Robert Walser erhielt der »Morgen« gleichwohl ein unverkennbar »modernes« Gepräge.
Vor allem Werner Sombart war damit nicht einverstanden und versuchte in den ersten Wochen des Bestehens der neuen Zeitschrift wiederholt, auch außerhalb seines kulturphilosophischen Ressorts Einfluß zu nehmen. Für die Eröffnungsnummer setzte er z. B. durch, daß

eine Arbeit Thomas Manns herausgenommen wurde und statt dessen einige Aphorismen seines engen Freundes Carl Hauptmann zum Abdruck gelangten.[2] Der Kunstgeschmack des Nationalökonomen unterschied sich erheblich von dem seiner Herausgeberkollegen. Die Musik von Richard Strauss z. B., mit dem er den Erinnerungen seines Sohnes zufolge »lange Jahre hindurch regelmäßig Skat« spielte, schätzte er nicht sonderlich.[3] »Welche Armseligkeit spricht aus diesen kümmerlichen, kleinen Machenschaften der Strauss und Konsorten«, schrieb er Carl Hauptmann nach dem Besuch einer Fidelio-Aufführung: Beethoven, nicht Richard Strauss ließ ihn erleben, »daß es so viel Schönheit in der Welt gibt, daß der Himmel so nahe ist«.[4] Dies war nicht allein eine geschmackliche Präferenz. Vielmehr setzte er »den Lärm der modernen Musik mit dem Lärm der modernen Großstadt in Zusammenhang« und interpretierte so das Schaffen seines Herausgeberkollegen und Skatfreundes als Suche nach immer neuen Reizmitteln: »Richard Straußens Hauptvergnügen ist es, wenn er ein ausgefallenes Instrument in sein Symphonium eingliedern kann.«[5] Ohnehin, so hatte er in einem Vortrag deutlich gemacht, wollte er »die deutsche Kunst nur etwa bis zum Jahre 1850 (einschließlich Heines) gelten lassen«.[6] Danach, so verband er seine Kritik an der modernen Literatur mit der an der Gesellschaft, sei »die zur Herrschaft über das Individuum sich durchringende Masse« zum bevorzugten Gegenstand der Schriftsteller geworden.[7]

Ob er damit dem Werk seines Herausgeberkollegen Hofmannsthal gerecht wurde, sei dahingestellt, und es kam wohl nur deshalb nicht zu größeren Konflikten mit diesem, weil Sombarts Versuche, auch in andere Ressorts hineinzuregieren, schon bald zurückgedrängt wurden: »Die Macher«, so hatte er schon bei Erscheinen der zweiten Nummer resigniert festgestellt, »wollen sich absolut nicht hereinreden lassen und haben uns ›Herausgeber‹ lediglich als Reklameschild auf den Titel gesetzt.«[8] Zu den »Machern« zählte vor allem der Schriftleiter Artur Landsberger, ein Schwager Ullsteins. Sein Freund Maximilian Harden hatte dem Wochenblatt den Namen gegeben, während ein anderer Freund, Fritz Thyssen, die Finanzierung sicherstellte.[9] Daß die Herausgeber lediglich für ihre jeweiligen Abteilungen Autoren werben sollten, sonst aber kaum Einfluß auf das Gesamtprofil der Zeitschrift nehmen konnten, dafür gibt es auch jenseits der Sombartschen Klage einige Hinweise. So spielte z. B. im Brief-

wechsel dieser Jahre zwischen Richard Strauss und Hugo von Hofmannsthal, der den Nationalökonomen für einen »nach links hin exponierten mehr ehrgeizigen als durchsichtigen Docenten« hielt, weder der Schriftleiter Artur Landsberger noch ihr Mitherausgeber
Sombart eine Rolle.[10] Die prominenten Herausgeber verantworteten
also keineswegs gemeinsam das zunächst von den Zeitdiagnosen des
Nationalökonomen bestimmte Profil des »Morgen«, auch wenn Hofmannsthal allen Meinungsverschiedenheiten im Bereich der Kunst
zum Trotz den soziologischen Analysen des ihm so unsympathischen
Hochschullehrers durchaus zustimmte.[11]

## II.

Diese zeitdiagnostischen Skizzen des der modernen Kunst so ab-
lehnend gegenüberstehenden Nationalökonomen, von denen im folgenden die Rede sein soll, trugen für seinen Freund und Kollegen
Ferdinand Tönnies »den Stempel einer Persönlichkeit, einer durchaus modernen Persönlichkeit«.[12] »Modern« war, das läßt sich vorweg-
nehmen, Sombarts Kritik der Moderne. Sein Programm einer solchen
Kritik stand am Beginn der ersten Nummer der neuen Zeitschrift.
Unter der Überschrift »Kulturphilosophie« konstatierte Sombart das
Ende der Fortschrittsgewißheit und diagnostizierte, daß »sich jetzt
von Tag zu Tag die Stimmen derer« mehrten, »die da meinen, daß wir
inmitten allen Reichtums an Kulturgütern verarmen, in aller Fülle
verkümmern, zwischen allen Schätzen verhungern; die darum allem
fluchen, was uns die Kultur an Errungenschaften täglich neu darbie-
tet, weil sie meinen, daß unter ihnen alles echte und edle Menschentum begraben werde wie Blüten unter einem Haufen Schutt und Ge-
röll«.[13] Die Kultur, der er hier gleich zu Beginn seiner Artikelfolge
eine Absage erteilte, war die moderne, von ihm häufig als amerika-
nisch bezeichnete Großstadtkultur.
Die Gleichsetzung kapitalistischer und amerikanischer Unkultur
spiegelte die Eindrücke einer Amerikareise, die Sombart zusammen
mit einer Vielzahl anderer deutscher Gelehrter anläßlich eines wissenschaftlichen Kongresses im Gefolge der Weltausstellung von 1904
durchgeführt hatte. Von ihr sandte er »herzliche Grüße einstweilen
aus dieser grauenhaften Kulturhölle« an Carl Hauptmann und

schickte einem anderen Freund eine die Wall Street abbildende Post-
karte mit der Unterschrift:»Die Götterdämmerung der Kultur.«[14]
Derartige Reaktionen waren unter den deutschen Professoren, die
1904 nach St. Louis reisten, keineswegs untypisch. Auch Karl Lamprecht, den Sombart später als Mitarbeiter für den»Morgen« gewann, wollte wegen»der teilweise noch niedrigen Kulturinstinkte des
Volkes der Vereinigten Staaten [...] dessen Gesamtlebensform als
geldwirtschaftliche Zivilisation, nicht aber schon als geldwirtschaftliche Kultur« betrachten.»Das quantitative Urteil« monierte er ge-
nauso wie der Nationalökonom, auch wenn er es aus»der kolonialen
Zivilisation« und nicht aus der kapitalistischen Geldwirtschaft abzu-
leiten suchte.[15] Wie verbreitet solche Haltungen waren, zeigt nicht
zuletzt das Beispiel Max Webers, der sich»über die deutschen Mitrei-
senden, die nach anderthalb Tagen New York über Amerika stöh-
nen«, ärgerte.[16] Dessen, den Berichten seiner Frau zufolge, sehr viel
größere Bereitschaft, sich auf das fremde Land einzulassen, dürfte die
Ausnahme gebildet haben. Für seinen Freund Sombart, mit dem er
die wichtigste sozialwissenschaftliche Zeitschrift der Vorkriegszeit
herausgab, waren jedenfalls seither kapitalistische und amerikanische
Kultur Synonyme.
Die Kapitalismuskritik des Nationalökonomen war indessen in ihren
Grundzügen bereits ausgearbeitet, als er die Vereinigten Staaten besuchte. Dies zeigte auch sein dortiger Vortrag über»the industrial
group«, der ein knappes Porträt des modernen Proletariats bot. Die
Existenzbedingungen dieser»artificial race of men now growing up in
cities« schienen ihm vor allem durch die Entfremdung von der Natur
und durch die Entfremdung der Arbeit im kapitalistischen Wirt-
schaftssystem gekennzeichnet. Dies war wie sein Gesamturteil, der
moderne Lohnarbeiter sei»less free than any Turkish peasant who
plows with his oxen in a free field«, noch nicht auf die spezifische
Situation des nordamerikanischen Proletariats bezogen, der er im
Anschluß an seine Amerikareise eine bis heute einflußreiche Untersuchung widmete.[17] Sie wird hier nur deshalb erwähnt, weil sie
eindrücklich zeigt, wie eng verwoben Zeitkritik und sozialwissenschaftliche Forschung bei Sombart waren. Nachdem er gestützt auf
vielfältiges statistisches und anderes amtliches Material den im Vergleich zu Europa hohen Lebensstandard der nordamerikanischen Arbeiterschaft aufgezeigt hatte, meinte er gleichwohl,»daß in keinem

Land der Welt – objektiv betrachtet – der Arbeiter vom Kapitalismus
so ausgebeutet wird wie in den Vereinigten Staaten, daß der Arbeiter
in keinem Lande der Welt sich in den Sielen des Kapitalismus so blutig
reibt, so rasch zu Tode rackert wie dort«. Daß dieses Urteil in eigen-
tümlichem Widerspruch zu der ansonsten eher als behaglich geschil-
derten Lage des amerikanischen Proletariats stand, irritierte ihn
nicht. Es folgte wohl aus der Einschätzung, »nirgends auf der Erde«
sei »kapitalistische Wirtschaft und kapitalistisches Wesen zu so hoher
Entwicklung gelangt wie in Nordamerika«. Ein »untrügliches Zeichen für den Hochstand kapitalistischer Entwicklung« sah er in der
»Eigenart der geistigen Kultur«, die für ihn gleichbedeutend war mit
der »Gleichförmigkeit der amerikanischen Volksseele«, ein Befund,
der angesichts der ethnischen Heterogenität der nordamerikanischen
Bevölkerung verblüfft. Ursache dieser erstaunlichen »Gleichförmigkeit« war »die Reduktion aller Vorgänge auf Geld«, mit der in den
Vereinigten Staaten »der Sinn für das unmeßbare Einzigartige der
Persönlichkeit, für den Duft des Invididuellen« geschwunden sei.

Mit ähnlich klaren Wertungen versehen war sein Porträt der nordamerikanischen Stadt, für Sombart »eine nach ›rationellen‹ Grundsätzen künstlich hergestellte, wirkliche ›Stadt‹, in der (würde Tönnies
sagen) alle Gemeinschaftsspuren ausgelöscht und die reine Gesellschaft niedergeschlagen ist«. Daß er selbst »Gemeinschaft und Gesellschaft« keineswegs als bloß analytische Kategorien benutzte,
machte er schon dadurch deutlich, daß er mit Chicago ausgerechnet
Nürnberg verglich, zwei Städte, die für ihn »dem Geist nach nichts«
gemeinsam hatten.[18] An diese Betrachtungen konnte er mit seiner im
»Morgen« formulierten Zeitkritik deshalb nahtlos anknüpfen, weil
die amerikanische Gegenwart zugleich die Zukunft aller kapitalistischen Nationen beschrieb. Dergestalt an den Marxschen Entwick-
lungsprognosen festhaltend, blieb ihm nur der sentimentale Blick auf
eine bessere Vergangenheit. Deren Symbol war für ihn Wien, dem er
eine von Karl Kraus als »trostlose(s) Geschwätz« gegeißelte Hymne
widmete: »Noch vor zehn Jahren«, so beschrieb er seinen eigenen
Meinungswandel, »fand ich es lächerlich, daß Wien kein Nachtleben
und keine Stadtbahn hatte und nicht alle Jahre um 100 000 Einwohner
zunehme. [...] Ich war Berliner mit Leib und Seele. Seitdem ist bei
mir alles in sein Gegenteil verkehrt. In diese zehn Jahre (denke ich)
fällt meine Entwicklung zum Kulturmenschen und darum liebe ich

jetzt – Wien.« Während ihm Berlin ein bloßer »Vorort von New York« zu sein schien und New York selbst »eine Wüste, ein großer Kulturfriedhof«, betrachtete er Wien »als Symbol dessen, was wir zu erhalten, was wir wieder zu gewinnen trachten müssen«. Die positive Kennzeichnung dessen, was zu erhalten sei, blieb mit Begriffen wie »Schönheit und Harmonie«, »Ganzheit« oder »Ausgeglichenheit« allerdings recht allgemein.[19]

Weit ausführlicher wurde der »Kampf gegen die Widerwärtigkeiten insonderheit der großstädtischen Kultur« ausgetragen.[20] Um die mit der Großstadtbildung voranschreitende »proletenhafte Umwertung der alten Kulturwerte« überwinden zu können, bedürfe es zunächst der Einsicht in die »ganze Hohlheit dieses Götzen ›Fortschritt‹, vor den uns der Kapitalismus in die Knie zwingt!«[21] Schon diese Einsicht aber sei das Privileg einiger weniger Kulturmenschen. Die Masse hingegen sei als Träger des materialistischen Zeitgeistes gerade für die kulturelle Verödung und Verflachung der Gegenwart verantwortlich: »Je verrückter, je blöder eine Idee: desto geeigneter scheint sie heutzutage der Masse suggeriert zu werden«, hieß es bündig in einem Artikel über »die Ausstellung«, und Sombart distanzierte sich immer deutlicher von denen, die der »Verabreichung von Bildungsbrosamen an die hungernden Massen Bedeutung« beilegten.[22] »Wieder neue, lebendige Ideale zu schaffen; richtiger: einen vornehmen Lebensgeschmack, einen edlen Kulturgeschmack neu zu stabilisieren«, dies sei eine Aufgabe der großen Einzelpersönlichkeiten. Diese Ideale könnten deshalb allein »aus höchstpersönlicher Subjektivität, aus schrankenloser, individueller Freiheit erwachsen«. Sie müßten »von Person zu Person lebendig werden, durch Beispiel, durch Blut, durch Erlebnis«. Eine leichte Aufgabe war dies nicht, denn der Nationalökonom war sich »des Notwendig-Schicksalsmäßigen unseres Kulturablaufes« durchaus bewußt: »Das innerste Wesen des Kulturproblems«, so befand er, »ist Tragik: Ist der Zwiespalt zwischen unserem Drängen nach höchstpersönlicher freier Gestaltung unseres Lebens und dem, was uns von außen her als Notwendigkeit und oft genug verhaßte Notwendigkeit aufgezwungen wird.« In diesem Zwiespalt lag auch die besondere Aufgabe der Soziologie begründet, waren doch die beklagten Notwendigkeiten vor allem solche des wirtschaftlichen Lebens: »Nur der Soziologe«, meinte Sombart, »kann heute über Kulturprobleme reden und auch dann nur, wenn er vor allem die Bedingungen des Wirtschaftslebens aus eigener Wissenschaft und eigener Anschauung genau kennt.« Seine eigene Wissenschaft und Anschauung hatte ihn indessen gelehrt, daß es »ganz und gar verkehrt« sei, »alle unsere Kulturerscheinungen als Symptome einer kapitalistischen Kultur […] anzusprechen, da doch ein großer Teil durch die Eigenart unserer Technik bestimmt wird, der somit unverändert bliebe, auch wenn die Wirtschaftsverfassung geändert wäre (Avis aux socialistes!)«[23].

## III.

Diese Absage an den Sozialismus als Lösung für die von ihm als dringend empfundenen Kulturprobleme zeigte auch, daß er zumindest eine zentrale politische Kontroverse seiner Zeit für weniger wichtig hielt. Seine Absage an die Politik war indessen allgemeiner gefaßt. »Wie geht es zu«, so fragte er, »daß in Deutschland das Interesse der Gebildeten an allem, was Politik heißt, von Jahr zu Jahr geringer wird.«[24] Die Gründe sah er zunächst »in der eigentümlichen Richtung […], in der sich der Lebensgeschmack unserer Besten wieder einmal bewegt«, und sein Porträt eines dieser Besten wird man getrost als Selbstbeschreibung lesen dürfen: »Er glaubt, daß alle Werte am letzten Ende nur im Persönlichen ruhen und wurzeln können, und daß alle Erscheinungen, alle Geschehnisse in dieser Welt nur Sinn und Bedeutung haben in ihrer Beziehung zum Wohl und Wehe unserer Persönlichkeit, unserer lebendigen Seele.« Der so beschriebene Kulturmensch liebte Natur, Einsamkeit, ja »das Ursprüngliche, das Wesenhafte« überhaupt und nicht zuletzt »den Umgang mit echten Frauen […], weil sie noch durch keine Zwangsjacke beruflicher oder ähnlicher Teiltätigkeiten verkrüppelt sind«. Die völlige Ausrichtung dieses ganzheitlichen Kulturmenschen auf die »Pflege des Persönlichen« bringe es nun mit sich, daß er den »Wert aller sozialen, aller staatlichen, wie aller äußeren Regelung überhaupt« geringschätze.[25]

Sombart ließ es indessen nicht bei dieser Überhebung des Kulturmenschen über alles Politische bewenden, sondern wandte sich in einer ganzen Reihe von Essays dem politischen Leben im wilhelminischen Kaiserreich selbst zu. Seine Kritik des politischen Systems und der politischen Kultur erinnert nicht nur wegen des Titels eines seiner

Aufsätze – »Die Politik als Beruf« – häufig an Max Weber, doch darf über den vielfältigen Parallelen die Verwurzelung dieser Kritik in der hier nur knapp skizzierten Kulturkritik nicht übersehen werden.

Für den »Morgen« hatte er sich, wie er in einem Brief schrieb, »alle möglichen Kriegstaten« vorgenommen: »Meinen Frontalangriff eröffne ich mit einer Artikelserie: ›Politik und Kultur‹.«[26] Zu den Hauptangriffspunkten dieser ersten Artikelserie gehörten der Typus des Berufspolitikers und der Stil des politischen Lebens in Deutschland überhaupt. Das »Gewerbe der Politik« zähle, so meinte er, zu den »schwierigsten, mühsamsten und ödesten von allen Gewerben unserer Zeit«. Die Notwendigkeit, »immer ›die Flamme der Begeisterung‹ zu schüren«, führe zwangsläufig zur Verkürzung des Arguments zum Schlagwort, zur Vorherrschaft der Demagogie. »Und das Schlimme ist, daß diese Anpassung an das niedrige Niveau der großen Masse nicht nur auf intellektuellem, sondern ebenso auf moralischem und ästhetischem Gebiete sich vollzieht.« – »Geistig öde, ethisch verlogen, ästhetisch roh: das ist die Signatur, die unser politisches Leben offensichtlich von Tag zu Tag mehr annimmt.« Angesichts einer solchen Entwicklung, die Sombart als »notwendiger Prozeß, wo die Masse in das politische Getriebe hineingezogen wird«, erschien, bleibe dem Gebildeten nur die Wahl, sich fernzuhalten oder sich als Berufspolitiker zu engagieren. »Denn die dritte Möglichkeit fällt für ihn aus: die Rolle des politischen Herdentieres zu spielen.«[27]

Hauptursache der »Verflachung und Verödung« des öffentlichen Lebens war das Fehlen eines großen Ideals. Nichts sei übrig »von den großen politischen Idealen, um die unsere Vorfahren in den Tod gegangen sind. Teils sind sie verwirklicht, teils in ihrer Belanglosigkeit erkannt worden«. Insbesondere »was uns heute an Nationalismus geboten wird, ist ein schaler zweiter Aufguß, der niemand so recht zu erwärmen vermag. Die hohle Phrase muß dann eben die innere Oede verdecken«. Statt an hohen Idealen orientiert zu sein, beschränke sich die politische Auseinandersetzung auf »einen ebenso gehässigen wie geistig belanglosen Streit um ökonomische Vorteile«. Neben dieser als »Klassenguerilla« gebrandmarkten Ökonomisierung der Politik erklärte für Sombart die verfassungsrechtliche mitbegründete Machtlosigkeit des Parlaments, »warum die hohle Phrase im deutschen Reichstag vorherrscht. Weil man doch nichts zu taten hat, so will man wenigstens raten nach Herzenslust«. Zu den Gründen für die schwache Stellung des Parlaments im Deutschen Reich zählte er unter anderem die frühe Spaltung »zwischen der proletarischen Bewegung und der bürgerlichen Opposition«. Das von ihm als Quasi-Absolutismus oder aufgeklärter Despotismus beschriebene Regierungssystem entspreche aber letztlich »der Eigenart des deutschen Volkscharakters«. Deutschland liege eben nicht nur geographisch in der Mitte zwischen Rußland und Frankreich.[28]

Nachdem er so den »Stil des politischen Lebens in Deutschland« gekennzeichnet hatte, widmete sich der Nationalökonom den konkreten Möglichkeiten einer politischen Tätigkeit.[29] Dabei setzte er voraus, »daß der Gang der Politik in Deutschland in den nächsten Menschenaltern aller Voraussicht nach in den Grundzügen derselbe bleiben wird, der er heute ist«. Garanten einer solchen Stasis waren für ihn die Wirtschaftsstruktur »ganz Ostdeutschlands; die konfessionelle Spaltung; die militaristische Tradition«. Deshalb sei es geradezu ausgeschlossen, daß sich das industrielle Bürgertum gegen die feudalen Kräfte durchsetze. »Daß aber«, so fuhr er fort, »sich in Deutschland irgend etwas wie eine ›Revolution‹ ereignen werde, glaubt wohl jetzt – nach den vielen mißglückten Versuchen der letzten Jahre, die deutsche Volksseele zum Kochen zu bringen – selbst Rosa Luxemburg nicht mehr.« Unter der so etablierten Voraussetzung fortbestehender Grundstrukturen gäbe es nur die Option zwischen der Teilhabe an der politischen Macht oder der Entscheidung für die Opposition. »Wer bei uns Anteil am politischen Regiment haben will, muß zunächst eine bestimmte politische Gesinnung – die konservative – prästieren (Zentrumsangehöriger zu sein, ist bei der wechselnden Konjunktur dieser Partei à deux mains zu riskant [...]).« Sodann sei die Frage von entscheidender Bedeutung, »ist unser Aspirant von junkerlichem Geblüt oder bürgerlichen Stammes«. Ersterem stehe ein Weg offen, der über die militärische und diplomatische Laufbahn führend Sombart »nicht reizlos« schien, während die typische Karriere eines bürgerlichen Konservativen wenig Anziehungskraft besitze: »In unbeschreiblicher Selbstverleugnung muß er ein Menschenalter Akten fressen, um schließlich ein Partikelchen der politischen Macht als Ministerialdirektor oder auch in einigen Fällen als Minister zu erlangen.« Noch frustrierender war für den Nationalökonomen, der als Schüler einmal von einem liberalen Reichstagsmandat geträumt hatte, aber offensichtlich ein oppositionelles politisches Engagement: »Das heißt: sein ganzes Leben mit Agitation und Rederei auszufüllen, ohne die geringste Hoffnung, jemals seine Ideen in die Wirklichkeit übertragen zu können. Und das schlimmste: er muß sich einer der bestehenden Parteien anschließen [...]. So entsteht die Frage: welcher? Der Freier wird in die peinliche Verlegenheit kommen: ob er die liberale oder die sozialistische Braut heimführen soll. Beides sind Damen von außerordentlich geringen Reizen. Verblüht, verwelkt alle beide.«[30]

Sombart führte diese Satire noch etwas weiter, bevor er zu der für ihn zentralen Frage kam: »Wie ist es denkbar, daß ein Mann von Geschmack und Geist und etwas modernem Wesen sich in die Genossenschaft mit Leuten begibt, die von alledem entweder nichts besitzen oder – davon keinen Gebrauch machen dürfen.« Gleichwohl war seine Absage an die Politik keine bloße Geschmacksfrage. Vielmehr argumentierte er, »daß wir uns viel zu sehr gewöhnt haben, alles Gute und alles Ueble, alles Wohl und Wehe vom guten oder schlechten Regiment herzuleiten, während dieses bis zu einer sehr weiten Grenze ohne Bedeutung für die Wesenseigenart unseres Lebens ist, selbst dort, wo dieses Gemeinschaftsleben wird«. Er räumte zwar ein, wie Friedrich Nietzsche vor und Thomas Mann nach ihm, daß es Situationen geben könne, in denen politische Tätigkeit zur Pflicht würde, hielt dies aber im Augenblick und für absehbare Zeit für nicht gegeben. Für so wichtige Bereiche wie »die wirtschaftliche Kultur, die geistige und künstlerische Kultur und das Wohl der arbeitenden Klassen« versuchte er gerade zu zeigen, daß sie sich ganz unabhängig von jedweder Regierungtätigkeit entwickelten. So lautete denn auch sein Fazit: »Lassen wir die Hände von der Politik. Wir haben besseres zu tun.«[31]

Was dieses Bessere sei, thematisierte Sombarts Schlußessay zu »Politik und Kultur«, in dem er unter der Überschrift »Wir müden Seelen« jedwede Müdigkeit und Apathie bestreitend auf das vielfältige Vereins- und Genossenschaftswesen verwies. Er empfahl »die Gesellschaft für Soziale Reform« und die »nach ihren Zwecken benannten Vereine für Wohnungsreform, Bodenreform, Heimatschutz, Tierschutz, Bekämpfung der Geschlechtskrankheiten, Pflege der Fisch- und Bienenzucht und für tausend andere nützliche Dinge [...]«. Der Vorteil einer solchen Tätigkeit gegenüber einer parteipolitischen schien ihm ein zweifacher: Zum einen erlaube »die bescheidene Be-

schränkung auf ein Spezialgebiet [...], die blöde Phrase, das seichte
Halb- und kecke Besserwissen, die in der Politik zu Hause sind«, zu
vermeiden. Zum anderen verdiene eine solche praktische Tätigkeit
ein weit höheres Gewicht als die überschätzte politische. Nicht zuletzt
sei gerade im aufgeklärten Despotismus, der von Sombart, »solange
die jetzige Konstellation herrscht«, geradezu als erstrebenswertes
Ideal begrüßt wurde, »eine aufklärende Arbeit für das öffentliche Leben von großem Nutzen«. Dementsprechend sollte der »Morgen« auf
einen »praktisch-politischen Standpunkt« verzichten und »die wirklich bedeutsamen Erscheinungen des öffentlichen Lebens [...] beleuchten«.[32] Er wehrte sich deshalb auch – ebenso energisch wie ver-
geblich – gegen die Aufnahme von Beiträgen zu politischen Tagesfra-
gen.[33]

Sombarts Empfehlung, aufklärerisch zu wirken und sich in sozialre-
formerischen Vereinen zu betätigen, anstatt Parteipolitik zu treiben,
kann nicht einmal ihren Verfasser wirklich überzeugt haben. Zum
einen stand die Tätigkeit einer Organisation wie der Gesellschaft für
Soziale Reform im krassen Widerspruch zu seiner bereits zitierten
Absage an die »Verabreichung von Bildungsbrosamen an die hungernden Massen«. Zum anderen maß er ihr selbst keine besondere
Bedeutung zu: »Als ob das alles so wichtig wäre! Es befriedigt alles so
herzlich wenig!«[34] Aus dieser Einschätzung vom Frühjahr 1904 hatte
der Nationalökonom seither die Konsequenzen gezogen und seine
Mitarbeit in der von ihm mitbegründeten Gesellschaft für Soziale Reform weitestgehend eingestellt. Wenn er sich in der Folgezeit dennoch wiederholt neugegründeten Organisationen anschloß, ohne indessen dort die von ihm gepriesene Wirksamkeit des Aufklärers mit
Expertenwissen zu entfalten, dann handelte es sich in aller Regel um
Bewegungen, die ihm geeignet schienen, »diesem wilden Tiere«, als
das ihm der Kapitalismus erschien, »Zügel an[zu]legen«. Ob Werkbund, Gartenstadt-Gesellschaft oder Heimatschutzbewegung, stets
ging es Sombart mit seiner Mitgliedschaft um »Schutzmaßregeln«,
ohne die »die Gesellschaft den Kapitalismus nicht zu ertragen« ver-
möge, ohne die dieser »rings um sich herum Land und Menschen,
Kultur und Gesittung, alles einfach kurz und klein« schlüge.[35] Der
von ihm empfohlenen Vereinstätigkeit kam der Nationalökonom also
einerseits eher zögerlich nach, andererseits aber auch sehr viel weniger wahllos, als es die Aneinanderreihung von Bodenreform und

Fisch- und Bienenzucht andeuten mochte. Wenn überhaupt, dann engagierte er sich in den Jahren seiner publizistischen Tätigkeit für den »Morgen« dort, wo seine kulturkritische Sicht des Kapitalismus geteilt wurde.

## IV.

Schien so im Inhalt der von ihm als Gegenmodell zur kritisierten Parteienpolitik propagierten Vereinstätigkeit seine Kritik der kapitalistischen Gegenwart auf, verwies ihre Form, das Spezialistentum einzelner Experten, auf seine Ablehnung jedweder Massendemokratie. In diesem Sinne vertrat der Nationalökonom eine »Antipolitik«, wie Friedrich Naumann Sombarts Haltung in einem im »Morgen« publizierten »Offenen Brief« getauft hatte.[36] »Das politische Leben«, so präzisierte und radikalisierte Sombart in seiner Replik seine Position, »degeneriert von Tag zu Tag mehr, weil es in immer tiefere Schichten hinabsteigt.« Dies sei kein »Urteil über ›das Volk‹«, das er vielmehr »liebe [...] (wo es noch nicht zur Masse geworden ist); [...] wie man die Kinder liebt und ehrt – sondern [...] ein Urteil über die Demokratie in ihrer heutigen Gestalt: über die Methoden, die zur Anwendung gelangen, wenn es sich darum handelt, die Masse für politische Zwecke zu gewinnen. Von diesen glaube ich allerdings, daß sie das Gift der schlimmsten Demagogie in sich tragen und daß dieses Gift immer mehr um sich greift, bis es schließlich den ganzen Organismus zerstört. [...] Aristokratie und Absolutie mögen tausend andere Mängel haben: wer leugnet es. Aber sie haben noch keine Demagogie: keine Volksverführungskunst.« Und er unterstrich seine Behauptungen noch, indem er hinzufügte: »Erst als die Sansculottes emporkommen, wird der anständige und gemessene Ton der Girondisten verschlechtert; erst als die ›Demokraten‹ in Deutschland zu reden und schreiben anfangen, geht die edle Rhetorik des Liberalismus zum Teufel und beginnt der Sauherdenton.«[37]

Diese grundsätzliche Kritik der Massendemokratie und ihre Verwurzelung in einer Kulturkritik der hochkapitalistischen Gegenwart setzte Sombart von den meisten seiner Kollegen ab. Mit der kurz zuvor zwischen Gustav Schmoller und Alfred Weber äußerst kontrovers diskutierten Parlamentarisierung des Deutschen Reiches verband

seine Artikelfolge wenig.[38] Trotz zahlreicher Parallelen in der Beurteilung des wilhelminischen politischen Systems – man denke nur an
die These von der stillen Feudalisierung des Bürgertums, die Demas-
kierung des Scheinkonstitutionalismus, die Polemik gegen das persönliche Regiment Wilhelms II. oder die Einschätzung der zeitgenössischen Sozialdemokratie als keinesfalls revolutionärer Kraft –, trotz
solcher Parallelen unterschieden sich die Analysen des Berliner Nationalökonomen auch merklich von der Haltung seines Freundes Max
Weber, mit dem er das Bewußtsein politischen Epigonentums teilte.[39]
Die antipolitische Grundausrichtung von Sombarts Artikeln mußte
dem »in jeder Faser politischen Menschen« Weber ebenso fremd bleiben wie die von seinem Kollegen propagierte Weltflucht als Reaktion
auf die im übrigen ähnlich diagnostizierte Entwicklung zum Fach-
menschentum.[40]
Weit enger waren die Berührungspunkte zu Robert Michels' Interesse an den oligarchischen Tendenzen der Massendemokratie. Ihm
hatte Sombart schon 1905 für dessen Studien über die deutsche Sozialdemokratie die Stichworte: »Revisionismus, ›Revolutionsromantik‹,
Parteibonzentum, parlamentarische Verknöcherungsgefahr [...]«
aufgegeben.[41] Mit Michels, den er auch zur Mitarbeit am »Morgen«
heranzog, verband ihn indessen mehr als das Interesse an den oligarchischen Strukturen moderner Massenparteien.[42] Zwar zitierte dieser
noch in der Schlußbetrachtung seines Hauptwerkes zustimmend Sombarts Diktum, wonach »alle Ordnung und Kultur aristokratisches
Gepräge tragen« müsse und rezipierte auch sonst dessen Schriften
intensiv, doch dürften für seine »Soziologie des Parteiwesens« andere
Einflüsse, wie z. B. der Gaetano Moscas, wichtiger gewesen sein.[43]
Jenseits aller werkgeschichtlichen Bezüge teilten die beiden bis zu Michels' Tod recht eng befreundeten Soziologen aber in diesen Jahren
ein ausgeprägtes Interesse am Syndikalismus. Ohne daß es ihm gelang, Sombart für seine eigenen syndikalistischen Überzeugungen zu
gewinnen, förderte Michels doch ganz entscheidend die Auseinandersetzung seines Freundes mit diesen Überzeugungen. »Daß ich Ihnen
in St.[uttgart] die Bekanntschaft einer Reihe von Syndikalisten und
ihnen nahestehenden Revoluzzern vermitteln konnte«, so schrieb er
ihm nach dem gemeinsamen Besuch des Stuttgarter Sozialistenkon-
gresses von 1907, »hat auch mich gefreut.«[44]
Was Sombart »als ein großes Verdienst der syndikalistischen Theore-

tiker« ansah, war vor allem, »daß sie in die Schäden unserer Kultur zweifellos tiefer hineinleuchten als irgendeine andere sozialistische Doktrin«. Insbesondere hätten die Syndikalisten »die Schwächen der Demokratie und die Gefahren der Demagogie« klar aufgezeigt.[45] Seine Beiträge zum Syndikalismus, die er für den »Morgen« schrieb und alsbald in eine Neuauflage seiner populären Schrift »Sozialismus und soziale Bewegung« eingehen ließ, standen also in engem Zusammenhang mit seiner Kritik des politischen Lebens in Deutschland.[46] Seine Sympathie für die Syndikalisten rührte aber nicht allein von deren als verwandt empfundener Demokratiekritik her, sondern war in ihrem revolutionären Elan und ihrem Idealismus begründet, den er in seinen oben behandelten Zeitdiagnosen so schmerzlich vermißt hatte. Begeisterungsfähigkeit und Idealismus der Syndikalisten sprachen ihn an, ohne daß er ihre politischen Zielvorstellungen geteilt hätte. Für Sombart stand vielmehr fest, »daß es die großen Probleme unseres Erdendaseins verdammt wenig berührt, ob wir ›Sozialismus‹ oder ›Kapitalismus‹ haben«.[47] Deshalb konnte er auch die Syndikalisten gleichzeitig zu den »Träumer[n] und Idealisten« zählen, die allein der Regierungsfähigkeit der internationalen sozialistischen Bewegung noch im Wege stünden, und doch gerade in ihrer Realitätsferne »ihren wesentlichen Reiz und [...] einen großen Teil ihrer Kulturbedeutung« ausmachen.[48] Der »Realismus«, den er in den 90er Jahren der sozialistischen Arbeiterbewegung, die er zu dieser Zeit in evolutionistische Bahnen zu lenken suchte, gepredigt hatte, gab für den Mitherausgeber des »Morgen« nun keinen geeigneten Wertmaßstab mehr ab: weder für die syndikalistische noch für seine eigene, eher nostalgische Kritik von Kapitalismus und Massendemokratie.


**V.**


Letztlich ist es die hier erneut deutlich werdende Verwurzelung von Sombarts Antipolitik in einer allgemeineren Kulturkritik, die es wenig zweckmäßig erscheinen läßt, die Sombartschen Analysen zu Politik und Kultur als »soziologische Beschreibung der neuen massendemokratischen Vorgänge im Bereich des Politischen« zu lesen und mit den Anschauungen Max Webers, Robert Michels' oder anderer zeitgenössischer Sozialwissenschaftler systematisch zu vergleichen.[49]

Dem Politischen kam für Sombart nur eine ganz untergeordnete Bedeutung zu, und selbst die von ihm perhorreszierte Rolle der Massen in der Politik war nur ein Merkmal der in ihrer Gesamtheit attackierten Moderne. Kapitalismus, Urbanismus und moderne Technik bildeten ein oft als Amerikanismus gefaßtes, unheilvolles Dreigestirn, dessen Vormarsch in der Sicht des Nationalökonomen nicht aufzuhalten war. Gerade deshalb empfahl er die Flucht in die Innerlichkeit. Schon in seiner populären Wirtschaftsgeschichte des 19. Jahrhunderts hatte er den »unpolitische[n] Sinn« als »das teuerste Erbstück« gefeiert, das uns Intellektuellen die Größten und Besten unseres Volkes hinterlassen haben«, und dazu aufgerufen, »ihn wieder zu pflegen, inmitten der großen Öde, in die uns unsere materielle Kultur verstoßen hat [...]. Wir wollen«, so lautete sein Fazit, »wieder mehr in Goethe leben. Das tut uns bitter not.«[50]

Dieses Programm, das der Nationalökonom auch in seinen populären Vorträgen vertrat, fand im wilhelminischen Bildungsbürgertum einigen Anklang. Der »Prediger in der Steinwüste der Großstadt«, als den ihn die »Vossische Zeitung« beschrieb, hatte offensichtlich eine recht ansehnliche Gemeinde.[51] Nicht nur unter den Lesern des auflagenstarken »Morgen« hatte er »einen großen Kreis von Verehrern [...] um sich geschart«, von denen ihm Artur Landsberger schrieb: »Und die schreien nach Ihnen, wie die Kinder nach Brot.«[52] Im »Kunstwart« fand er häufig Unterstützung, die »Neue Rundschau« druckte seine Arbeiten ab, und als es mit der Schriftleitung des »Morgen« zum endgültigen Bruch kam, konnte Sombart mit seinem Beitrag rasch auf Maximilian Hardens »Zukunft« ausweichen.[53] »Gewiß«, so beschloß er deshalb nicht ohne Grund diesen letzten ursprünglich für den »Morgen« geschriebenen Essay, »meine Ideen können nicht die Ideen der Masse sein. Aber die Zahl derer, die die Fadheit unseres Alltagsgetriebes erkannt, die sich auf die Dauerwerthe des Lebens besonnen und die sich zu sinnvoller Daseinsführung innerlich vom großen Haufen und von seinen Possenspielen abgesondert und in die Stille geflüchtet haben, um hier erst recht ihr Leben zu beginnen: sie wird von Tag zu Tage größer.«[54] Die Pflege des »unpolitischen Sinnes« und die Rückbesinnung auf »ewige« Kulturwerte, dies schien manchem Gebildeten eine überzeugende Antwort auf die als krisenhaft empfundene Gegenwart. Schließlich hielt nicht nur Willy Hellpach die »allgemeine Bildung« für »das dringlichste geistige Problem unserer unheimlich spezialisierten Epoche!« Für ihn war deshalb die politische Abstinenz der Gebildeten »nicht bloß Möglichkeit oder Notwendigkeit, sondern Pflicht«.[55]

Sombarts Appell zur Rückbesinnung auf die von der kapitalistischen Massengesellschaft bedrohten Kulturwerte und sein Plädoyer für den »unpolitischen Sinn« fügen sich in die Traditionslinie des unpolitischen Kulturmenschen ein.[56] Die enge Verbindung seiner »Antipolitik« mit einer gegen Kapitalismus und moderne Technik, Urbanismus und Amerikanismus wütenden Kulturkritik begründet Skepsis gegenüber dem freundlichen Bild, das Thomas Nipperdey unlängst von der »unpolitischen Kultur« im späten Kaiserreich gezeichnet hat, wie auch gegenüber seinem Versuch, diese strikt von einer in völkische Ideologien einmündenden Kulturkritik zu trennen.[57] Allzu deutlich verweisen schließlich die von Sombart zunächst in seinem »Bourgeois« fortgeführten kulturkritischen Betrachtungen auf seine Kriegsschrift »Händler und Helden«, die bruchlos an die hier vorgestellte Zeitkritik anknüpft und lediglich den Bezug zu Nietzsche deutlicher hervortreten läßt.[58]

Rita Aldenhoff
**Kapitalismusanalyse und Kulturkritik**
Bürgerliche Nationalökonomen
entdecken Karl Marx

»Karl Marx ist als Schriftsteller ein beneidenswert glücklicher Mann
gewesen. [...] Es hätte dem Marx'schen Werke [...] leicht begegnen
können, daß es bei keinem Teile des Publikums eine gute Stätte gefunden hätte: bei dem großen Publikum nicht, weil es sich auf seine
schwierige Dialektik überhaupt nicht verstand, und bei den Fachleuten nicht, weil es sich auf dieselbe und auf ihre Schwächen zu gut
verstand. Tatsächlich ist es anders gekommen.«[1] Mit diesen Worten
eröffnete der renommierte österreichische Nationalökonom und Fi-
nanzpolitiker Eugen von Böhm-Bawerk die erste größere systematische Auseinandersetzung mit dem Hauptwerk von Karl Marx, »Das
Kapital«, dessen dritter und abschließender Band 1894 erschienen
war. Bereits die ersten beiden Bände – 1867 und 1885 erstmalig und
Band 1 1890 in vierter Auflage erschienen – hatten Aufsehen erregt.
Böhm-Bawerk, einer der Hauptvertreter der theoretisch orientierten
Grenznutzenschule, unterstrich die Wirkung der Werke von Marx auf
das nationalökonomische Fachpublikum und auf die Arbeiterschaft,
auf jene Kreise also, »deren Sache sonst die Lektüre schwieriger Bücher nicht ist«.[2] Daß nationalökonomische Schriften über das Fachpublikum hinaus auf breitere Kreise wirkten, war an sich nicht er-
staunlich, fiel der Nationalökonomie doch im späten 19. Jahrhundert
die Funktion einer gesellschaftlichen Leitdisziplin zu. Man erwartete
von ihr nicht nur theoretische Erklärungen, sondern auch Orientie-
rungshilfen in einer Zeit grundsätzlichen wirtschaftlichen und sozialen Wandels. Neu an der Wirkung von Marx' Schriften war daher
nicht die Tatsache, daß auch »Laien« angesprochen wurden, sondern
daß es sich dabei um unterbürgerliche Schichten handelte, die mit
diesen Schriften ihren Emanzipationsanspruch stützten.
Böhm-Bawerk erschien aber auch die Rezeption von Marx' Werk in
den Kreisen des Fachpublikums bemerkenswert. Tatsächlich war es

nicht so, wie man vielleicht vermuten könnte, daß Marx aus ideologischen Gründen beiseite geschoben wurde. Die Nationalökonomen befaßten sich vielmehr mit ihm recht intensiv, sei es regelmäßig im Rahmen des Lehrkanons, sei es, um die eigenen theoretischen Ansätze gegenüber Marx' Modell besser zu profilieren, wie dies bei Böhm-Bawerk selbst der Fall war. Ihre Auseinandersetzung mit Marx blieb dabei auf den akademischen Bereich beschränkt, denn Übereinstimmung herrschte weitgehend darüber, daß das sozialistische Modell überholt und zur Erkenntnis der gegenwärtigen gesellschaftlichen und wirtschaftlichen Ordnung untauglich sei. Diese Einschätzung änderte sich erst grundsätzlich um die Jahrhundertwende. Der endgültige Übergang Deutschlands zum Industriestaat und die Zerstörung traditioneller Lebensweisen führten nicht nur zu rückwärtsgewandten neo- und agrarromantischen Strömungen, sondern ließen auch bei den Nationalökonomen die Kapitalismuskritik von Karl Marx in einem neuen Licht erscheinen.

Es waren jüngere Nationalökonomen, die diese in Frankreich und Italien von Emile Durkheim, Achille Loria, Vilfredo Pareto u. a. geführte Debatte in Deutschland in Gang brachten. Zu nennen sind vor allem Ferdinand Tönnies, Werner Sombart und Max Weber; sie traten in der Öffentlichkeit selbstbewußt mit dem Anspruch auf, einen Interpretationsschlüssel für die gegenwärtige gesellschaftliche Ordnung zu besitzen. Das Kulturphänomen Kapitalismus mit seiner Wirkung auf den ganzen Menschen, nicht nur das Wirtschaftsobjekt, forderte die Gesellschaftswissenschaften auf ganz neue Weise heraus. Der Generationswechsel in der Nationalökonomie zu Tönnies, Sombart und Weber leitete mehr als nur ein weiteres Kapitel in der nationalökonomischen Dogmengeschichte ein. Die Debatte führte vielmehr in das Zentrum der intellektuellen Kontroverse um die Lebensformen industrieller Massengesellschaften, wie sie im Kaiserreich geführt wurde und wie sie Georg Simmel in seinem großen Werk »Philosophie des Geldes« (1900) behandelt hat. Die Leitidee ihrer politischen und – mehr oder weniger stark ausgeprägten – kulturkritischen Gegenwartsdeutung entwickelten die »Jungen« teils in Anlehnung, teils in distanzierender Auseinandersetzung mit den Schriften von Marx. Daß der undogmatische Umgang mit dem sozialistischen Theoretiker in dieser Weise möglich war, verdankten sie freilich auch der älteren Generation der Nationalökonomen, auf deren fachwissenschaftliche Auseinandersetzung mit Marx sie einerseits aufbauen konnten, von der sie sich andererseits aber auch kritisch absetzten.[3] Wenden wir uns daher zunächst dieser älteren Generation zu. Sie wird repräsentiert von Gustav Schmoller und Lujo Brentano. Gustav Schmoller, Mitglied des Preußischen Staatsrats und der Preußischen Akademie der Wissenschaften, Vertreter der Berliner Universität im Herrenhaus und Historiograph für Brandenburgische Geschichte, verkörperte ganz die Tradition der preußischen Reformbürokratie. Er war durchdrungen vom Gedanken sozialer Gerechtigkeit, die auf dem Wege der staatlich gelenkten Sozialreform erreicht werden sollte. Er begründete die sogenannte jüngere Schule der historisch verfahrenden Nationalökonomie. Diese suchte im Gegensatz zur klassischen, theoretisch verfahrenden Wirtschaftswissenschaft nicht nach Gesetzmäßigkeiten, sondern erforschte die Institutionen, die Wirtschafts-, Handels- und Sozialpolitik. In Schmollers staatswissenschaftlichem Seminar an der Friedrich-Wilhelms-Universität in Berlin stand die Lektüre von Marx regelmäßig auf dem Stundenplan. Es wurden Seminararbeiten zu seiner Wertlehre und seinen lohntheoretischen Arbeiten verfaßt.[4] Schmoller schätzte Marx – neben Johann Carl Rodbertus und Ferdinand Lassalle – als sozialistischen Politiker, der auf die Schattenseiten der industriellen Entwicklung aufmerksam gemacht hat. Als Wissenschaftler und Nationalökonom war Marx bei Schmoller jedoch nur insoweit anerkannt, als er »das historische Verständnis der wirtschaftsgeschichtlichen Epochen und ihrer Unterschiede« begründete. Ansonsten gewann Schmoller den Eindruck, Marx untersuche nicht den wirklichen Menschen, sondern »die ›Magie‹ des technisch-kapitalistischen Produktionsprozesses«. Im Kern lief seine Kritik darauf hinaus, daß Marx den Menschen auf das rein ökonomisch motivierte Handeln reduziere. Dieser Vorwurf traf alle Vertreter der theoretischen Nationalökonomie, auch die von der subjektiven Wertlehre ausgehende österreichische Grenznutzenschule und Schmollers Gegner im Methodenstreit Carl Menger. Für Schmoller war Marx der letzte, wenig originelle Vertreter der klassischen theoretischen Nationalökonomie und ihrer objektiven Wertlehre; er bildete insofern den Abschluß einer aus der Sicht der Historischen Schule längst überwundenen Forschungsrichtung.[5] Ähnlich argumentierte auch der linksliberale Exponent der Historischen Schule, Lujo Brentano. Brentano, ein außerordentlich temperamentvoller Lehrer, galt in München als wahrer »Pultstar«, der nicht nur viele Studenten wissenschaftlich ausbildete, sondern auch für seine politischen Ideen begeisterte. Er orientierte sich nicht am Staat als oberstem sozialpolitischen Handlungsträger, vielmehr setzte er, dem Vorbild Englands folgend, auf die gesellschaftliche Selbstorganisation und vor allem auf die freie Gewerkschaftsbewegung. Erstaunlicherweise konnte er Marx dennoch nichts abgewinnen. Er sprach seinen Schriften jegliche Originalität ab. Franz Mehring warf er in einem Brief 1893 vor,[6] die Lessinglegende zwar zerstört zu haben, dafür aber »am Gespinst der Marxlegende« eifrig mitzuweben; was an der »materialistischen Geschichtsphilosophie« richtig sei, sei weit älter als Marx, »was gerade auf diesem Gebiete Marx hinzugefügt hat, ist teils unrichtig, teils Übertreibung schon früher bekannter Anschauungen«. Auch beklagte Brentano, daß die Sitte, das Recht und die gesellschaftlichen Institutionen bei Marx gegenüber der Wirtschaft im engeren Sinne viel zu kurz kämen. Dies war dasselbe Argument, das der »Historiker« Schmoller gegen den »Theoretiker« Marx ins Feld führte. Im Unterschied zu Schmoller war Brentano allerdings nicht bereit, Marx wenigstens bis zu einem gewissen Grade wissenschaftlich anzuerkennen. Er verglich seine Untersuchungen vielmehr mit der »mechanischen Manchesterdoktrin«, sah in ihnen also keine Wissenschaft mehr, sondern in erster Linie Propaganda, Ideologie und Vulgärökonomismus.

Zu einer theoretischen Auseinandersetzung mit Marx kam es in der Historischen Schule nur ansatzweise, und zwar im Zusammenhang mit dem Erscheinen des zweiten Bandes des »Kapitals« 1885. Die von Friedrich Engels im Vorwort gestellte »Preisfrage« zum Wertgesetz und zur Durchschnittsprofitrate, deren Lösung er im dritten Band in Aussicht stellte, brachte eine Diskussionslawine in Gang, an der sich auch Vertreter der Historischen Schule beteiligten. Eine kontinuierliche theoretische Auseinandersetzung blieb jedoch einerseits den »Staatssozialisten« um Adolph Wagner, andererseits der Grenznutzenschule vorbehalten.

Die sogenannten »Staatssozialisten«[7] waren sozialkonservativ und lehnten die bürgerliche Produktions- und Eigentumsordnung ab. Sie nahmen Marx' Kritik am Eigentumsbegriff und am Erbrecht auf und forderten neben einer gerechten Steuerpolitik die Einrichtung von Arbeitsämtern, ja sogar die Abschaffung des privaten Grundeigen-

tums. Der markanteste Vertreter dieser Richtung war Adolph
Wagner. Christlich-sozial und monarchistisch gesonnen, war sein
Auftreten in Berlin kantiger als das seines Kollegen Schmoller. Das
Eingreifen des Staates, das er forderte, war nicht nur ein harmoni-
scher Interessenausgleich, sondern die rigorose Intervention zugunsten der benachteiligten Arbeiterschaft in einem anders nicht zu
lösenden Klassenkonflikt. Dies erklärt die Vorliebe Wagners für
Marx' Schriften, dessen Lektüre er seinem Bruder empfahl und dabei
bekannte:»Ich gehe freilich weit, sehe weit und kritisiere die Prinzipien unseres gesamten wirtschaftlichen Rechts, persönlicher Freiheit,
Privateigentum.« In seinen Augen waren Marx und auch Lassalle wissenschaftlich »den Kathedersozialisten und Manchesterleuten um
einen Chimborazo und Dhaulagiri überlegen«.[8] Der Zwang dieser so-
zialkonservativen, national gesonnenen und Bismarck-begeisterten
Nationalökonomen, sich immer wieder theoretisch und sozialpolitisch mit Marx auseinanderzusetzen, resultierte nicht zuletzt auch
daraus, daß sie sich den Vorwürfen, sie selbst seien Sozialisten im
Geiste von Marx, widersetzen wollten. So stellte sich Wagner trotz
aller das bürgerliche Recht revolutionierenden Forderungen bei öffentlichen Anlässen, z. B. seiner Berliner Rektoratsrede, dezidiert in
die Tradition der offiziellen Sozialpolitik, wie sie unter Bismarck und
Wilhelm II. betrieben wurde.[9]
Es klingt paradox, aber gerade die Richtung innerhalb der Wirtschaftswissenschaften, die das geringste Interesse an Sozialreformen
hatte, befaßte sich am intensivsten mit den Theorien von Karl Marx.
Die Marx-Studien der österreichischen Grenznutzenschule um Carl
Menger, Friedrich von Wieser, Eugen von Böhm-Bawerk u. a. waren
ausschließlich von theoretischem Interesse geleitet. Dieses Interesse
führte zu zwei für die Nationalökonomie bedeutsamen Kontroversen.[10] Im Methodenstreit der 80er Jahre mit Gustav Schmoller ging es
um die Berechtigung der theoretisch verfahrenden Nationalökonomie neben der im Deutschen Reich vorherrschenden Historischen
Schule. Der zweite Konflikt spielte sich sozusagen innerhalb der theoretischen Nationalökonomie selbst ab und kreiste um die Frage nach
der Gültigkeit der objektiven bzw. der subjektiven Wertlehre. Die
Grenznutzentheoretiker hatten die subjektive Wertlehre entwickelt,
derzufolge der Wert einer Ware nicht von der zu ihrer Herstellung
notwendigen Arbeitsmenge oder Arbeitszeit abhing, so wie es in der

objektiven Wertlehre und der Marxschen Arbeitswertlehre gesehen wurde, sondern von ihrer Eigenschaft, menschliche Bedürfnisse zu befriedigen. Auf dieser Grundannahme wurde eine weitverzweigte Theorie aufgebaut, deren Berechtigung natürlich vor allem von den Anhängern der Marxschen Arbeitswertlehre bekämpft wurde. Um so schärfer befaßten sich die Grenznutzentheoretiker daher ihrerseits mit Marx selbst, um ihren eigenen Ansatz abzusichern. Den entscheidenden Anlaß dazu bot das Erscheinen des dritten Bandes des »Kapitals«. Zwei Jahre später, 1896, veröffentlichte Eugen von Böhm-Bawerk die bereits eingangs zitierte erste größere systematische Kritik.[11] Er verwies auf Widersprüche im Werk von Marx, die nicht nur, aber vor allem dadurch entstanden seien, daß der sozialistische Theoretiker den Gebrauchswertcharakter der Waren sowie das Zusammenspiel von Angebot und Nachfrage bei der Wert- und Preisbildung unterschätzt habe. Die Kritik, die der ebenfalls zur österreichischen Grenznutzenschule zählende Johann von Komorzynski ein Jahr später übte,[12] ging in die gleiche Richtung.

Nach dem Erscheinen des dritten Bandes des »Kapitals« riß die Marx-Debatte auch im bürgerlichen Lager der Nationalökonomie nicht mehr ab. War die Literatur schon nach 1885 erheblich angewachsen, so wurde sie nun nicht nur noch vielfältiger, sondern gewann eine neue Qualität. Erst jetzt begann eine intellektuelle Auseinandersetzung mit dem Werk und Weltbild von Marx im eigentlichen Sinn. Die Weichen stellten dabei Ferdinand Tönnies, Werner Sombart und Max Weber. Sie ordneten Marx weder in die Ahnengalerie der zwar interessanten, doch überholten »Klassiker« ein, noch qualifizierten sie ihn als lediglich sozialistischen und revolutionären Politiker ab. Auch pflückten sie keine einzelnen Teile seiner Theorie heraus, um die eigene Theorie in ein besseres Licht zu stellen. Sie schätzten Marx vielmehr generell als »Theoretiker«, denn als »Jüngern« der Historischen Schule war ihr Theoriebedürfnis besonders stark ausgeprägt. In seiner Würdigung »Karl Marx als Theoretiker« brachte Sombart dies treffend zum Ausdruck: »Er ist es gewesen und ist es heute noch«, schrieb er 1904, »der durch sein bloßes Dasein die Gefahr abwendet, daß die Nationalökonomie sich in ein wirres Durcheinander von After-dinner-Unterhaltungen, in einen seichten Eklektizismus und ›Historismus‹ aufgelöst hat [...] Er ist gleichsam das wissenschaftliche Gewissen für jeden Jünger der Nationalökonomie geworden; er ist auch der Schleifstein, an dem wir unsere Begriffe geschärft haben.«[13]

Politisch gemeinsam war der Generation der »Jungen« die Ablehnung der patriarchalisch gefärbten deutschen Sozialpolitik. Sie glaubten nicht an einen Staat über den Klasseninteressen und brandmarkten die sozialpolitischen Neuansätze zu Beginn der 90er Jahre als »Schwindel des sogen. sozialen Königtums«.[14] Sie plädierten für eine Anerkennung der Klassenkonflikte und offene Austragung im Rahmen voller Koalitions- und Vereinsfreiheit. Das Klassenkonfliktmodell von Marx erschien ihnen zur begrifflich scharfen Erfassung und praktischen Bewältigung der sozialen Probleme besser geeignet als der in der preußischen Staatstradition wurzelnde ethische Historismus, wie er durch Gustav Schmoller und seine Schule repräsentiert wurde. Daher plädierten sie auch öffentlich für die Zusammenarbeit des Bürgertums mit einer reformbereiten Sozialdemokratie. Die Sozialdemokratie, die aus den Reichstagswahlen 1890 als stärkste Partei hervorging und sich nach dem Fall des Sozialistengesetzes endlich frei entfalten konnte, führte Anfang der 90er Jahre eine Agrardebatte, aus der sich der Reformismus und Revisionismus entwickelten. Die Tatsache, daß zur gleichen Zeit »bürgerliche« Nationalökonomen, ihrerseits durch den Kurs einer bloß patriarchalischen Sozialpolitik herausgefordert, in Anlehnung an Marx neue Kategorien der Gegenwartsdeutung zu prägen suchten, stellte den Versuch auch eines intellektuellen Brückenschlags zu dem Flügel der Sozialdemokratie dar, der sich von dogmatischen Denkweisen befreien wollte. Einen der wichtigsten Brückenköpfe auf sozialdemokratischer Seite bildete Heinrich Braun, der Herausgeber des »Archivs für soziale Gesetzgebung und Statistik«. Er hatte das »Archiv« 1888 mit dem Ziel gegründet, Daten zur Sozialstatistik zu sammeln und zu veröffentlichen, um so die aktuelle Sozialgesetzgebung transparenter zu machen. Die Zeitschrift entwickelte sich in den 90er Jahren darüber hinaus zu einem wichtigen intellektuellen Diskussionsforum für Nationalökonomen der verschiedenen Schulen und Parteirichtungen. Sie wurde 1904 von Max Weber, Werner Sombart und Edgar Jaffé unter dem Titel »Archiv für Sozialwissenschaft und Sozialpolitik« übernommen.

Entscheidend für die Marx-Debatte der Jahrhundertwende war die Tatsache, daß seine Kapitalismuskritik in einer Zeit, in der kulturkritische Strömungen an Bedeutung gewannen, ebenfalls in einem neuen Licht erschien. Agrarromantik, Großstadtfeindschaft, Bewegungen zum Schutz des ländlichen Lebensraumes und der »Heimat« machen deutlich, mit welchen Vorbehalten die Zeitgenossen den Umbruch zur Industriegesellschaft wahrnahmen und darauf reagierten. Für die geschulten Nationalökonomen der jüngeren Generation waren die utopischen Entwürfe vorindustrieller Gesellschaften freilich kein Thema, aber auch sie stellten sich den mit dem wirtschaftlichen Wandel verbundenen kulturellen Problemen. Insbesondere Tönnies, Sombart und Weber bildeten dabei in Anlehnung an Marx' Kapitalismuskritik Leitbegriffe der sozialen und politischen Gegenwartsdeutung aus, indem sie seine Schriften nicht nur als Ökonomen zur Kenntnis nahmen, sondern sie unter kulturgeschichtlicher und kulturkritischer Perspektive neu lasen. Sie erkannten den »Kapitalismus« als eine historisch gewordene, nicht mehr rückgängig zu machende Tatsache an und verwandten diesen Begriff erstmalig als universalhistorischen Epochenbegriff. Für sie stand aber nicht – wie für Marx – die »Anatomie« der kapitalistischen Wirtschaftsweise im Zentrum, sondern deren Auswirkungen auf die übrigen Kulturerscheinungen, kurz: die »Kulturbedeutung der kapitalistischen Entwicklung«.[15]

Wenden wir uns zunächst dem Nationalökonomen und Philosophen zu, dessen kulturgeschichtliche, ja kulturkritische Lesart von Marx' Werk am markantesten ausgeprägt war: Ferdinand Tönnies. Welch eigentümliche Mischung Sozialkritik und Kulturkritik einerseits, Fortschrittsglauben andererseits bei ihm annahmen, macht seine Einschätzung zur Entwicklung der Sozialwissenschaft von 1897 deutlich: »Sie wird am kräftigsten ernährt durch die Gedanken, denen die immer sichtbarer werdende Zerrüttung der modernen Kultur ihren Ursprung gibt. Sie wird getragen durch die Bewegung jener Klasse, die der alten Führer oder vielmehr der herrschenden Klasse [...] entbehren will und aus eigenen Kräften die moderne Kultur in ihren tiefsten Grundlagen erneuern zu können sich zuversichtlich anheischig macht.«[16] Tönnies stand dem Sozialismus politisch nahe, wenngleich er sich erst 1930 zu einem Eintritt in die Sozialdemokratische Partei entschließen konnte. Im Kaiserreich mußte er erhebliche berufliche Nachteile aufgrund seiner politischen Einstellung in Kauf nehmen; so hatte er 1896/97 den Hamburger Hafenarbeiterstreik unterstützt. Erst 1913 erhielt er ein Ordinariat für Volkswirtschaftslehre. Sein wis-

senschaftliches Denken war ebenso eigenwillig wie sein politisches
Verhalten unter den damaligen Umständen radikal. Einer nationalökonomischen Schule gehörte er nicht an, ließ sich jedoch von den
Schriften und Lehren Adolph Wagners anregen, dessen Seminare er
in Berlin besucht hatte. Der staatssozialistische und sozialkonserva-
tive Gelehrte bestärkte sein Interesse an Marx. Tönnies ließ sich auch
von den frühen Schriften Friedrich Nietzsches inspirieren, von den
späteren distanzierte er sich bekanntlich, denn sie erschienen ihm
nicht nur sozialwissenschaftlich verfehlt, sondern auch sozialethisch
verantwortungslos. Begreift man Intellektuelle als öffentliche Ideen-
geber und Kritiker ihrer Zeit, so muß auch Tönnies danach befragt
werden.

Kritik und Utopie verdichteten sich bei ihm in den beiden Begriffen
»Gemeinschaft« und »Gesellschaft«, ein Begriffspaar, das sich bis
heute mit seinem Namen verbindet. »Gemeinschaft« bezeichnete die
traditionellen auf Sitte, Religion, Familie und einfacher Marktgesell-
schaft beruhenden Formen des Zusammenlebens, »Gesellschaft« dagegen die auf Vertragsdenken, Konkurrenzprinzip, Tausch, Handel
und kapitalistischer Produktionsweise basierenden. Er prägte diese
Begriffe in enger Auseinandersetzung mit Marx, diesem »merkwür-
digsten und tiefsten Social-Philosophen«.[17] Vor allem in seinen Ausführungen über die »Theorie der Gesellschaft« ist der Einfluß von
Marx bis in die Terminologie hinein deutlich spürbar. Auch an der
Arbeitswertlehre hielt er noch lange nach dem Erscheinen des dritten
»Kapital«-Bandes fest und verteidigte sie in ihren »Kern- und Grund-
gedanken« gegen die »deutsche und österreichische akademische
Kritik«.[18] »Gesellschaft« war nicht nur die Beschreibung eines Zu-
stands, sondern zugleich die Kritik daran, denn Tönnies begriff »Gemeinschaft« und »Gesellschaft« als Phasen der realgeschichtlichen
Entwicklung. Die Entstehung von »Gesellschaft« aus »Gemeinschaft« war zugleich ein Stück Verfallsgeschichte, die Kapitalismuskritik insofern ein Spezialfall allgemeiner Kulturkritik.

Tönnies betrachtete die Kapitalismuskritik als Sonderfall der Kulturkritik, so wie er den ökonomischen Unterbau »als Spezialfall der allgemeinen Bedingung der Ratio durch die Lebensmächte des Wil-
lens«[19], also des rein vertrags- und zweckgerichteten Denkens und
Handelns auffaßte. Als Anhänger des Historischen Materialismus sah
er aber auch in der gegenwärtigen »Gesellschaft« zugleich den Keim

für ihre Überwindung und Aufhebung auf einer höheren Entwicklungsstufe angelegt:»Der Gedanke [...]: daß die natürliche und (für uns) vergangene, immer aber zu Grunde liegende Constitution der Cultur communistisch ist, die actuelle und werdende socialistisch, ist, wie ich glaube, jenen echten Historikern, wo sie sich selber am schärfsten verstehen, nicht fremd, wenn auch nur der Entdecker der kapitalistischen Produktionsweise ihn auszuprägen, deutlich zu machen vermocht hat. Ich sehe darin einen Zusammenhang von Tatsachen, der so natürlich ist wie Leben und Sterben.«[20] Tönnies beteiligte sich damit auf seine Weise an der sozialistischen »Zukunftsstaatsdebatte«. Er war zwar einer der schärfsten Kapitalismus- und Kulturkritiker seiner Zeit, er war aber kein Kulturpessimist. Die Gewißheit einer sozialistischen Zukunft, also einer neuen »Gemeinschaft«, die nicht den Rückfall in vorindustrielle Zustände darstellte, sondern die Weiterentwicklung von »Gesellschaft« zu humaneren Formen, bewahrte ihn davor.

Auch bei Werner Sombart gehörten Kapitalismusanalyse und Kulturkritik eng zusammen. Als Leitbegriff politischer und sozialer Gegenwartsdeutung prägte er den »modernen Kapitalismus«, wie auch der Titel seines 1902 in erster Auflage erschienenen zweibändigen Werks lautete. Erst mit Sombart setzte sich dieser Begriff als eine Epochenbezeichnung in der Fachdiskussion und der politischen Debatte durch. Während ältere Nationalökonomen lieber neutral von den »modernen geldwirtschaftlichen, unter dem liberalen System der Gewerbefreiheit, der freien Konkurrenz und des unbeschränkten Erwerbstriebes ausgebildeten Betriebsformen« sprachen,[21] verwandten Nationalökonomen der jüngeren Generation den Kapitalismusbegriff ganz selbstverständlich. Die »Eigenart des modernen Kapitalismus«, »jenes einmalige Geschichtsgebilde, das wir [...] als ›Kapitalismus‹ zu benennen gewohnt sind«, diese Worte gingen selbst durch und durch liberalen und bürgerlichen Nationalökonomen wie Gerhart von Schulze-Gävernitz flüssig von den Lippen.[22] Auch als Politiker hatte Schulze-Gävernitz gemeinsam mit Friedrich Naumann einen großen Anteil daran, daß der »Kapitalismus« in linksbürgerlichen Parteien zur Kurzformel für die Kennzeichnung der gegenwärtigen wirtschaftlichen, sozialen und kulturellen Lage mit ihren Klassenbildungsprozessen und entpersonalisierten und anonymen Herrschaftsverhältnissen wurde.

Sombarts Begriff des »modernen Kapitalismus« entstand in unmittelbarer Auseinandersetzung mit Marx. Sombart provozierte bewußt
mit Marx und rüttelte nicht nur an den Grundlagen der Historischen
Schule, sondern auch an denen des »Establishments«. Er machte
Marx zum Programm der »Jungen«, die Klassenkonflikte nicht mehr
länger verschleiern und unter einer patriarchalischen Sozialpolitik zu-
decken wollten. Politisch setzte er auf den reformorientierten, revi-
sionistischen Flügel der Sozialdemokratie. Der Partei beitreten wollte
er allerdings nicht, er zog seine Rolle als Kritiker und Außenseiter
im bürgerlichen Gelehrtenmilieu vor: Von größerem Nutzen sei es
vielmehr, so heißt es in einem Brief an den befreundeten Schweizer
Sozialdemokraten Otto Lang, »die Universitäten by and by mit unserem Geiste« zu erfüllen. »Wir glauben doch alle nicht an Wunder,
sondern an eine langsame Erziehung und Umbildung auch der Geister. Welche Bedeutung hat es denn, die Universitäten für sich zu
erobern!«[23]
Karl Marx verteidigte er nicht nur gegen die Angriffe konservativer
Nationalökonomen, sondern widmete dem dritten Band des »Kapitals« auch eine ausführliche Besprechung.[24] Dabei wurde zugleich
eine spezifische Distanz zu Marx' Werk deutlich: Er stellte die um-
strittene Arbeitswertlehre als »gedankliche«, nicht »empirische« Tatsache dar: »Der Wertbegriff ist ein Hilfsmittel unseres Denkens, dessen wir uns bedienen, um die Phänomene des Wirtschaftslebens uns
verständlich zu machen, er ist eine logische Tatsache.«[25] Dieser Gedanke tauchte in der kulturwissenschaftlichen Diskussion immer wieder auf. Bekanntlich sah gleichzeitig Max Weber in den »Gesetzen«
des Historischen Materialismus heuristische Hilfsmittel. Auch
Schulze-Gävernitz argumentierte in diese Richtung. Er war gleichsam
der Popularisator dieser Auffassung, der nicht müde wurde, seit
1908 – dem 25. Todesjahr von Marx – in immer neuen Artikeln den
Historischen Materialismus als »heuristisches Prinzip« zu verteidigen,
ansonsten aber Marx den deutschen Idealismus, vor allem Kant, als
Alternative entgegenzustellen.[26]
Seine erkenntnistheoretischen Vorbehalte gegenüber der Gültigkeit
der Marxschen Gesetze hinderten Sombart nicht daran, die Debatte
über das Werk des sozialistischen Theoretikers in größere Kreise des
Bürgertums zu tragen. Die Thesen seines späteren Bestsellers »Sozialismus und soziale Bewegung im 19. Jahrhundert« trug er im Herbst

1896 erstmalig in dem Zweigverein der Gesellschaft für Ethische Kultur in Zürich vor.[27] Diese 1892 in Berlin gegründete Gesellschaft, an der auch Ferdinand Tönnies federführend beteiligt war, strebte umfassende soziale und kulturelle Reformen auf der Basis des deutschen Idealismus und Humanismus an. Schulze-Gävernitz z. B. war Mitglied des Freiburger Zweigvereins. Es handelte sich um eine durch und durch bildungsbürgerliche Vereinigung, die im wahrsten Sinne des Wortes »freisinnig« – nämlich konfessionell ungebunden – war und insofern auch dem jüdischen Bürgertum offenstand.

Der Begriff »Kapitalismus« erfuhr nach 1900 durch Sombart eine charakteristische Umprägung und Umbewertung. Fragen nach der »Kulturbedeutung« des Kapitalismus rückten in den Vordergrund. Sombart ging es immer weniger um die wirtschaftlichen Vorgänge an sich als um die Auswirkungen der kapitalistischen Wirtschaftsform auf alle übrigen Bereiche der modernen Kultur, auf Recht, politische Verfassung, Lebensformen, kurz »auf den gesamten Zuschnitt der modernen Kultur, auf den ›Stil des Lebens‹«.[28] Befragt danach, warum sich heute jedermann für Volkswirtschaft und Sozialpolitik interessiere, erklärte Sombart, daß die Nationalökonomie eine »Zentralwissenschaft« geworden sei, denn sie liefere durch die Erklärung der wirtschaftlichen Abläufe zugleich auch den Schlüssel für das Verständnis aller übrigen Kulturphänomene der Zeit, denn: »Auch dem Blinden mußte sich zuletzt die Richtigkeit der Tatsache aufdrängen, die hellsehende Sozialisten vor einem halben Jahrhundert schon erkannt und ausgesprochen hatten: daß wir alle im öffentlichen wie im privaten Leben nur nach der Pfeife des Kapitalismus tanzen.«[29] Sombarts Interesse richtete sich zunehmend auf diesen »Tanz«, z. B. das neuzeitliche Phänomen der Mode. Der Kapitalismus schuf den neuen Typ des »Konsummenschen«. Massenkonsum und Gleichschaltung des Geschmacks einerseits, aber auch Verfeinerung und stets erneute Mobilisierung der Bedürfnisse durch die Mode andererseits, diese Seiten gehörten wesentlich zum Kapitalismus: »Man wird nicht zu fürchten brauchen, der Übertreibung geziehen zu werden, wenn man behauptet: die Mode, zumal in ihrer heutigen Gestalt, ist des Kapitalismus liebstes Kind: sie ist aus seinem innersten Wesen heraus entsprungen und bringt seine Eigenart zum Ausdruck wie wenige andere Phänomene des socialen Lebens unserer Zeit.«[30] Was sich hier, im Jahre 1902, noch spielerisch anhört und an die essayisti-

schen Studien Georg Simmels erinnert, wandelte sich in den folgenden Jahren bei Sombart in eine zunehmend apolitische, undemokrati-
sche, resignative, ja kulturpessimistische Grundhaltung.[31] Die zuvor
als Hoffnungsträger gepriesenen Massen wurden nun zu einer Bedro-
hung:»Und so erwächst das Riesenproblem, diese furchtbaren Massen den alten Kulturgemeinschaften einzugliedern, ohne daß diese
die Errungenschaften einbüßen, die das Werk von Jahrtausenden
sind.«[32] Ohne seine in Anlehnung an Marx entwickelte Kapitalismusanalyse an sich zu ändern, löste Sombart Marx' Theorie aus dem Kontext der fortschrittsorientierten Geschichtsphilosophie des 19. Jahrhunderts heraus. Die Bewertungsmaßstäbe für die Folgen der kapitalistischen Produktionsweise für die abendländische Kultur wandelten
sich massiv, die wirtschaftliche Analyse selbst änderte sich nicht. Auf
der einen Seite stand Sombart, der Nationalökonom, auf der anderen
der Kulturkritiker. Deshalb konnte er im gleichen Atemzug, als er
von den»furchtbaren Massen« sprach, Karl Marx als großen Theoretiker[33] und – 1905 – als »Begründer der selbstverständlichen und einzig möglichen Theorie der proletarisch-sozialistischen Bewegung«
preisen.[34]
Es verwundert daher nicht, daß Sombarts Wandlung vom »Sozialisten« zum »Kulturpessimisten« selbst Freunden und Fachkollegen
wie Max Weber verborgen blieb. Weber gab gemeinsam mit Sombart
nicht nur seit 1904 das »Archiv für Sozialwissenschaft und Sozialpolitik« heraus, sondern hatte ihn bereits 1897 in Freiburg und 1903 in
Heidelberg als seinen Lehrstuhlnachfolger empfohlen. Er schätzte
ihn als Nationalökonomen, von seinem sozialistischen Standpunkt
hatte er allerdings nie etwas gehalten. So versah er das Geschenk, das
Sombart ihm zu Weihnachten 1905 gemacht hatte – nämlich die fünfte
Auflage von »Sozialismus und soziale Bewegung« –, mit entsprechend spöttischen Bemerkungen: Das Bekenntnis zu »Marx als den
Begründer der selbstverständlichen und einzig möglichen Theorie der
proletarisch-sozialistischen Bewegung« verbuchte er noch ganz auf
Sombarts ältere Anschauungen und schrieb ein ironisches »Nota
bene« und ein dickes Fragezeichen daneben.[35] Für den liberalen und
klassenbewußten Bürger war der Sozialismus als wirtschaftliche und
gesellschaftliche Ordnung mit seiner jegliche Eigeninitiative überwu-
chernden Tendenz zur Bürokratisierung einfach indiskutabel. Marx'
Werk selbst gab Weber freilich dennoch zentrale Impulse für die Ana-

lyse der wilhelminischen Gesellschaftsstruktur. Seine Außenseiter-
stellung als politischer Intellektueller im Gelehrtenmilieu beruhte ja
gerade auf einer explosiven Mischung von bürgerlichem Nationalismus und einer an Marx orientierten Klassenanalyse, die sich gegen die
feudalen Eliten richtete. Die Pointe bestand darin, daß dem Bürgertum die politische Führungsrolle, gegebenenfalls im Schulterschluß
mit einer reformbereiten Sozialdemokratie, auf Kosten einer sich zur
bloßen Unternehmerklasse wandelnden Großgrundbesitzerschicht
zugespielt wurde.

Weber befand sich in einem impliziten und kritischen Dialog mit
Marx. Daß er Marx im Original gelesen und seine Informationen
nicht nur aus zweiter Hand bezogen hat, ist mittlerweile unbestritten.
Dies belegen nicht nur die Literaturangaben zu seinen Vorlesungen,
sondern auch einzelne Zitate und Anspielungen. Für Weber bildete
jedoch nicht der moderne Industriekapitalismus den Ausgangspunkt
seiner Analysen, sondern der antike und der Agrarkapitalismus. Die
These von der Existenz der kapitalistischen Produktionsweise in der
Antike entwickelte er in Anlehnung an die Schriften des Althistori-
kers Theodor Mommsen, und dies wiederum läßt auf eine bewußte
Absetzung von Marx schließen, denn daß sich Mommsen auf Grund
dieser These die heftige Kritik von Marx zugezogen hatte, dürfte Weber nicht verborgen geblieben sein.[36] Mommsen gehörte zu Webers
wissenschaftlichen Vorbildern, und beide pflegten in Berlin auch persönlichen Kontakt.

Webers Interesse an dem Vordringen kapitalistischer Strukturen in
der Landwirtschaft hatte primär nationale Gründe, sah er doch die
deutsche Nationalität und damit die »Kultur« schlechthin im Osten
durch die Auflösung der patriarchalischen Arbeitsverfassung, die
Entstehung eines Klassengegensatzes zwischen landwirtschaftlichen
Unternehmern und Lohnarbeitern sowie durch die ökonomisch not-
wendig gewordene Hinzuziehung billiger ausländischer Arbeitskräfte
gefährdet. Seine Analyse konzipierte er auch hier in bewußter Auseinandersetzung mit Marx. Zwar bezeichnete er dessen Ausführungen zur Agrarfrage in einem Brief an den führenden reformistischen
bayerischen Sozialdemokraten Georg von Vollmar als unzureichend,
die grundsätzliche These von einer auch auf dem Land nicht mehr
aufzuhaltenden Klassenpolarisation teilte er aber.[37] So erregte er
1894 mit der Forderung Aufsehen, auch die evangelische Kirche

möge die Klassenspaltung und den Klassenkampf als »integrierenden
Bestandteil der heutigen Gesellschaftsordnung« anerkennen.[38] Auch
in einer Vorlesung von 1895 hob er hervor, daß Marx neben der technisch bedingten Überlegenheit des kapitalistischen Großbetriebs die
damit verbundenen proletarisierenden Tendenzen richtig erkannt
habe.[39] Politisch zog er daraus die Konsequenz, daß der im Niedergang und in einem ökonomischen Transformationsprozeß begriffene
Grundadel durch die Umwandlung in eine nach rein ökonomischen
Gesichtspunkten arbeitende Unternehmerklasse auch seine nationalen, sozialen und kulturellen Funktionen verloren habe. Damit war
ihm zugleich jegliche Legitimation zur politischen Leitung der Nation
abhanden gekommen: »Heute ist der patriarchalische Grundbesitz in
diesen seinen Funktionen tot. Der unvermeidlich wachsende Klassen-
gegensatz gegen seine Arbeiter entzieht ihm die Brauchbarkeit für
den Staat für die bisherigen Zwecke; weder erzieht er uns in der Gestaltung, die er mehr und mehr annehmen muß, eine physisch kräftige
Landbevölkerung, noch ist er selbst noch fernerhin zum politischen
Herrscher berufen.«[40]

Bei seiner Marx-Lektüre blendete Weber nie die Perspektive eines
klassenbewußten, nationalen Bürgers aus, wie er sie besonders in seiner akademischen Antrittsrede 1895 in Freiburg herausgestellt hatte.
Dennoch beschäftigte ihn auch schon in den 90er Jahren die kulturgeschichtliche Dimension: die kulturellen Bedingungen, Begleit- und
Folgeerscheinungen der kapitalistischen Entwicklung. Ein wichtiges
Moment der Umgestaltung der ländlichen Arbeitsverfassung etwa lag
für ihn in dem ideellen Streben der Landarbeiter nach Freiheit von
den traditionellen Bindungen an den Gutsherrn. Ebensowenig erschien ihm die Umwandlung der Junker aus einem Stand in eine
Unternehmerklasse als bloßes Resultat ökonomischer Entwicklungen, sondern gleichermaßen als Folge eines gewandelten Wirtschafts-
ethos. Um die Auswirkungen des Transformationsprozesses zu erfor-
schen, befragte er in großangelegten Enqueten die Landarbeiter nach
Wohnverhältnissen, Ernährungsweise, Familienleben, Schulbildung,
dem Verhältnis zur Kirche. Erklärtes Ziel war es, einen Eindruck von
den »psychologischen Konsequenzen der modernen Wirtschaftsent-
wicklung und Klassenbildung« zu gewinnen.[41] Dieses Interesse an
den Bedingungen und den kulturellen Auswirkungen der kapitalistischen Entwicklung rückte seit Ende der 90er Jahre in den Vorder-

grund seiner wissenschaftlichen Fragestellung. 1897 ist erstmalig wiederholt die Rede vom »modernen Kapitalismus« und vom »modernen Menschen des Okzidents«, den dieser geschaffen habe.[42] Diese Vorstellungen zielten auf eine Kulturgeschichte und Kulturtheorie des Kapitalismus, auf »die historische und theoretische Erkenntnis der allgemeinen Kulturbedeutung der kapitalistischen Entwicklung« als das zentrale wissenschaftliche Problem.[43] So lautete das Forschungsprogramm, das Weber, Sombart und Edgar Jaffé 1904 anläßlich der Übernahme des »Archivs für Sozialwissenschaft und Sozialpolitik« formulierten und das die intellektuelle Konstellation wiedergibt, die schließlich in die Begründung der Soziologie einmündete.

Tönnies, Sombart und Weber stehen für drei Typen bürgerlicher Intellektueller um die Jahrhundertwende, für die die Lektüre von Marx' Werk unter kulturgeschichtlicher Perspektive jeweils zentral war. Über die fachwissenschaftliche, rein nationalökonomische Verwendung hinaus begriffen sie »Kapitalismus« als Schlüssel zum Verständnis der kulturellen Fragen der Gegenwart. Die Positionen, die sie vertraten, hatten eine jeweils charakteristisch gefärbte kulturkritische Tönung. Für Tönnies bildete die Kapitalismuskritik Teil einer allgemeinen Zivilisationskritik. Sein »Glaube« an die Entwicklungsgesetze des Historischen Materialismus bewahrte ihn aber davor, in Kulturpessimismus abzugleiten. Wenn man so will, war Tönnies »Kulturoptimist« auf historisch-materialistischer Grundlage mit einem erheblichen »utopischen Überschuß«, der sich im Begriff der »Gemeinschaft« kristallisierte. Anders Sombart. Ihn charakterisiert nach 1900 eine kulturpessimistische Haltung auf der Basis einer unverändert an Marx orientierten Gesellschaftsanalyse. Die kulturkritischen Untertöne, die seine Kapitalismuskritik begleiteten, mündeten ein in einen »aristokratischen Ästhetizismus« mit apolitischer bzw. undemokratischer Grundhaltung,[44] der für so viele Intellektuelle des fin de siècle kennzeichnend war. Weber wiederum setzte mit seinen frühen gesellschaftspolitischen Analysen im kritischen Dialog mit Marx ein; sein wissenschaftliches Interesse zentrierte sich aber, wie bei Sombart, zunehmend um die »Kulturbedeutung der kapitalistischen Entwicklung«. Trotz der Kulturkritik, die mit seiner Einschätzung der Entwicklung des modernen gewerblichen und agrarischen Kapitalismus mitschwang – Entstehung des Berufs- und Fachmenschentums, Bürokratisierung, Entpersönlichung und Anonymisierung von Herrschaft –, verband sich damit weder Optimismus noch Pessimismus. Er teilte weder Tönnies' utopische Erwartungen noch Sombarts Kulturpessimismus. Ihn charakterisiert wohl am ehesten die Haltung als intellektueller »Störungsfaktor« (Schumpeter), der durch seine scharfsinnigen Kulturdiagnosen die grundlegenden Entwicklungstendenzen und Spannungen der Gegenwart freilegte.

# Gangolf Hübinger
## »Journalist« und »Literat«
## Vom Bildungsbürger
## zum Intellektuellen

Für Gustav Freytag war es ein bürgerliches Lustspiel. »Die Journalisten«, 1852 uraufgeführt, priesen in vier Akten den publizistischen Beruf als Krönung der liberalen bildungsbürgerlichen Tugenden. Der anerkannte Professor ist zugleich leitender Redakteur einer provinzstädtischen Zeitung und besiegt durch humanistische Gesinnung und Tatkraft im regionalen Wahlkampf seinen konservativen Gegner. Sein fähigster journalistischer Mitarbeiter, ein Doktor der Philosophie, beherrscht mit intellektueller Denkschärfe und politischer Finesse die Kunst der öffentlichen Meinungsbildung. Dessen Lohn ist die schöne Gutsbesitzerin, deren freudiger Ausruf das Stück beschließt: »Die Braut eines Journalisten!«[1] Das Stück, noch um die Jahrhundertwende an deutschen Bühnen öfter gespielt als »Minna von Barnhelm« oder »Der zerbrochene Krug«, fängt die Kulturideale des deutschen Bildungsbürgers ein. Aufklärende Wissenschaft, liberale Zeitungsöffentlichkeit und fortschrittliches politisches Mandat sind identisch. Mehr verklärend als kritisch zeichnet Freytag einen Kanon von Werten und Handlungsmustern, die im Sinne einer »ständischen Vergesellschaftung« durch Bildung[2] auch nach der gescheiterten Revolution von 1848 auf die bürgerlichen Schichten prägend gewirkt haben.

Musterhaft vertrat ursprünglich Heinrich von Treitschke die an diese bildungsbürgerlichen Werte geknüpfte Art der Lebensführung. Er schlug erfolgreich die Universitätskarriere eines Staatswissenschaftlers und Historikers ein, leitete die in der liberalen Reichsgründungsära höchst einflußreichen »Preußischen Jahrbücher« und eroberte 1871 ein Reichstagsmandat für die Nationalliberale Partei. Aber mehr oder weniger plötzlich und geschickt populistische Ängste aufgreifend, schrieb Treitschke 1879 Freytags harmonische Fortschrittssymphonie in einen völkischen Essay mit nationalpolitischem Tribu-

nal um. 1879 war das Jahr entscheidender Weichenstellungen in der
deutschen Innenpolitik. Reichskanzler Otto von Bismarck hatte die
parlamentarische Zusammenarbeit mit den Liberalen aufgekündigt
und begann, sich auf das konservative Bündnis von Eisen und Rog-
gen, von »Schlotbaronen« und »Krautjunkern«, zu stützen. Die epo-
chale Wende schlug sich nachhaltig auf die politische Mentalität nieder, welche die Industrialisierungs- und Modernisierungsschübe des
Kaiserreichs begleitete.

Zu den ersten, die den Prozeß der Entliberalisierung der politischen
Kultur unter den Vorzeichen eines integralen Nationalismus publizistisch forcierten, gehörte, stilistisch pointiert wie stets, der Berliner
»Mandarin«[3] Treitschke. »Unsere Aussichten« war der Artikel über-
schrieben, mit dem Treitschke den wohl aufsehenerregendsten Be-
gleitkommentar zu dieser politischen Wende lieferte. Aufsehenerre-
gend, weil er mit dem berüchtigten Satz, »die Juden sind unser Un-
glück«, den unseligen Berliner Antisemitismusstreit entfachte. Auf-
sehenerregend aber auch, weil er unter Berufung auf das »erwachte
Gewissen des Volkes« das liberal-bürgerliche Wertgefühl demon-
tierte, um »die weichliche Philanthropie unseres Zeitalters« zu be-
endigen. So wie Treitschke hierbei das »unbillige Übergewicht des
Judentums in der Tagespresse« dafür verantwortlich machte, daß öffentliche Meinung und »sittliche Macht der Bildung« in Gegensatz
zueinander getreten seien,[4] befestigte er antisemitisch den »kulturellen Code« (Shulamit Volkov), der auch »Intellektuelle«, personifi-
ziert im modernen Journalismus, aus dem Kreis der »wahren« Gebildeten ausgrenzte. Bildung integriert, während Intellektualismus
zersetzt – diese Entgegensetzung wurde zu einem gängigen Klischee
der kaiserzeitlichen Kulturkritik. Fraglos waren die Kulturkritiker
der Sache nach selbst Intellektuelle, und der publizistisch höchst erfolgreiche Treitschke war darunter einer der ersten, die dem Intellek-
tuellen-Konstrukt eines deutschen kulturellen Eigenwegs – mit Ausbruch des Weltkriegs als »Ideen von 1914« zusammengefaßt – eine
populäre Fassung gaben.

Die Hoch- und Überschätzung eines verbindlichen und überpoliti-
schen Bildungsprinzips im »protestantisch imprägnierten deutschen
Sprachraum«[5] blockierte lange Zeit bei den »Kritikern aus Beruf«[6]
ein Selbstbewußtsein als Intellektuelle. Noch Heinrich Mann, auf seinem Weg vom diffus völkischen, später nietzscheanischen Jungkriti-

ker zum literarischen Wegbereiter französischer Intellektuellenkultur
in Deutschland, flüchtete sich erst einmal in die Satire. Sein Groß-
stadtroman »Im Schlaraffenland. Ein Roman unter feinen Leuten«[7],
karikiert den Beruf des Journalisten als käuflich, unsittlich und cha-
rakterlos. Der kleinbürgerliche Protagonist, als Marionette eines jüdischen Großkapitalisten und als Liebhaber seiner Frau sogar eine
Weile gefeierter Bühnenautor in den Berliner Salons, übertreibt das
dekadente Spiel und wird am Ende mit dem Gnadenbrot einer unbe-
deutenden Redaktionsstelle abgespeist.

Zehn Jahre später revidiert Heinrich Mann dieses Zerrbild und findet
in der expressionistischen Zeitschrift »Pan« die eindringliche Formulierung, die die deutsche bildungsbürgerliche Tradition mit dem modernen europäischen Pressezeitalter versöhnen soll: »Der Typus des
geistigen Menschen muß der herrschende werden in einem Volk, das
jetzt noch empor will. Das Genie muß sich für den Bruder des letzten
Reporters halten, damit Presse und öffentliche Meinung, als populär-
ste Erscheinungen des Geistes, über Nutzen und Stoff zu stehen kommen, Idee und Höhe erlangen.«[8] Der »Geist und Tat« überschrie-
bene Artikel mit der pathetischen Mahnung, »Ein Intellektueller, der
sich an die Herrenkaste heranmacht, begeht Verrat am Geist«, wurde
zum Manifest eines neuen intellektuellen Selbstbewußtseins.[9]

Literatenzirkel wie Kurt Hillers »Aktivisten« hegten in diesem neuen
Gewand den alten kurzschlüssigen Traum des Philosophenkönigs zur
politischen Integration einer weltanschaulich segmentierten Gesellschaft. Der revolutionär-pazifistische Hiller wollte im Wahlkampf des
Schicksalsjahres 1932 sogar statt der Wiederwahl Hindenburgs Heinrich Mann als Reichspräsidenten sehen.[10]

Freytag, Treitschke und Heinrich Mann markieren Stadien des Über-
gangs vom Bildungsbürger zum Intellektuellen. Mit der Auflösung
des Kanons verbindlicher bildungsbürgerlicher Kulturwerte erweiterte sich die Rolle der Intellektuellen »im Kampf um die Art der
Institutionalisierung von Rationalisierungskriterien« der persönlichen Lebensführung und der gesellschaftlichen Ordnung.[11] Um die
Jahrhundertwende blühten die Kulturzeitschriften, und in den Städten entfaltete sich eine rege intellektuelle Subkultur. Erst sie lieferte
der sprichwörtlichen »deutschen Kulturkritik« die soziale Basis. Eine
neue lebensphilosophische und neuidealistische Art der Reflexion,
eine »zweite Modernität des Menschen«, richtete sich gegen die »er-

ste« der christlich-humanistischen und liberal-bürgerlichen Modernität des frühen Kaiserreichs.[12]
Unweigerlich hatte der harte Aufeinanderprall neuer unversöhn-
licher Weltauffassungen zur Folge, daß sich ihre Verfechter wech-
selseitig ihre prekäre Lage als »Literaten« vorwarfen. Der Begriff
»Intellektuelle« erhielt von hier aus, mehr als von den politischen
Kontroversen um die Rolle der Gebildeten in der sozialdemokrati-
schen Partei, seine bekannte negative Klangfarbe. In der politischen
Sprache hat sich die pejorative Färbung bis heute gehalten. So trium-
phierte in der Endphase des deutschen Einigungsprozesses die
»Frankfurter Allgemeine Zeitung« über »die deutschen Intellektuellen als Hüter der Zweistaatlichkeit«, von Heiner Müller bis Günter
Grass, von Jürgen Habermas bis Günter Gaus, mit der Schlagzeile
»Eine Kaste wird entmachtet«.[13]
Es sei »doch aber wohl eine pfundsdicke Verlogenheit, wenn Literaten dem Literaten zum Vorwurf machen, daß er einer ist«. Kurt
Tucholsky hat diesen typisch deutschen Pseudomoralismus, der sich
in der kulturkritischen Stimmung der Jahrhundertwende eingebür-
gert und in der Weimarer Republik groteske Züge angenommen hat,
unnachahmlich glossiert.[14] Erstaunlicherweise wird Max Weber für
diese Entwicklung entscheidend mitverantwortlich gemacht.
Jürgen Habermas stellte Weber auf einem Heinrich-Heine-Sympo-
sium als einen »sich selbst verleugnenden Intellektuellen« vor, der
sich mit seinen Angriffen auf die politisch dilettierenden »Literaten«
genau der Kampfformeln bediene, mit denen ein Heinrich Heine von
positiver Traditionsbildung in der deutschen politischen Kultur aus-
gegrenzt worden sei.[15] In der sympathischen Absicht, mit Heinrich
Heine die Geburt der Intellektuellen in Deutschland zu orten, trifft
Habermas allerdings nicht Webers Pointe. Fraglos war Weber ein
Meister der Polemik. So, wenn er im Weltkrieg die »kindlichen Ge-
schichtsspekulationen unserer Literaten« über eine Weltkoalition der
demokratischen Staaten gegen Deutschland oder die »Ressentiments
akademischer Literaten gegen alles nicht von ihnen examinierte Menschentum« kritisierte.[16] Aber eine sprachgeschichtliche Aufzeich-
nung der Karriere von »Schimpfwörtern« allein[17], an die auch Habermas anknüpft, liefert nur einen sehr begrenzten Einblick in den
Intellektuellen-Diskurs des späten Deutschen Kaiserreichs. Denn
insbesondere Weber setzt in seinen politischen Schriften »Literat«

wie auch »Journalist« gezielt ein, um den Wandel der Intellektuellen-
rolle beim Zerfall des Bildungsbürgertums prägnanter kennzeichnen
und politisch werten zu können. Beide Begriffe führen ins Zentrum
von Webers Selbstreflexion als Gelehrtenpolitiker. In ihrer pole-
mischen Zuspitzung wie in ihrer analytischen Schärfe bündeln sie
idealtypisch wesentliche Merkmale der wilhelminischen Intelligenzberufe als Intellektuelle. Beide Begriffe sollen deshalb näher auf
ihren Aussagegehalt über Intellektuelle um 1900 geprüft werden. Im
Gegenzug soll mit dem von Weber teils wohlwollend, teils abschätzig
als »Warenhaus für Weltanschauungen« bezeichneten kulturpoliti-
schen Programm des Jenaer Verlegers Eugen Diederichs und mit dessen Kulturtagungen im welthistorischen Jahr 1917 eine typische Intel-
lektuellenkonstellation im untergehenden Kaiserreich eingefangen
werden.

Das Bildungsbürgertum versammelte im 19. Jahrhundert wissenschaftliche, literarisch-publizistische und politische Urteilskompe-
tenz. Darin liegt die ihm lange Zeit zuerkannte öffentliche Rolle. Das
Paulskirchenparlament von 1848 war von diesem Typus bestimmt,
und Freytags »Journalisten« sind aus diesen Erfahrungen heraus
entstanden. Um 1900 traten diese Kompetenzen endgültig auseinander. Schriftsteller, Journalisten, Kulturwissenschaftler und Berufspolitiker profilierten ihr jeweiliges Berufsethos gegeneinander.
Prompt entstand die schon genannte Intellektuellendebatte, an der
sich Weber einerseits in seiner leidenschaftlichen Manier politisch und
andererseits in seinem ebenso notorischen Intellektualismus sozio-
logisch reflektierend beteiligte.

»Literat« wurde zu Webers Lieblingsvokabel im publizistischen
Streit. In »Parlament und Regierung im neugeordneten Deutschland«, seiner verfassungspolitischen Hauptschrift von 1917/18,
kommt sie auf jeder dritten Seite vor. Die »breiten akademischen und
akademisch gebildeten Literatenkreise« pflegen das »eitle Gerede
von dem Gegensatz der ›westeuropäischen‹ und der ›deutschen‹
Staatsidee‹«. »Plebejer des Geistes« pflegen »literarisch« einen »bru-
talen« Bismarck. »Literatenköpfe« wollen den Parteikampf ausschal-
ten. Es sei eine »dilettantische Literatenvorstellung«, das römische
Recht habe den Kapitalismus befördert. Die »Literatenphrase« höre
da auf, wo Kapital und Arbeit anfangen. Literaten, rechte wie linke,
entwerfen Zukunftsstaaten. Aber die Struktur politischer Systeme

bleibe »dem Horizont der modernen literarischen Spießbürger verborgen«. Ein letztes Zitat: »Über die politische ›Reife‹ aber sind
wahrlich die heutigen deutschen Literaten die allerletzten, denen ein
Urteil zustände.«[18]
Ganz so unrecht hat Habermas also nicht. Webers Bannstrahl »Literat« trifft jeden, dessen politisches Urteil nicht die analytische Schu-
lung an soziologischen Grundbegriffen verrät, der die elementaren
Institutionen moderner Wirtschafts- und Gesellschaftsverfassung wie
kapitalistisches Unternehmertum und Gewerkschaften, Parteien und
Bürokratien nicht in ihrem Antagonismus begreift und der durch die
»Tintenfaßromantik« seiner harmonistischen Gemeinwirtschafts-
oder sozialistischen Zukunftsstaatsmodelle die politische Öffentlichkeit irreführt.
»Literaten« sind aber – und hier verfehlt die Kritik das die Webersche
Polemik steuernde analytische Potential – gerade nicht die echten,
nicht Tolstoi oder Dostojewski, die Weber auch als politische Ethiker
sorgfältig liest. Also auch kein Heinrich Heine. Auch nicht »die« Intellektuellen. Im Gegenteil, »Intellektualismus«, weltflüchtiger oder
weltzugewandter, wird als kulturprägende Kraft in Webers universalhistorischen Religionsstudien hoch veranschlagt. In allen Gesellschaften, in der alten asiatischen Kulturwelt wie im modernen säkularisierten Europa, erkennt er den weltbildprägenden Intellektuellen
explizit die Rolle der »Weichensteller« zu.
Sehr schroff vertrat Weber in seiner Person den Typus eines wissenschaftlichen Intellektualismus. Der wachsende Einfluß auf die öffentliche Meinung in industriellen Massengesellschaften verlange höchste
Normen »der schlichten intellektuellen Rechtschaffenheitspflicht«,
gemeint ist, sich rational »Rechenschaft zu geben über den letzten
Sinn seines eigenen Tuns« und »über die eigene letzte Stellungnahme«.[19] Zu »Literaten« machte Weber folglich alle diejenigen, die
diese spezifische intellektuelle Verantwortungsethik in ihrem politischen Urteil vermissen ließen. Und das traf, gemessen freilich an
einem solchen ethischen Maximalismus in Webers Kampf um die
Weichenstellungen im Deutschen Reich, die allermeisten Positionen
der zeitgenössischen Kultur- und Gesellschaftskritik.
Vorab war es Selbstkritik der eigenen sozialen Klasse des akademisch
patentierten Bildungsbürgertums, zu der Weber Kategorien benutzte, die er gleichzeitig am chinesischen Mandarinstand entwik-

kelte: »eine Schicht diplomierter Pfründenanwärter« mit dem Anspruch, die »›richtige‹ Staatsverwaltung zu prägen«.[20] Gemünzt ist
dies konkret auf die wissenschaftliche Beratung der Kriegswirtschaft,
die mit ihren Modellen der »durchstaatlichten« Gemeinwirtschaft
zugleich eine nichtkapitalistische Nachkriegsordnung anbahnen
wollte – eine Kritik, die auch Walther Rathenau als »philosophieren-
den Industrieorganisator« trifft.[21] »Literaten« sind aber auch die
radikalen Gegenspieler, die intellektuellen Revolutionspolitiker.
Rußland wird in der Revolution von 1917 zur »Literaten-Republik«.[22]
Kurt Eisner, Rosa Luxemburg und als syndikalistischer Theoretiker
Robert Michels dienen zum Beleg, warum die Gesinnungs- gegenüber der Verantwortungsethik eine politische Ethik zweiter Ordnung
sei. Eine kulturgeschichtlich so leichtgewichtige wie ideologisch
verhängnisvolle Literatenerfindung sah Weber in den »Ideen von
1914«,[23] die einer industriekapitalistischen Großmacht wie Deutschland vorgaukelten, sich politischen Reformen analog zu den westlichen Industriestaaten gänzlich entziehen zu können. Nicht zuletzt
wurde »Literat« zum Kürzel für alle Spielarten kulturkritischer
Politikflucht, vom lebensphilosophischen Antirationalismus der akademischen Jugendbewegung über die neumystische Religionsbegei-
sterung im Bildungsbürgertum bis zum Ästhetizismus elitärer Bünde,
wie ihn der Stefan-George-Kreis par excellence vertrat.
Aus diesem breiten Spektrum formte Weber den negativ besetzten
Typus des wilhelminischen »Literaten«, dessen Einfluß er im Weltkrieg unheilvoll anwachsen sah. Von ihm hob er strukturell, ohne Na-
mensnennungen und konkrete Beispiele, den positiv geformten Intellektuellentypus des »Journalisten« ab. Im Kaiserreich gab es 1910
circa 4000 Zeitungen. Das Zeitalter der Massenpresse setzte ein mit
einer lebhaften Debatte um das journalistische Berufsbild. Der »Kul-
turfaktor« Zeitung schien durch Lohnschreiber ohne hinreichendes
Bildungswissen bedroht. Ludwig Salomon, Verfasser einer einschlägigen Geschichte des Zeitungswesens, warf die Frage auf, ob die
moderne Presse »das in neuerer Zeit immer mehr hervortretende Bestreben, sich zur intellektuell selbständigen Persönlichkeit auszubil-
den, stärker blockiere als fördere«.[24]
Resultat solcher bildungsbürgerlichen Befürchtungen war die Professionalisierung und Akademisierung des Journalistenberufs. 1895
wurde in Heidelberg ein überregionaler »Verband der deutschen

Journalisten- und Schriftstellervereine« gegründet. Er schloß sich 1910 mit dem »Verein deutscher Redakteure« und dem »Bund deutscher Redakteure« zum »Reichsverband der deutschen Presse« zusammen. 1916 gründete der Nationalökonom Karl Bücher, nachdem es mit Adolf Koch in Heidelberg schon vorher Ansätze gegeben hatte, an der Leipziger Universität ein »Institut für Zeitungskunde«.[25] Journalisten rangierten zu dieser Zeit weit unten in der bürgerlichen Sozialhierarchie. Nicht zuletzt Heinrich Mann hatte mit dem »Schlaraffenland« einiges dazu beigetragen.

Max Weber dagegen wertete den Journalistenberuf auf, in seiner Kulturbedeutung wie in seinen politischen Funktionen. Im Revolutionswinter 1918/19, in seiner Rede an die akademische Jugend über »Politik als Beruf«, erklärte er den »Journalisten« neben dem »Juristen«, zum befähigtsten Anwärter auf eine berufspolitische Karriere. Der Journalist entbehre der »gesicherten ständischen Lage«; er wird zum Prototyp vagabundierender Intelligenzberufe, aber anders, als Karl Mannheim oder Josef Schumpeter dies später zu einer Soziologie der Intellektuellen ausbauen. Der Journalist bei Weber ist nicht »freischwebend« im Sinne klassenübergreifender Urteilsfähigkeit. Er ist im Gegenteil besonders stark in deren Konflikte verstrickt, gerade das verlangt eine rigide Berufsmoral: individuelles Verantwortungsgefühl, unbestechliches politisches Urteil, erst recht keine Indifferenz wie bei den Leitartiklern der von Inserenten abhängigen »Generalanzeiger«, sondern Kampf für die eigenen Wertüberzeugungen.[26] Webers Dauerthema: Er skizziert, antagonistisch zum »Literaten«, das ethische Extrem einer sozialständisch unabgestützten Berufsmoral. Sie ist der des Politikers analog, deshalb befugt sie besonders zur politischen Karriere. Auf eine »Soziologie der modernen politischen Journalistik« verzichtet Weber in »Politik als Beruf« explizit. Er hat sie aber Jahre vorher auf dem Ersten Deutschen Soziologentag als Forschungsdesiderat präzise umrissen: Marktlage und Kapitaleinsatz der Zeitungsverlage, Revolutionierung der Lesegewohnheiten, der Vergleich ausländischer und deutscher Journalistenkarrieren. Warum kommen englische Journalisten ins Oberhaus, werden französische Minister, bleiben die deutschen aber eine »Pariakaste«?

Die Schlüsselfrage dieser bisher nicht eingelösten Forschungsskizze gilt der Kulturbedeutung der modernen Presse: »Was trägt sie zur Prägung des modernen Menschen bei? Zweitens: Wie werden die ob-

jektiven, überindividuellen Kulturgüter beeinflußt, was wird an ihnen
verschoben, was wird an Massenglauben, an Massenhoffnungen vernichtet und neu geschaffen?«[27] »Wissenschaft als Beruf« und »Politik
als Beruf«, die beiden emphatischen »Reden über die individuelle
und politische Selbstbestimmung unter den Bedingungen der modernen Kultur«,[28] lassen wie zuvor schon der Entwurf zu einer Presse-
Enquete keinen Zweifel: Weber qualifiziert die Rolle des Intellektuellen nicht ab, er veranschlagt ihre Kulturbedeutsamkeit im Gegenteil
sehr hoch. Nur so ist zu verstehen, daß er getreu seinem Denken in
antinomischen Zuspitzungen auch hier idealtypisch dramatisiert:
»Literaten« verzaubern, »Journalisten« entzaubern Weltbilder und
Herrschaftsbeziehungen. – Obwohl ihm bewußt war, daß die Realität
ebenso häufig die umgekehrten Fälle kannte.
Verkürzend und falsch wäre es, die wilhelminische Intellektuellen-
szene einseitig aus dem Blickwinkel des Weberschen Rigorismus zu
sehen, auch wenn es der eines scharf sezierenden Rationalismus ist.
Im Spektrum wilhelminischer Kultur- und Gesellschaftskritik hat Weber sich gegen leichtfertige Erzeugung von Massenhoffnungen ge-
wehrt und trotz tiefster Kulturskepsis die Werte bürgerlich-rationaler
Lebensführung gegen die neuen revolutionär-antibürgerlichen Kul-
turströmungen verteidigt. Hans Staudinger, Wirtschaftspolitiker in
der Weimarer Republik, berichtet in seinen Memoiren von den Gesprächen, die er als Assistent von Alfred Weber mit Bruder Max geführt hat. Max habe nie begreifen wollen, daß junge Akademiker wie
er und seine Freunde jugendbewegt mit dem Zupfgeigenhansl aus
dem Industriezeitalter herausmarschieren und sich zugleich noch zum
marxistischen Flügel der Sozialdemokratie zählen konnten. In Alfred
habe er einen »Verderber der Jugend« gesehen, weil der die antiratio-
nalistischen, neuromantischen, lebensphilosophischen Strömungen
der Zeit so stark unterstützt habe.[29] Alfred Weber hatte sich engagiert
für die 1913 auf dem Hohen Meißner formierte freideutsche Bewegung eingesetzt und hernach ihren pädagogischen Kopf, den Schul-
reformer Gustav Wyneken, gegenüber Anklagen des bayerischen
Landtags verteidigt. Anders als Max schlug Alfred Weber so eine
Brücke zwischen den Idealen des bürgerlichen 19. Jahrhunderts und
den jungen Ideen des wissenschaftsskeptischen, auf neue Selbsterfah-
rung und Gemeinschaftsformen ausschauenden 20. Jahrhunderts.
Bei Kriegsausbruch wurden die »Ideen von 1914« mit denen von 1789

kontrastiert und als die zwei unversöhnlichen Pole des geistigen
Europa einander gegenübergestellt. Aber erheblich stärker als dieses
symbolisch überfrachtete Intellektuellenkonstrukt, an dem Oswald
Spengler, Werner Sombart, Johann Plenge und Ernst Troeltsch ihren
Anteil hatten, polarisierte der Gegensatz zwischen den bürgerlichen
Idealen des 19. und den neuen Lebenswerten des 20. Jahrhunderts die
Intellektuellen in ihren publizistischen Kämpfen. Was dabei die kul-
turkritisch oszillierenden Ideen des 20. Jahrhunderts in ihrem breiteren literarischen Unterbau auszeichnet, vermittelt nichts so gut wie
die Produktion des ambitioniertesten deutschen Kulturverlags dieser
Zeit, des Eugen Diederichs Verlags in Jena. Als kaufmännischer Organisator wie auch als kulturpolitische Autorität faßte der umtriebige
Eugen Diederichs neue zivilisationskritische Strömungen programmatisch zusammen. Als Diederichs den Verlag 1896 in Florenz gründete und in Leipzig ansiedelte, entwarf er ein forsches Programm, das
er bei allen wechselnden Zugriffen auf neue ideenpolitische Konjunk-
turlagen bis zu seinem Tod 1930 beibehielt. »Ich habe den kühnen
Plan, ich möchte einen Versammlungsort moderner Geister haben.
[...] Parole: Entwicklungsethik, Sozialaristokratie, gegen den Materialismus zur Romantik und zu neuer Renaissance. Auch für Mystik
habe ich sehr viel übrig.«[30]
Diederichs trug damit zur Formung des im späten Kaiserreich dominie-
renden Intellektuellentypus wesentlich bei. Verkörpert ist er in der
»Neuen Gemeinschaft«, die aus der Friedrichshagener Bohème der
Brüder Heinrich und Julius Hart um 1900 hervorgegangen ist und zu
der neben Gustav Landauer, Bernhard Kampffmeyer, Hugo Höppner
(Fidus), Willy Pastor jetzt Erich Mühsam, Else Lasker-Schüler, Peter
Hille sowie Fritz und Ida Löscher hinzustießen. Man verstand sich
nietzscheanisch als ein Kloster für freie Geister: »Wir dachten an ein
neues Kloster ohne die Beschränkungen der Möncherei, an einen Or-
den, der nicht irgend eine Einseitigkeit verfolgen, sondern ethisch-
religiös-ästhetisch das ganze Leben zu einem Kunstwerk gestalten
sollte.« Eugen Diederichs verkehrte regelmäßig in diesem Kreis. Er
förderte ihn als »befreundeter Verleger« und fand dort Autoren und
Themen. Auf den Vortragsabenden der »Neuen Gemeinschaft« sprachen Martin Buber über altjüdische Mystik, Magnus Hirschfeld über
Sexualität und Gustav Landauer über Tolstoi.[31]
Insbesondere versammelte Diederichs eine religiös die bürgerliche

Gesellschaft transzendierende Literatur. 1909 erschienen die »Ekstatischen Konfessionen« Martin Bubers, ein Höhepunkt der mystischen Literatur, mit der sich der Verlag seinen Namen gemacht hatte. Der idealistische Monismus von Arthur Drews, Wilhelm Bölsche und Bruno Wille war bereits fester Programmbestandteil. Das gleiche gilt für die Periodika der neuidealistischen Lebensreformbewegung, die freie Schulgemeinde Wickersdorf um Gustav Wyneken, die Gartenstadtbewegung um Bernhard und Hans Kampffmeyer, den Werkbund oder die Freideutsche Jugend. Ebenso fest zum Programm gehört schon das Religiös-Völkische, mit Arthur Bonus und Max Maurenbrecher oder mit dem Kult um Paul de Lagarde, auf das sich die Verlagspolitik nach 1920 später verengen wird.

Auf die völkische Ideologie ist der Neuidealismus, der um 1910 die kulturkritische Richtung des Verlages und seiner Literaten bestimmt, politisch allerdings noch nicht verkürzt. Diederichs läßt Entwürfe des »Volksstaats« im breiten Spektrum sozialistischer, kulturliberaler und neuständisch-konservativer Ausprägung diskutieren, wenn sie nur einen utopischen Überschuß gegenüber dem Realismus der Berufspolitik erkennen lassen. So übersetzt und verbreitet Diederichs als einziger Verleger gezielt den Sozialismus der »Fabian Society« in Deutschland. Eduard Bernstein ist Mitherausgeber der »Politischen Bibliothek«, in der neben H. G. Wells und Graham Wallas die Schrift des späteren Labour-Vorsitzenden Ramsay MacDonald über »Sozialismus und Regierung« veröffentlicht wird. Separat erscheint 1912 Sidney und Beatrice Webbs aufsehenerregender Bericht über »Das Problem der Armut« mit den weitreichenden Forderungen einer staatsinterventionistischen Wohlfahrtspolitik. Sprechend sind die Titel, mit denen Diederichs daneben auch dem linken Bürgertum eine Brücke baut. 1911 erschien in seiner Serie »Staatsbürgerliche Flugschriften«, die mit Eduard Bernsteins »Von der Sekte zur Partei« eröffnet wurde, vom liberalen Theologen und Fortschrittspolitiker Martin Rade »Mehr Idealismus in der Politik«. 1915 veröffentlichte Hugo Preuß, das Kriegsende und den Zwang zur grundsätzlichen Verfassungsrevision vorwegnehmend, seinen Entwurf des demokratischen Volksstaats, »Das deutsche Volk und die Politik«. Daneben steht ein so schwer qualifizierbares Werk des politischen Irrationalismus wie David Koigens »Kultur der Demokratie«. Bei Kriegsausbruch stehen romantisch-völkische Kulturkritik und derartige politische Ordnungsentwürfe in einer merkwürdigen, unaufgelösten Spannung zueinander.

Unter dem Eindruck des Augusterlebnisses von 1914 schlossen auch die deutschen Intellektuellen ihren Burgfrieden. Er war allerdings von noch kürzerer Dauer als der zwischen den Parteien. In großer Einmütigkeit quer durch die politischen Lager richteten im Oktober 1914 93 prominente Künstler und Wissenschaftler, von Richard Dehmel bis Gerhart Hauptmann, von Lujo Brentano bis Ernst Haeckel, einen »Aufruf an die Kulturwelt«. Mit aller Autorität, die sie als Repräsentanten des gebildeten Deutschlands beanspruchten, bezeugten sie dem feindlichen Ausland und den neutralen Staaten, daß das Deutsche Reich den Krieg weder verschuldet noch die Neutralität Belgiens willkürlich verletzt habe und erst recht nicht den Krieg gegen die Gesetze des Völkerrechts führe. »Glaubt uns! Glaubt, daß wir diesen Kampf zu Ende führen werden als ein Kulturvolk, dem das Vermächtnis eines Goethe, eines Beethoven, eines Kant ebenso heilig ist wie sein Herd und seine Scholle.« Keine Frage, daß die britischen und französischen Akademien und Literatenkreise mit gleicher Autorität das Gegenteil bekundeten und hinter dem kulturellen Geist von Weimar den militärischen Geist von Potsdam enttarnten.[32]

Schon im Frühjahr 1915 zerbrach das Gemeinschaftsbewußtsein der deutschen Bildungseliten an der Kriegszielfrage. Sie begannen, ganz nach französischer Manier, sich in Manifest und Gegenmanifest zu solidarisieren, also zu polarisieren. Im Sog einer annexionistischen Denkschrift der führenden Wirtschaftsverbände unterzeichneten 1341 Persönlichkeiten, in der Mehrheit Professoren, Lehrer, Geistliche, Beamte und Künstler, eine Petition an den Reichskanzler von Bethmann Hollweg. Die unter Federführung des Berliner Theologen Reinhold Seeberg als Intellektuelleneingabe bekanntgewordene Petition forderte weitreichende territoriale Angliederungen unter der Devise »keine Kulturpolitik ohne Machtpolitik«.[33] Treibende Kraft einer Gegenadresse, die sich für strategisch gemäßigte Kriegsziele und rasche internationale Verständigung nach einem Friedensschluß aussprach, war der Chefredakteur des Berliner Tageblatts Theodor Wolff, unterstützt von dem Historiker und Publizisten Hans Delbrück, dem Diplomaten Bernhard Dernburg und von August Stein, dem Leiter des Berliner Büros der »Frankfurter Zeitung«. Zu den 141 Unterzeichnern dieser ebenfalls direkt an den Reichskanzler ge-

richteten Gegenadresse gehörten Albert Einstein, Adolf von Harnack, Max Weber und Ernst Troeltsch.[34]
Von Professoren und Journalisten organisierte Manifeste und Auf-
rufe dieser Art wurden zu einem festen Bestandteil des innenpolitischen Kampfes. Nicht nur zu Kriegszielfragen begannen sie, die Mili-
tärzensur zu unterlaufen und die politische Öffentlichkeit in zwei
Lager zu spalten. Auch Grundsatzfragen der zukünftigen Wirtschaftsordnung und der politischen Verfassung rückten ins Zentrum
der von Intellektuellen neu entfachten Kontroversen um Kapitalismus und organischen Staatssozialismus, um neuständischen Konstitutionalismus und um Parlamentarisierung und Demokratisierung.
Wieder ergriff der Verleger Eugen Diederichs die Initiative und ver-
anstaltete im Frühjahr und Herbst 1917 auf der thüringischen Burg
Lauenstein zwei Kulturtagungen, über »Sinn und Aufgabe unserer
Zeit« und über das »Führerproblem im Staate und in der Kultur«.[35]
Im Jahr der russischen Revolutionen und des amerikanischen Kriegs-
eintritts war ursprünglich an eine nationale Manifestation des deutschen Geistes gedacht; aber Ernst Troeltsch und Werner Sombart
redeten Diederichs diese idée fixe eines überparteilichen Kulturparla-
ments der Gebildeten aus. Statt dessen wurden in vertraulicher Zusammenkunft von etwa sechzig Teilnehmern Streitgespräche von
zunehmender Unversöhnlichkeit der intellektuellen Denkstandorte
geführt. Insbesondere die erste Tagung nahm bereits die großen
Themen zu Deutschlands wirtschaftlicher, gesellschaftlicher und politischer Neuordnung, die in den Revolutionsjahren 1918/19 Redaktio-
nen, Katheder und Parlamente gleichermaßen beherrschen sollten,
vorweg.
In Lauenstein prallten die Ansichten der Generationen, der politischen Konfessionen, der lebensphilosophischen Welthaltungen unmittelbar aufeinander. Die Schriftsteller erwarteten wie Karl Bröger
nicht weniger als eine Offenbarung des neuen Geistes, riefen wie Walter von Molo nach der »Politik der Seele« und suchten wie Alfred
Kurella nach dem entferntesten Punkt zum zeitgenössischen Materialismus. Der von der Sozialdemokratie zu den Alldeutschen konver-
tierte Prediger Max Maurenbrecher warb für eine »Partei der Geistigen« und eine aus dem Krieg geborene Hingabe an den mit Fichte
benannten aristokratischen Führerstaat, um die kapitalistische Me-
chanisierung der Welt durch einen neuen Menschentypus zu überwin-

den. Max Weber lehnte ein solches Denken als schlimmsten Aus-
wuchs politischer Romantik ab, extemporierte über die Rationalitäts-
kriterien moderner Herrschaftsbeziehungen und erklärte das Pathos
der Sachlichkeit zur einzig angemessenen Form intellektueller Recht-
schaffenheit im Streit um politische Ordnungen. Literarischer Expressionismus, der auf den utopischen Überschuß schöpferischer
Phantasie setzte, und journalistisches Ethos, das auf den Rationali-
tätsstandards sachlicher Gegenwartskritik beharrte, fanden keine ge-
meinsame Sprache mehr. Hier gründen auch die zeittypischen Fremd-
bezeichnungen als »Literaten« und als »Intellektuelle«, mit den sich
in diesem Fall Max Weber und seine Anhänger auf der einen und
Eugen Diederichs und sein Autorenkreis auf der anderen Seite wech-
selseitig diskreditierten.

Die freideutsche Jugend, die akademische Kerngruppe der Lauensteiner Zusammenkunft mit ihren Sprechern Knud Ahlborn und
Werner Mahrholz, fühlte sich in ihren praktischen Orientierungsbe-
dürfnissen vom verklärenden völkischen Staatsidealismus eines Max
Maurenbrecher wie vom sezierenden Intellektualismus eines Max
Weber gleichermaßen im Stich gelassen. Wählen konnte diese akademische Jugend, die nach politischen Alternativen zu den zivilisa-
tionsflüchtigen Wandervögeln suchte, darüber hinaus zwischen der
sozial- und lebensreformerischen Pragmatik, wie sie der Genossen-
schaftler Franz Staudinger, der Gewerkschafter Paul Lensch und der
Gartenstadtplaner Hans Kampffmeyer verkörperten, und dem my-
thisierenden Messianismus, den Münchner, Berliner und Worpswe-
der Künstler als alleinige Grundlage radikal umzuwertender und
neuzugestaltender sozialer und politischer Verhältnisse gelten lassen
wollten.

Eine Photographie hat die Lauensteiner Stimmung festgehalten. Sie
zeigt einen dozierenden Max Weber in angespanntem Zuhörerkreis,
darunter der junge Ernst Toller. Es ist der Habitus eines heroischen
Pessimismus, der »den Jungen« immer weniger gefällt, wie Toller später in seiner Autobiographie »Eine Jugend in Deutschland« die ent-
täuschten Erwartungen notiert: »Alle sind aus ihren Arbeitsstuben
aufgescheucht worden, alle zweifeln sie an den Werten von gestern
und heute. Nur die Jungen wollen Klarheit. [...] Tagelang wird gere-
det, diskutiert, draußen auf den Schlachtfeldern Europas trommelt
der Krieg, wir warten, warten, warum sprechen diese Männer nicht

das erlösende Wort, sind sie stumm, taub und blind? [...] Zeigt uns endlich den Weg, rufe ich, die Tage brennen und die Nächte, wir können nicht länger warten. Aber niemand zeigt den Weg, der in die Welt des Friedens und der Brüderlichkeit führt.«[36]

Veranstalter der Lauensteiner Kulturtagungen, der einzigen in dieser umfassenden Zusammensetzung, waren der kulturliberale Dürerbund, die volkserzieherische Comeniusgesellschaft und die nationalistische Vaterländische Gesellschaft für Thüringen 1914. Als Protokollant zeigte sich der Dresdner Schriftsteller und Schriftführer des Dürerbundes Wolfgang Schumann verhalten enttäuscht über den grenzenlosen Subjektivismus. Alle bildungsbürgerlichen Führungsansprüche, wie sie in diesen Vereinen noch ungebrochen reklamiert wurden, erschienen durch diesen Subjektivismus ein für allemal überholt und historisch ausgemustert: »So gab also die Tagung ein Bild von der außerordentlichen Zerrissenheit der Auffassungen in einzelnen geistigen Strömungen Deutschlands. Dennoch war das Ergebnis ein außerordentlich reiches, insofern nämlich, als man in einem Punkte völlig einig war. Jugend und Alter, Weber und Maurenbrecher, alle stimmten darin überein, daß eine bisher ungeahnte moralische Erneuerung das politische Leben durchdringen und säubern müsse. Alle Redner hinterließen den Eindruck einer außerordentlichen Lauterkeit der Absichten; das allein war ein überaus starkes geistiges Erlebnis.«[37] Nach der Herbsttagung – in ähnlicher sozialer Besetzung wurde »Das Führerproblem im Staate und in der Kultur« diskutiert – bestand Übereinstimmung dann nur noch in der »Aufstellung der Gegensätze«, wie der Münchner Nationalökonom Edgar Jaffé lakonisch festhielt[38] und damit den Ort, den Lauenstein in der Geschichte der deutschen Intellektuellen als Scharnier zwischen Kaiserreich und Weimarer Republik einnimmt, treffend antizipierte.

Die »Enzyklopädie der Intelligenz« (Wolfgang Eßbach), wie sie sich in Lauenstein darstellt, hat kaum noch etwas gemein mit den idealistischen Wertetafeln des Bildungsbürgertums, die für das 19. Jahrhundert normsetzend waren und auch im Kaiserreich lange Zeit vergesellschaftend wirkten. Jetzt reicht die Spannweite intellektueller Selbstentwürfe vom asketischen Rationalismus bis zum mystischen Erlebniskult, vom völkischen Nationalismus bis zum anarchischen Pazifismus. Zugleich verlagern sich im rechten wie im linken politischen Spektrum die Gemeinschaftsformen vom bürgerlichen Assoziationswesen zu kleinen esoterischen Zirkeln und Bünden.[39] An dieser Tatsache sind in der Geburtsstunde der Weimarer Republik alle bürgerlichen Zeitdiagnosen vorbeigegangen, die wie die eindrucksvollen Spektatorbriefe Ernst Troeltschs aus den Revolutionsjahren 1918 bis 1920 ihre Hoffnung, in den neuen parteipolitischen Kräften Vernunft ansässig zu machen, primär auf eine Überpartei der Gebildeten gesetzt haben.

Birgitt Morgenbrod
## »Träume in Nachbars Garten«
Das Wien-Bild im Deutschen Kaiserreich

Kurz nach dem Ersten Weltkrieg äußerte sich Egon Friedell einmal ironisch über den »bekannten Typus des ›Herrn aus Deutschland‹, der sich für Wien begeistert«. Er komme aus seiner »nüchternen, tüchtigen, betriebsamen, ehrlichen Heimatstadt« und erlebe nun Menschen, »die nichts arbeiten, des Tags im Kaffeehaus Billard spielen oder zwischen schönen, alten Bauten spazieren gehen, außerdem auf gute Zubereitung der Speisen halten, in eleganten Equipagen fahren und Virginia rauchen«. Bei seiner Abreise fasse er dann seine Eindrücke in aller Regel in dem Satz zusammen: »›Geschafft wird bei uns mehr, aber liebenswürdiger und kunstsinniger ist der Wiener.‹«[1]

In der Tat war die von Friedell konstatierte »Sympathie des Reichsdeutschen für Wien« weit verbreitet. Für die deutsche Literatur ist Wien sogar, wie unlängst Bruno Hillebrand feststellte, eine Traumstadt, ein mythischer Ort, dem die deutschen Dichter geradezu reihenweise »ihre lyrische Aufwartung« machten.[2] Immer wieder ist versucht worden, dem eigenartigen Zauber, den Wien auf die Deutschen aus dem Norden ausübte, auf die Spur zu kommen, und immer wieder ist dabei das Bild von »Nähe und Fremdheit« bemüht worden. Es geht den Deutschen mit den Österreichern, schrieb Hugo von Hofmannsthal im Ersten Weltkrieg, wie mit einem »Verwandten, den man im eigenen Haus überm Hof wohnen hat, ohne sich darüber Rechenschaft zu geben, wie wenig man ihn kennt«.[3]

Der Topos vom »fremden Verwandten« bestimmte das Thema. Manche Autoren stellten sogar eine Art genealogische Tafel auf, in der Wien dann als die schöne »Stiefschwester deutscher Städte« erschien, in die ein »illegitimes leichtfertiges Tröpfchen südlichen Blutes« gekommen war: »Das Gefüge war schon gut: alt, heimatstark und frohen Sinnes. Aber es flatterte von Tand und Unzuverlässigkeit um

sie. Zigeunerhaft sah es aus.«[4] Doch war es allein dieser »leise orien-
talische Schimmer«,[5] der einer Stadt mit vertrauter Sprache und verwandter Kultur den Zauber des Fremden, Außeralltäglichen verlieh
und die Menschen aus dem Norden dadurch in ihren Bann zog?

Wir können darauf nicht nur in der schöngeistigen Literatur eine Fülle
von Antworten finden: Es existiert eine ganze Reihe von Briefen aus
und über Wien, Tagebuchnotizen, Erinnerungen, Essays und gelehrten Abhandlungen, die uns Auskunft darüber geben, wie die Deutschen aus dem Reich Wien sahen und erlebten. Es ist auffallend, daß
es in all diesen Texten eine Anzahl stets wiederkehrender und oft
miteinander verbundener Motive gibt, die für das reichsdeutsche
Wien-Bild konstituierend sind. Eines der Hauptmotive, mit dem wir
uns hier vor allem beschäftigen wollen, scheint in dem oben zitierten
Bild von Wien als schöner »Stiefschwester deutscher Städte« bereits
auf. Bei sehr vielen deutschen Autoren, und dies trifft vor allem auf
jene zu, die dem bürgerlichen Intellektuellentypus zugerechnet werden können, wurde Wien keineswegs isoliert betrachtet, sondern
ganz bewußt in Beziehung zu anderen Städten gesetzt und von diesen
abgehoben. Der Bezugspunkt war dabei – teils etwas verhüllt, teils
deutlich ausgesprochen – stets Berlin.

Das Begriffspaar »Berlin – Wien« symbolisierte im 19. Jahrhundert
den Kampf um die Vorherrschaft in Deutschland, wobei sich neben
der politischen Rivalität schon früh eine kulturelle Polarisierung
abzuzeichnen begann. Berlin galt seit Beginn des 19. Jahrhunderts,
insbesondere seit der Gründung der Universität, als die geistig-
wissenschaftliche Metropole Deutschlands, während Wien, die
»Walzerstadt«, sich als Mittelpunkt einer blühenden Musik- und
Theaterkultur präsentierte: Dem häufig zitierten Wort des schwäbi-
schen Dichters Justinus Kerner zufolge war Berlin der »Kopf« und
Wien das »Herz« Deutschlands.[6]

Die Entscheidungen der Jahre 1866 und 1870/71, die Begründung des
Deutschen Reichs unter Ausschluß Österreichs, beendeten zunächst
die Vorstellung einer organischen Verbindung. Zwar blieb in weiten
Kreisen der deutschen Bevölkerung durchaus das Gefühl bestehen,
daß die Deutschösterreicher weiterhin einen wesentlichen Bestandteil der gemeinsamen Kulturnation bildeten[7] – so besaßen etwa alle
großen Zeitungen und Zeitschriften feste Rubriken, in denen über
das politische, literarische und kulturelle Leben Wiens berichtet

wurde –, doch rückte Wien in den folgenden Jahren gewissermaßen
an den Rand des öffentlichen Interesses. Die allgemeine Aufmerksamkeit richtete sich vielmehr auf Berlin als die dynamische Hauptstadt des Zweiten Kaiserreiches, das voller Optimismus und nationalem Kraftgefühl den Weg in die »Weltpolitik« antrat.[8] Berlin erhielt
eine anspruchsvolle Repräsentationsfassade: Prachtstraßen, Denkmale, prunkvolle Gebäude, und befriedigte damit die Wünsche des
nach nationaler Geltung strebenden deutschen Bürgertums. Dabei
bildete Berlin durchaus nicht nur die Bühne für die imperiale Selbst-
bestätigung des Reiches: Es war zugleich Industrielandschaft, Zentrum der Wissenschaften und der Kunst. In den Jahren nach 1871
erlebte Berlin einen rasanten Bevölkerungszuwachs; vor allem durch
den Zuzug ländlicher Arbeiter stiegen die Zahlen im Großraum Berlin bis 1911 auf rund 4 Millionen Einwohner. Die Industrie expan-
dierte; es entstanden riesige Arbeitersiedlungen im Norden, Osten
und Süden der Stadt.
Der Ausbau Berlins zur Metropole von europäischem Rang wurde in
Deutschland jedoch nicht nur mit zustimmender Anteilnahme, sondern durchaus auch mit kritischen Blicken begleitet. Dabei richtete
sich die Skepsis zunächst vor allem auf die Formensprache jener Re-
präsentationsbauten, in denen sich der Anspruch des Kaiserreichs auf
Weltgeltung dokumentierte. Der Kulturkritiker Karl Scheffler etwa,
ein aufmerksamer Beobachter der Berliner Stadtentwicklung, ging im
Jahre 1910 mit der »Bauwut« Wilhelms II. scharf ins Gericht und ver-
urteilte dessen Versuche, »aus dem formlos häßlichen Berlin mit Mitteln des Scheins und eines toten Akademismus die ›schönste Stadt der
Welt‹ zu machen«.[9] Schefflers Auffassung, daß sich hier »der kultur-
lose Geist der neuen Zeit« manifestiere, deutet an, daß sich diese
Kritik nicht nur gegen die künstlerischen Ausdrucksformen, sondern
in einem umfassenderen Sinn gegen die Wirklichkeiten des Wilhelminischen Zeitalters richtete. Die Umwälzungen der Jahrhundertwende, insbesondere auf dem Gebiet der Wissenschaft und Technik,
bewirkten durchaus nicht nur Fortschrittsgläubigkeit und hoffnungs-
frohe Zukunftsprognosen, sondern zugleich auch Krisen und Verlust-
ängste. Es entstand ein lebensphilosophisch gestimmtes Unbehagen
an einer dem Fortschritt ausgelieferten Entwicklung, die den Menschen von sich selbst entfremdete, ihn aus seinen alten Lebensbezü-
gen löste und ihn damit gleichsam entwurzelte.[10] Innerhalb dieser

äußerst facettenreichen Zeitströmung, die wir heute als »Kulturpessimismus« bezeichnen, wurde Berlin zum Symbol für die Anonymität und Hektik, für die Gefahren und Abgründe der modernen Welt. In zahlreichen Kommentaren erschien Berlin als »eine Stadt der verzehrenden Unrast«, eines geradezu »amerikanischen« Tempos: aus dem »Spree-Athen« sei ein »Spree-Chicago« geworden, schrieb Mark Twain um die Jahrhundertwende.[11] In den Augen vieler Zeitgenossen war Berlin geradezu das Muster einer »degenerierten Stadt«, die nicht mehr den »Mutterboden fortzeugender Volkskultur« darstellte, sondern dafür mitverantwortlich war, daß das Deutsche Reich »in Schönheit und Anmut des Lebens, im heiteren Behagen und edelfestlichen Glanze unserer Kulturgenüsse statt Fortschritte Rückschritt um Rückschritt gemacht« hatte.[12] Insbesondere in Süddeutschland, das sich immer mehr zum Sammelpunkt für die künstlerische und intellektuelle Opposition gegen das preußisch-protestantische Berlin entwickelte, entstand eine Vielzahl von Bewegungen, deren erklärtes Ziel es war, »dem fragwürdigen Luxusgeschmack, dem Geschäftsvirtuosentum, der literarischen Großsprecherei« der Berliner den Kampf anzusagen.[13]

Vor allem im Zuge der politischen Annäherung zwischen dem Deutschen Reich und Österreich-Ungarn fand auch Wien wieder stärkere Beachtung. Es war vermutlich nicht zuletzt der weitverbreiteten Idealisierung süddeutscher Lebenswelten zu verdanken, daß dabei die Urteile über die beiden Städte von nun an recht eindeutig zugunsten Wiens ausfielen. Hatte Wilhelm Raabe in seinem 1869 erschienenen Roman »Schüdderump« einen der Protagonisten, einen preußischen Junker, noch dergestalt über Wien nachsinnen lassen, daß es eigentlich schade sei, daß wir es »nicht an unser Berlin anhängen können, wir würden dann, glaube ich, jedes andere Nest rund um den Erdball herum um mehrere Nasenlängen schlagen«,[14] so erscheint Wien in den folgenden Jahrzehnten zunehmend als eigenständiger, geradezu positiver Gegenentwurf zu Berlin. Friedrich Engels beispielsweise musterte einmal die europäischen Städte durch und kam schließlich zu dem für Wien und Berlin dann allerdings leider nicht näher begründeten Urteil: »Für Paris und Wien schwärmt man, Berlin haßt man, gegen London bleibt man in einer neutralen Gleichgültigkeit und Objektivität.«[15]

Die außerordentliche Wertschätzung, die Wien insbesondere auch bei Intellektuellen preußisch-protestantischer Provenienz genoß, brachte der Soziologe Werner Sombart im Jahre 1907 sehr deutlich zum Ausdruck. In einem programmatischen Aufsatz mit dem Titel »Wien« formulierte Sombart »vom Standpunkt des Norddeutschen aus« ein geradezu leidenschaftliches Plädoyer für die österreichische Hauptstadt.[16] Sombart gab zu, Wien die längste Zeit seines Lebens »wenn nicht gehaßt, so doch gering geachtet oder gar verachtet« zu haben: »Ich war Berliner mit Leib und Seele.« Erst seine »Entwicklung zum Kulturmenschen« habe ihn den besonderen Wert Wiens erkennen lassen: »Man muß es erst tief und schmerzvoll in seiner Seele erfahren haben, wie furchtbar rasch wir verarmen, wenn wir uns nur noch am Berliner Wesen begeistern, um – ich möchte sagen – eine heilige Verehrung zu fühlen für Wien: als Symbol dessen, was wir zu erhalten, was wir wiederzugewinnen trachten müssen.« Berlin mit seiner »Überwertung des Massenhaften, Großen, Rein-Quantitativen« war für Sombart nur noch »ein Vorort von New York« und damit in Gefahr, wie dieses zu einer »Wüste«, zu einem »großen Kulturkirchhof« zu verkommen, während Wien mit seiner Harmonie von Kunst und Natur geradezu eine »regulative Kulturidee« darstellte: »An Wien und Wiener Art orientieren wir uns, wenn wir wissen wollen, was Kultur ist. An Wien erstarken wir wieder, wenn wir von Ekel über die moderne menschliche Entwicklung erfüllt werden.«

In diesem Aufsatz, den Sombart ausdrücklich als ein »Bekenntnis« verstanden wissen wollte, werden die Gründe für die deutsche Wien-Faszination und zugleich einige Grundkonstanten des deutschen Wien-Bildes deutlich. Zunächst einmal läßt sich eine gewisse Begrenztheit der Wahrnehmung feststellen. Dazu gehört die bei Sombart und auch bei anderen spürbare Weigerung, die sozialen und politischen Verwerfungen der Stadt zur Kenntnis zu nehmen. Der österreichische Schriftsteller Alfred Polgar hat einmal von dem »zweierlei ökonomischen Klima der beiden Wien« gesprochen und damit den Unterschied zwischen der Inneren Stadt, dem »Wien, das lebt«, und den Vorstädten, dem »Wien, das vegetiert«, beschreiben wollen.[17] Kam ein Besucher nicht gerade mit einem ausgeprägt sozialpolitischen Interesse nach Wien, so ging sein Blick in aller Regel nur sehr ungern über jene Linie hinaus, die durch das Polygon der Ringstraße und der an sie angrenzenden Plätze gezogen war – dies geschah allenfalls, wenn er sich auf den Weg in den Prater, nach Schönbrunn

oder in die Weinhauerdörfer in der Umgebung Wiens machte. Glei-
ches gilt für die besondere politische Problematik, der Österreich um
die Jahrhundertwende ausgesetzt war. So erscheint Wien in den deutschen Stadtbeschreibungen weit weniger als die Kapitale eines in
nationalen Kämpfen zerrissenen Vielvölkerstaates, dessen Über-
lebenschancen auch im Deutschen Reich zunehmend bezweifelt wurden, denn als glanz- und würdevolle Metropole eines alten Kaiserreiches, deren Symbolkraft sie weit über das aktuelle Tagesgeschehen
hinaushob und politische Konflikte gleichsam sekundär werden ließ.
Die allgemein vorherrschende Vernachlässigung politischer und sozialer Gesichtspunkte zugunsten ästhetisch-kultureller Kriterien in
der Beurteilung Wiens lassen das Bild einer Stadt entstehen, die von
den alltäglichen Problemen des Lebens kaum berührt zu sein und damit einer anderen Zeit anzugehören scheint. Sehr deutlich wird dies
bei Sombart, der häufiger betont hat, daß Wien sich »mit seinen heim-
lichen Winkelgäßchen«, seinen baumbestandenen Innenhöfen gewissermaßen den Charakter eines Dorfes bewahrt habe.[18] Sombart fand
Wiens »künstlerische Kultur« unter anderem in den »Gärten der alten
Patrizierhäuser in Rodaun mit ihren träumenden Hecken«, auf den
»stillen Wegen Schönbrunns«, »über den Wiesenflächen des Prater«,
in der Musik von Strauß, Haydn, Schubert, Brahms, Beethoven und
Mozart verwirklicht.[19] In Sombarts Worten tritt uns nicht das uns
Nachgeborenen so faszinierend erscheinende Wien des Fin de siècle
mit seinen künstlerischen und intellektuellen Spitzenleistungen – der
Architektur Otto Wagners und Adolf Loos', der Musik Gustav Mah-
lers und Arnold Schönbergs, der Sprachkritik Karl Kraus' oder der
Psychoanalyse Sigmund Freuds – entgegen, sondern es begegnet uns
gewissermaßen ein »älteres« Wien, das sich dem Getriebe der »Moderne« mit all ihren Brüchen und Innovationen weitgehend zu entziehen schien.
In gewissem Umfang gilt dies selbst für jene, die durchaus einen Blick
für diese Innovationsleistungen besaßen. Auch für sie ging der besondere Reiz des Wiener Fin de siècle, wie es Julius Bab und Willi Handl
in ihrem 1918 erschienenen Buch »Wien und Berlin. Vergleichendes
zur Kulturgeschichte der beiden Hauptstädte Mitteleuropas« fest-
stellten, davon aus, daß selbst die kühnen Neuerungen »romantisch
befangen, vor dem Überlieferten ehrfürchtig und voll interessanter
Zweifel« waren.[20] Sehr prägnant hat dies Theodor W. Adorno in

einem »Kleinen Dank an Wien« formuliert,[21] in dem er seine Begegnungen mit der sogenannten Wiener »Schönberg-Schule« beschrieb. Zwar fand diese Begegnung erst in der Zeit nach dem Ersten Weltkrieg statt, doch scheinen sich Adornos damals gemachte Beobachtungen mit den Erfahrungen reichsdeutscher Intellektueller im Kaiserreich durchaus zu decken. »[...] mich überraschte in Wien«, so heißt es bei Adorno, »und zwar eben inmitten jenes strengen und avantgardistischen Kreises, eine Stärke der Tradition, künstlerisch und in der Lebensführung, die den doch weit weniger exponierten deutschen jungen Musikern ganz fremd war.« Er habe es spät begriffen, daß gerade »diese halb naive Befangenheit im Traditionellen die Voraussetzung zum Kühnen« bot und daß das Süddeutsch-Traditionelle, »das in Wien die Atmosphäre bildet«, überhaupt erst die »große produktive Opposition von Schönberg und Loos, von Karl Kraus und, in heroischen Zeiten, auch von Freud« möglich gemacht habe.

Diese »vollkommene natürliche Einheit des Gegenwärtigen mit dem Überlieferten«, wie sie auch der bedeutende deutsche Kunsthistoriker Wilhelm Hausenstein als charakteristisch für Wien beschrieb,[22] kam für die meisten Deutschen vor allem in der städtebaulichen Anlage Wiens und in dem, was man ganz allgemein »Wiener Lebensart« nannte, zum Ausdruck.

Offensichtlich wirkte insbesondere das Stadtbild Wiens auf die meisten Deutschen geradezu faszinierend. Die Auffassung, daß Wien eine besonders »schöne Stadt« sei, bildet das Leitmotiv fast aller Wien-Schilderungen aus reichsdeutscher Sicht: Der deutsche Nationalökonom Lujo Brentano, der im Jahre 1888 eine Professur an der Wiener Universität übernommen hatte, zeigte sich davon überzeugt, daß Wiens »Schönheit [...] durch die keiner anderen Stadt übertroffen« werde.[23] Für seinen Kollegen Max Weber, der sich in der Zeit des Ersten Weltkriegs wiederholt in Wien aufhielt und in seinen Briefen ein überaus eindrucksvolles Bild dieser Stadt entwarf, war Wien »nächst München die schönste Stadt deutscher Zunge«,[24] und der Schriftsteller Jakob Wassermann, der im Jahre 1898 aus Deutschland nach Wien übergesiedelt war, sprach von der »Herrlichkeit dieses unvergleichlichen Stadtwesens«.[25]

Eine besondere Rolle für diese Faszination scheint dabei der Umstand gespielt zu haben, daß sich die »Innere Stadt«, wie der von den

Monumentalbauten des Rings umschlossene alte Kern der Stadt genannt wurde, ihren barocken aristokratischen Residenzcharakter
weitgehend bewahrt hatte und sich sowohl funktional als auch sozial
von den »grauen Vorstädten« mit ihren drückenden Problemen fast
hermetisch abschloß.[26] Hier fand das gesellschaftliche Leben Wiens
statt; hier lagen die öffentlichen Treffpunkte der Aristokratie und des
Bürgertums: Oper, Theater, Hotels und Kaffeehäuser. Auf diesen
Stadtkern, der vor allem die Aufgabe hatte, die Geschichtlichkeit,
Größe und Würde des Staates zu repräsentieren, konzentrierte sich,
wie bereits erwähnt, die Aufmerksamkeit der Besucher. Der archi-
tektonisch wie auch sozial weitgehend geschlossene und historisch
gewachsene Charakter dieser Repräsentationszone wirkte, wie Julius
Bab und Willi Handl es formulierten, »bunt, reich, winklig, alt, man-
nigfach, stark accentuiert« und bildete damit einen scharfen Kontrast
zu den Großstädten moderneren Typs, die sich, wie etwa Berlin, dem
Betrachter nur mehr »gleichförmig, scharf gekantet, zweckmäßig,
farbenschwach« präsentierten.[27] Zu einem ähnlichen Urteil kam auch
Wilhelm Hausenstein: »In der Erscheinung Wiens«, so schrieb er, sei
»das Vegetative stärker betont als das Struktive«, wodurch Wien im
Gegensatz zu Berlin stets »den Eindruck des Gewachsenen, nicht des
Erstellten« machte.[28] Für Max Weber waren die Wiener »Straßen und
Höfe in ihrem schweren Barock«[29] geradezu die Verkörperung einer
aristokratischen Geschmackskultur, die sich wohltuend von dem von
ihm häufig beklagten »Pseudomonumentalismus« und den »Parvenu-
manieren« des Wilhelminischen Deutschland abhob.

Dabei beschränkte sich das allgemeine Lob der Stadt durchaus nicht
nur auf den barocken Kern Wiens, sondern bezog, wenn auch etwas
zögernd, die damals gerade entstandenen Monumentalbauten der
Ringstraße mit ein. Obgleich deren ekletizistische, vergangene Epochen zitierende Gestaltung auch Anlaß zur Kritik bot, sah beispielsweise Wilhelm Hausenstein in ihr doch »in einem phänomenalen Maß
den kaiserlich-bürgerlichen Glanz der Gründergenerationen« verwirklicht, die gegenüber dem Wilhelminischen Gründertum, dessen
»Denkmale ja leider bis ins Heillose entgleist« seien, »einen gewissen
moralischen und ästhetischen Vorsprung« besäße.[30] Es waren allerdings nicht alleine die Werke der Baukunst, die Wien seinen spezifischen Reiz verliehen; für die deutschen Betrachter erschien daneben
das Hinwirken der Natur in die Stadt als besonderer Vorzug. Max

Weber etwa lobte nicht nur die »Üppigkeit des Prater mit seinen Wiesen, Alleen und Frühjahrskorso«, sondern fand diese Naturräume auch im Inneren der Stadt bewahrt; seiner Schwester schrieb er kurz nach seiner Ankunft im April 1918 über sein gerade bezogenes Domizil in einer Seitengasse der Ringstraße: »Hier jubilieren die Drosseln in dem schönen alten, sehr großen Binnenhof mit einem Park alter Bäume, auf die mein Fenster hinausschaut, und die alte Stadt schmückt ihre bezaubernde Vornehmheit mit dem wunderbarsten Frühling aller Stadien.«[31]

In all diesen Bemerkungen über die äußere Erscheinung Wiens ersteht das Bild einer Stadt, deren Zauber vor allem davon ausging, daß sie zwar die Glanz-, aber nicht die Schattenseiten der großen Metropolen der Neuzeit zu besitzen schien. In der lobenden Betonung des Historischen, Gewachsenen und Überschaubaren im Stadtcharakter Wiens offenbart sich eine auch in Intellektuellenkreisen augenscheinlich tiefverwurzelte Sehnsucht nach traditionellen Lebenswelten und ruhigen Lebensräumen, die man in anderen Städten vergleichbarer Größe und Bedeutung kaum mehr finden zu können glaubte. Diese Sehnsucht, die sich im Deutschen Reich zwangsläufig immer mehr auf die »Provinz« konzentrieren mußte,[32] fand ihre Erfüllung hier in einem Ort von hoher urbaner Qualität, der, eben anders als die Provinz mit ihrem Nachteil der räumlichen und geistigen Enge, kulturelle Vielfalt und Liberalität verhieß.

Wenn viele Zeitgenossen, wie etwa Max Weber, in Wien den Inbegriff einer »alten bezaubernden vornehmen Stadt« sahen, so reduzierte sich dieses Urteil durchaus nicht auf das äußere Erscheinungsbild der österreichischen Metropole, sondern galt, wie es etwa in den bereits zitierten Worten Adornos spürbar wird, in der Regel auch ihren Bewohnern. Allerdings war hier die Lage nicht ganz so eindeutig. Sieht man einmal von der insbesondere in nationalen Kreisen aus politischen Gründen ausgiebig gepflegten Aversion gegen die »Mischmasch-Civilisation« Wiens[33] ab, so war doch auch die grundsätzliche Sympathie der Reichsdeutschen für die Wiener Bevölkerung nicht frei von einem etwas pejorativen Grundtenor, der in Österreich selbst recht genau registriert wurde.

Im Deutschen Reich erscheine Wien, so schrieb der österreichische Schriftsteller Felix Salten im Jahre 1907 über die Berichterstattung der reichsdeutschen Presse, als eine Art »weitläufiges Vergnügungslokal«, dessen Bewohner »entweder Walzer tanzen oder Backhändel essen, [...] ihr Geld verputzen, im Fiaker fahren, heurigen Wein saufen und in die Hände klatschend ihre Gassenhauer singen«, und das Urteil laute kurz: »ein leichtlebiges Völkchen«, dem jeder »tiefere Gehalt und seelische Ernst« fehle.[34] Daß »die österreichische Art [...] im Reich mit einer gewissen nachsichtigen Geringschätzung betrachtet« wurde, konnte auch Jakob Wassermann aufgrund eigener Erfahrungen bestätigen. Er selbst habe beobachtet, daß die reichsdeutschen Kritiker seine Bücher in dem Moment nicht mehr ganz ernst nahmen, als er sich in Österreich niederließ: »Auch nahe Freunde unkten, warnten und verübelten es mir, daß ich bei den ›Phäaken‹ seßhaft geworden war.«[35]

Auf der anderen Seite machte jedoch gerade die leichtere Lebensform, wie man sie bei den Wienern allgemein festzustellen glaubte, den besonderen Reiz aus; Julius Bab und Willi Handl etwa kamen in diesem Zusammenhang zu dem Ergebnis, daß »die Schwächen von Wien [...] mit seinen besten Schönheiten so innig verbunden« seien, »daß der Zauber nur umso unentrinnbarer« werde: »Wer das Leben als eine Kette wertvoller Reize erfassen will, [...] wer leichte Luft bei versonnener Stimmung, noblen Zug in breiter Herzlichkeit liebt, der wird sich diesem Zauber mit immer tieferer Lust hingeben.«[36] Die Bereitschaft, diese »Leichtigkeit des Daseins« positiv zu bewerten, findet sich interessanterweise auch, und vielleicht vor allem, bei Intellektuellen preußisch-protestantischer Provenienz, für die hier noch einmal Werner Sombart und Max Weber stehen sollen. Für Sombart war »der Wiener: ein Mensch« und »nicht das Teilstück eines Menschen, das wir in Norddeutschland häufig finden«. Selbst der »Berufsmensch« habe in Wien noch »Sinn für das Leben«, sei »ausgeglichen«, »nicht eckig; nicht hart«, sondern »weich, schmiegsam im besten Sinne«.[37] Ähnlich argumentierte auch Max Weber: Die österreichische Bevölkerung besäße mit ihrer aristokratisch durchgeformten Art des Auftretens »Anmut und Würde«, und die Deutschen könnten »auf dem Gebiet der Geschmackskultur und gesellschaftlichen Erziehung« viel von ihnen lernen.[38]

Bereits in diesen Äußerungen wird deutlich, daß sich Sombart und Weber, beide Vertreter eines ausgesprochen »bürgerlichen« Intellektuellentyps, in ihrer Beurteilung insbesondere an jenem Teil der Wiener Bevölkerung orientierten, mit dem sich von ihrer beruflichen und sozialen Position her fast zwangsläufig der intensivste Kontakt ergab. Dies war nach Lage der Dinge das Wiener Besitz- und Bildungsbürgertum, das sich selbst als der letzte Träger universalen Österreichertums verstand.[39] Sowohl national als auch konfessionell durchaus heterogen zusammengesetzt, war diese bürgerliche Schicht im Zuge der nationalen Kämpfe Österreich-Ungarns zunehmend ins politische Abseits geraten und hatte die Entwicklung einer spezifisch ästhetischen Kultur, die sich in ihren eindrucksvollsten Erscheinungsformen durch intellektuelle Subtilität und seelische Sensitivität auszeichnete, gewissermaßen zum Surrogat für politisches Handeln gemacht.[40] Die Deutschen aus dem Reiche trafen hier also auf ein Bürgertum, das sich in der Verfeinerung seines Lebensstils immer mehr der adeligen Tradition Österreichs angenähert hatte und mit einem gleichsam aristokratischen Gestus von »désinvolture« dem drohenden Untergang seiner Welt zu begegnen schien. Dies war eine Gesellschaft, der, wie Max Weber feststellte, der »Typus des ›Geheimraths‹« ebenso wie der »des ›Couleurstudenten‹« fehlte[41] und in der ihm selbst die Funktionsträger des Staates »im Gegensatz zu den Berlinern, ohne Amtsüberheblichkeit, offen und mitteilsam« entgegenkamen.[42] Wiederholt hob er die »degagiert-feine Art« der Wiener, »die so wohl thut«, und das ihnen eigentümliche »Weltmännische, welches uns so fehlt«, bewundernd hervor.[43] Und seiner Schwester gegenüber äußerte er, wie sehr er »die in den Bürgerschichten massiv, aber anmutig lebensfrohe, in den Oberschichten läßlich feine, etwas behaglich müde, kulturgesättigte Luft des Menschentums« genieße.[44]

Nicolaus Sombart, der Sohn des hier häufiger zitierten Werner Sombart, hat einmal gesagt, daß für uns Nachgeborene Wien deshalb besonders faszinierend sei, weil in dieser Stadt, »wie nirgendwo sonst um die Jahrhundertwende, die letzte, unerbittlichste und folgenreichste Auseinandersetzung jener alten aristokratischen, ständisch-hierarchischen, hieratisch-sakralen Kultur des christlichen Abendlandes mit den Forderungen einer demokratisch scientistischen Weltzivilisation« deutlich geworden sei.[45] Obgleich diese Bemerkung in einem anderen Zusammenhang gemacht wurde, hat sie doch auch für unsere Fragestellung insofern eine gewisse Berechtigung, als in der Tat das Spannungsverhältnis zwischen »Tradition« und »Fortschritt« das Grundmotiv des reichsdeutschen Wien-Bildes während des Deut-

schen Kaiserreichs bildete. Für die Deutschen aus dem Reich schien
Wien mit seiner barocken Prachtentfaltung und seiner »Läßlichkeit
des Daseins« gleichsam idealtypisch die Werte einer »vormodernen«
Kultur zu repräsentieren, die sich gegen die zunehmende Mechanisie-
rung und Rationalisierung des Lebens, wie man sie in anderen Großstädten vorfand, scheinbar erfolgreich zur Wehr setzte. Dies mußte in
einer Zeit des Umbruchs, die für viele Deutsche eine schmerzlich
empfundene »Entzauberung der Welt« bedeutete, faszinierend wirken.

Demgemäß beobachteten viele Deutsche voller Unbehagen alle An-
zeichen, die darauf hindeuteten, daß die neue Zeit auch in Wien Ein-
zug halten würde. Es wurde beispielsweise aufmerksam registriert,
daß »der Gentleman-Fiakerkutscher seit den Autos« ausgestorben
sei,[46] und jede Veränderung in der »Inneren Stadt«, etwa der Abriß
eines alten Palais zugunsten einer breiteren Verkehrsführung, wurde
mit Argwohn zur Kenntnis genommen.[47] Werner Sombart sah »alle
seine Empfindungen verletzt«, als sich ihm bei einem seiner Besuche
der Blick von Schönbrunn auf die Stadt durch »ein gräuliches modernes Proletarierviertel« verstellte, und er kam zu dem Schluß, daß auch
Wien »vom ›Fortschritt‹ bedroht« und in Gefahr sei, bald eine »Wüste
der modernen technischen Kultur« und damit gewissermaßen »berli-
nisch-amerikanisch« zu werden.[48]

Der eingangs zitierte Bruno Hillebrand hat gesagt, daß für die deutschen Dichter Wien weniger ein geographischer denn ein poetischer
Ort sei.[49] Diese Einschätzung gilt, so läßt sich am Ende dieser Betrachtungen behaupten, für das reichsdeutsche Wien-Bild insgesamt.
Selbst jene, die wir als Intellektuelle bezeichnen, weil sie den rationalen und reflektierten Umgang mit der Wirklichkeit zum Maßstab ihrer
Lebenssicht gemacht hatten, waren hier offensichtlich bereit, den kritischen Blick der Bereitschaft zur Verklärung zu opfern. Indem auch
sie Wien »als Lebensform« von Wien als politischem Zentrum des
österreichisch-ungarischen Vielvölkerstaates reinlich schieden, war
es ihnen zumindest temporär möglich, die Konflikte und Bruchlinien
dieser Stadt – ihren Antisemitismus, ihre nationalen und sozialen Pro-
blembereiche – zu übersehen und den kleinen Ausschnitt einer aristokratisch geprägten bürgerlichen Hochkultur gewissermaßen für das
Ganze zu nehmen. Diese Sicht machte Wien für die Zeitgenossen, wie
Donald J. Olsen es einmal formulierte, zu einem »strahlenden De-

menti der objektiven historischen Realität«, zu einem »Triumph der Kunst über die Wirklichkeit«.[50]

Es ist durchaus möglich, daß das Wien-Bild der Deutschen, an dessen Ausformung die Intellektuellen ja einen entscheidenden Anteil besaßen, letztlich einem Mythos erlegen ist, »den die Wiener selbst so ausdauernd gestiftet haben«,[51] doch ist die Frage nach der Berechtigung dieses Bildes, danach, wo Urteil und Vorurteil beginnen, in unserem Zusammenhang sekundär. Auch wenn es sich bei dem reichsdeutschen Wien-Bild um eine Idealisierung gehandelt hat, so macht es doch die Defizite des Wilhelminischen Deutschland für das Lebensgefühl einer ganzen Generation deutlich. Wien erschien als ein Ort, an den sich die Phantasie flüchtete, wenn das »ungestüme Zielbewußtsein« einer deutschen Großstadt mit ihrem »kalten Willen« manchmal unerträglich zu werden begann,[52] und an dem man noch einmal, wie Wilhelm Hausenstein es als persönliche Erfahrung formulierte, »so recht zu sich selbst kommen« konnte.[53] Wien, die Stadt mit vertrauter Sprache und verwandter Kultur, nah und fremd zugleich, lud, damals wie heute, zu Träumen ein, zu »Träumen in Nachbars Garten«.

Eva Karádi
**Macht und Ohnmacht des Geistes**
Mitteleuropäische Intellektuelle
im Budapester »Sonntagskreis«

Karl Mannheim zum 100. Geburtstag

»Die jetzt diese Revolution machen, haben einmal alle bei mir Tee getrunken«, sagte angeblich Max Weber nach Ausbruch der Russischen Revolution; er hätte dies aber ebensowohl über die ungarische Revolution von 1919 sagen können. Eine der Schlüsselfiguren dieser Revolution, der Volksbeauftragte für Kultur der ungarischen Regierung, Georg Lukács, gehörte mehrere Jahre lang zu den beliebtesten Gesprächspartnern Max Webers in dessen Heidelberger Kreis, der sich regelmäßig sonntags im Hause Weber zusammenfand.[1]
Es fällt den Zeitgenossen immer schwer, sich vorzustellen, welche Rolle die Intellektuellen manchmal weltgeschichtlich zu spielen in der Lage sind. So spiegelt es sich in einer Anekdote, die von Albert Salomon aufgezeichnet wurde. Emil Lederer, der Heidelberger Nationalökonom, unterhält sich 1916 in einem Wiener Kaffeehaus mit Rudolf Hilferding. Lederer sagt: In Rußland wird Revolution sein. Darauf fragt Hilferding indigniert zurück: Und wer sollte diese Revolution machen? Nicht doch der Herr Trotzki vom Café Central?[2] Aber immer wieder kommt es in unserem Jahrhundert vor, daß Intellektuelle, meistens unerwartet und nur vorübergehend, eine entscheidende Rolle in der Geschichte spielen. Das damit verbundene Problem von Macht und Ohnmacht der Intellektuellen soll hier am Beispiel des frühen Lukács-Kreises, des sogenannten »Sonntagskreises«, dargestellt werden.[3]
Der frühe Lukács-Kreis war Teil eines größeren kulturphilosophischen Diskurses im deutschsprachigen Raum zu Anfang dieses Jahrhunderts. Manche seiner Mitglieder waren Schüler von Georg Simmel. Sie waren wie viele andere aus Osteuropa nach Berlin gekommene Studenten, die vom Bahnhof aus gleich in Simmels Vorlesung geeilt waren und erst später nach einer Unterkunft gesucht hatten.[4] Einige wurden in Simmels Privatissimum aufgenom-

men, manche gelangten bis zum Weber-Kreis nach Heidelberg, zumindest aber bis zu Emil Lasks philosophischem Seminar.[5]
Sie waren sich aber gleichzeitig, wie man heute sagen würde, als ost-mitteleuropäische Intellektuelle ihrer peripheren Lage bewußt, versuchten jedoch, aus der Not eine Tugend zu machen und zur kulturellen Erneuerung ihres Landes, zu seinem Anschluß an Europa, beizutragen.[6] Die periphere Position besaß ja auch intellektuelle Vorteile, so wie größere Sensibilität, Problembewußtsein, Konzentration auf das Wesentliche und Dynamik.[7]
Sie waren Teil eines größeren kulturphilosophischen Diskurses und gehörten zugleich der lokalen Intellektuellen- und Kulturszene an. Dabei haben sie die eigene Richtung, die eigene Orientierung, die geistige Identität gerade in der Auseinandersetzung mit den verwandten Richtungen im eigenen Lager der »ungarischen Moderne« – mit den außerakademischen Sozialwissenschaftlern und der literarischen Bohème gesucht und gefunden.[8] Es war der Positivismus und Determinismus, den sie bei den ›Soziologen‹ unannehmbar fanden, bei den Literaten des »Nyugat«-Kreises war es der Relativismus, die Prinzipienlosigkeit des l'art pour l'art. Von diesen zwei nahestehenden Gruppen sich abgrenzend, versuchten sie ihren eigenen Weg zu finden.
Karl Mannheims spätere, auch die eigenen Erfahrungen beschreibende Studie »Das Problem der Generationen« thematisiert die identitätsstiftende Bedeutung der Gegenüberstellung von geistigen Generationen.[9] Es geht hier um die zweite Generation der ungarischen Moderne. Sie haben die Errungenschaften der vorangegangenen Generation schon als Gegebenes vorgefunden, sind darin aufgewachsen, haben es als etwas Selbstverständliches angenommen, und die Kehrseite, die unerwünschten Begleiterscheinungen dieser Modernisierung in den Vordergrund gestellt und bekämpft. Damit sind sie auch in dem kleinen militanten Lager der ungarischen Progression zu einer Randgruppe geworden, die sich noch innerhalb des verspäteten Prozesses der Modernisierung an den neuesten westlichen, antimodernistischen Tendenzen orientiert und eine Art romantischer Kulturkritik ausgeübt hat.
Diese jungen esoterischen Ästheten haben sich als Menschen des Geistes zuerst um eine exklusive Zeitschrift »A Szellem« (Der Geist) gruppiert und darin ihre eigenartige Richtung zu manifestieren

versucht. Indem sie dem herrschenden Positivismus den Kampf ansagten, orientierten sie sich am französischen und deutschen metaphysischen Idealismus, am westlichen Spiritualismus.

»Heutzutage, da die Menschen nach außen hin und oberflächlich leben, die Schriftsteller und Künstler frivole Sensationshascherei betreiben und alles zum Tageswert erniedrigen, suchen wir das und wenden uns jenem zu, was in der Seele der Menschen das Beste und Tiefste ist. [...] Wir sind einfach auf der Suche nach einer höheren geistigen Weltanschauung und einem höheren Leben« – so stand es in ihrem Programm.

Diese Zeitschrift stand in Berührung mit der südwestdeutschen »Logos«-Bewegung. Sie hätte auch die ungarische Version der als internationales Unternehmen geplanten deutschen kulturphilosophischen Zeitschrift werden können. Daß diese Kooperation nicht zustande gekommen ist, hatte verschiedene persönliche und auch konzeptionelle Gründe. Die Herausgeber haben das so formuliert, daß »Logos« eine Zeitschrift für Kulturphilosophie sein konnte, bis der ungarische »A Szellem« eine Zeitschrift für philosophische Kultur sein mußte.

Die Mitarbeiter dieser bedeutenden, aber nur kurzlebigen Zeitschrift verstreuten sich sehr bald über die großen westlichen Kulturzentren, um sich dann einige Jahre später, auf dem Höhepunkt des Krieges, an Wissen bereichert und mit einem vertieften Weltverständnis, wiederum in Budapest zu treffen.[10]

Intellektuellenkreise sind ebenso wichtige Grundeinheiten für die Ideengeschichte wie die künstlerischen Werkstätten für die Kunstgeschichte. Auch der »Sonntagskreis« läßt sich als eine solche ideengeschichtlich relevante intellektuelle Gruppierung beschreiben.

Einer der später berühmt gewordenen Mitarbeiter dieser Gruppe, der Wissenssoziologe Karl Mannheim, hat in seinen »Heidelberger Briefen« mehrere Typen von Intellektuellenkreisen unterschieden.[11] Obwohl er im gegebenen Fall den Heidelberger »George-Kreis« für seine ungarischen Leser charakterisieren wollte und ihn bei seiner Typologie sicherlich auch die eigenen Budapester Erfahrungen motiviert haben, kann der »Sonntagskreis« keinem der von ihm beschriebenen Typen zugeordnet werden. Vielmehr zeigt er den Charakter verschiedener Grundtypen: der Ideengemeinschaften, der auf freundschaftliche, emotional-seelische Zusammengehörig-

keit basierenden Generationsgemeinschaften und der auf Meister-
und Schüler-Verhältnisse aufgebauten charismatischen Gemeinschaften.

Sind die Intellektuellenkreise konstitutive Grundeinheiten der
Ideengeschichte, konfrontieren sie uns auch mit grundlegenden me-
thodologischen Problemen der Ideengeschichte: Welche Quellen
sind als maßgebend für die Geschichte eines Intellektuellenkreises
anzunehmen? Erinnerungen, Tagebücher, Briefe der Mitglieder
bzw. der Zeitgenossen? Wer ist als Mitglied eines Kreises zu betrachten? Jener, der an Zusammenkünften, an der gemeinsamen Tätigkeit teilgenommen hat, der von den anderen als Mitglied, auch
rückblickend, erwähnt wurde, der sich selbst als Mitglied der
Gruppe gefühlt und beschrieben hat? Wie sind die zeitlichen Rahmen der Geschichte eines Intellektuellenkreises zu bestimmen? Es
gibt immer eine Vorgeschichte und Vorstufen des Zusammenschlus-
ses einer Gruppe; es gibt eine Nachgeschichte, eine Wirkungsgeschichte auch nach einer klaren oder einer unbemerkbaren, stu-
fenmäßigen Auflösung einer Gruppierung. Es bleiben immer die
überaus interessanten Spuren der Nachwirkung im Leben und Werk
der einzelnen Mitglieder. Wie weit darf ein Intellektuellenkreis als
eine Einheit behandelt werden und welche Verallgemeinerungen
sind hier erlaubt? In welchen Fällen ist er mehr als ein Nebenein-
ander einzelner Intellektueller mit jeweils eigener Meinung über
verschiedene Fragen? Wann darf eine Aussage des einen als gemein-
same Aussage des Kreises verstanden werden? Im Falle des »Sonntagskreises« gehe ich von einer Vielzahl von Quellen als Träger zumindest einer Teilwahrheit aus.

Vom ersten Zusammentreffen des »Sonntagskreises« in der Wohnung des Dichters Béla Balázs – Lukács war für längere Zeit aus
Heidelberg nach Budapest zurückgekehrt – berichtet der Gastgeber
in seinem Tagebuch: »Sonnabends (beziehungsweise neuerdings am
Sonntagnachmittag) ist bei mir ›Herrenjour‹, aus dem vielleicht eine
Akademie des ›Geistes‹ und der Ethik werden könnte. Nur ›ernst-
hafte‹ und zur Metaphysik neigende Leute werden eingeladen. Jeder
neue Gast wird vorher proponiert, jedes Mitglied der Gesellschaft
hat Vetorecht. Es ist schon bei der ersten Gelegenheit so gut gelungen, wir spürten alle eine so ›gute Atmosphäre‹, daß es zur Herzens-
sache aller Anwesenden wurde.«[12] »Die Jours an den Sonntagnach-

mittagen gelingen herrlich«, fährt er fort. »Von herrlichen Dingen ist
die Rede, in herrlicher Stimmung, alle werden stimuliert, befruchtet.
Es ist eine ideale philosophische Akademie. So schöne, neue und bedeutende Dinge werden ausgesprochen, Fragen geklärt, daß die Idee
aufkam: Man müßte die Ergebnisse dieser Gespräche notieren.«[13]
Zentrale Figuren dieser Zusammenkünfte waren Béla Balázs, der
persönliche, und Georg Lukács, der intellektuelle Mittelpunkt dieser
Gesellschaft, sowie Lajos Fülep, der Kunstwissenschaftler und Herausgeber der Zeitschrift »A Szellem«, der selbst eine charismatische
Persönlichkeit war, in diesem Kreis neben Lukács aber nur als gleich-
rangiger autonomer Denker auftreten konnte.
Es war also nach der Mannheimschen Typologie keine um einen geistigen Führer gruppierte charismatische Gemeinschaft. Lukács war
seinem Charakter nach jedenfalls nicht dazu geneigt, auch war er sicherlich von seinen Erfahrungen im Berliner Simmel-Kreis und im
Heidelberger Max-Weber-Kreis beeinflußt und inspiriert, im Kreise
von mehr oder weniger gleichgesinnten geistigen Partnern zu diskutieren. Er fühlte sich sicher nicht als Führerperson in dieser Gesellschaft, obwohl er sie mit Recht als seine eigene empfand und als
solche den Heidelberger Bekannten, wie etwa Eberhard Gothein,
vorstellte. »Die Hauptsache war dann der Abend in Lukács' eigenem
Kreise, seiner jungungarischen Akademie.« Eberhard Gothein berichtet von einer ganz einzigartigen, bezaubernden, geistreichen Zusammenkunft, mit einem kleinen Zusatz Bohème. »Der Ton ist
ebenso lebhaft wie gehalten, auch die Frauen, Künstlerinnen, Schrift-
stellerinnen durchaus ohne Affektation und ohne starre weibliche
Dogmatik. Die Unterhaltung bald gemeinsam, bald in Gruppen, so
wie man es sich wünscht.« Diskutieren sei ein Lebenselement der jungen ungarischen Welt.[14]
Was für Fülep diese Gesellschaft bieten konnte, können wir aus
einem seiner im Fragment nachgelassenen Werke verstehen, in dem
er untersuchen wollte, unter welchen Umständen eine große Persönlichkeit zum bahnbrechenden und anregenden Schöpfer im wahrsten
Sinn werden kann, wie Christus, Franz von Assisi, Michelangelo oder
Dante. Die Entfaltung eines großen Individuums setze eine entsprechende Atmosphäre voraus, einen unpersönlichen Hintergrund und
verständnisvolle, einfühlsame, sich für die gleichen Ziele einsetzende
Gefährten. Was er suchte, war eine geistige Gemeinschaft, die auch

die weniger Großen mitreißen konnte und ohne die auch die Großen geringer waren.[15]

Balázs war die Seele dieser informellen, auch mit emotionalen Fäden durchdrungenen Gruppe, deren Zusammenkünfte bei ihm auch in Abwesenheit von Lukács stattfinden konnten. Es wird aus seinen Tagebuchaufzeichnungen klar, daß es zwar keine charismatische Ausstrahlung war, die Lukács für diese Gruppe so bestimmend und unentbehrlich machte, doch war Lukács' Meinung im großen und ganzen für den ganzen Kreis maßgebend. Balázs beschreibt diese Wirkung folgendermaßen:»In der Nähe eines großen Menschen zu leben, gibt dem Leben eine Art kosmischer weltgeschichtlicher Sicherheit.«»Bei all unseren theoretischen Zweifeln gibt Gyuris Anwesenheit eine solche Sicherheit wie die des Herrn Lehrers den kleinen Jungen. Zuletzt kann man ihn fragen wie es nun wirklich ist.«[16]

Lukács war bescheiden, asketisch, ohne jede Art von Eitelkeit und Prophetentum. Er besaß jedoch eine intellektuelle Autorität in seinem Kreis.»Lukács weiß seine Ansichten ebenso liebenswürdig wie dialektisch und mit ständiger Berufung auf seine Autoritäten durchzuführen«, heißt es im zitierten Brief von Gothein.

Jemand aus dem Bekanntenkreis, aber von außen, hat den hierarchischen Aufbau des Kreises hervorgehoben:»Im geräumigsten Zimmer der Wohnung saß die Leitung um einen runden Tisch herum. Unter ihnen erinnere ich mich an vier Männer: Georg Lukács, Lajos Fülep, Karl Mannheim und der Hausherr Béla Balázs waren die Sprecher. Die übrigen, eher jüngeren, waren stehend an den Wänden verteilt. Es war sehr lehrreich, gut aufzupassen, was die Leiter sprachen. In erster Linie standen philosophische Fragen auf der Tagesordnung. Die Zusammenkünfte verliefen so, daß einer irgend einen Gedanken aufnahm – einen möglichst neuen und noch unklaren –, seine Meinung darüber äußerte, wozu dann die anderen Stellung nahmen und immer ganz zum Schluß Lukács. Die Anwesenden bewunderten [...] Lukács' außergewöhnliches Wissen, und jeder hielt es für natürlich, daß ihm das Recht des letzten Wortes zukam.« Die Art der Meinungsäußerung war immer apodiktisch – das hielt Antal Molnar, der junge Musikwissenschaftler, für wichtig zu betonen.[17]

Arnold Hauser dagegen erinnert sich an ungebundene, spontane, liberale Zusammenkünfte von europäischem Niveau.»Wir gruppierten uns damals nicht nur darum um Lukács, weil wir dessen bewußt waren – was heute jeder weiß –, daß er der einzige in Ungarn war, der Europa im besten Sinne vertrat, und von dem wir das meiste lernen konnten, sondern auch, weil er um sich so eine Atmosphäre schuf, ohne deren geistige Intensität wir, nachdem wir sie kennengelernt hatten, nicht mehr leben und arbeiten konnten.«[18]

Man findet viele Ausdrücke des für alle, auch für die intellektuellen Gemeinschaften konstitutiven Zusammengehörigkeitsgefühls, des »Wir-Bewußtseins«. Hauser sagte zum Beispiel: »Ich war Mitglied des Kreises, fühlte mich stark als solches: Das war ein inneres Band, wenn auch kein besonders sentimentales, doch eine Zusammengehörigkeit.«[19] Friedrich Antal, der Kunsthistoriker, schreibt in einem seiner Briefe über Georg Lukács' alten Kreis, der »wirklich eine Gedankenwelteinheit bedeutete, Einheit nicht im luftleeren Sinne, sondern so, daß unsere Gedankenwelt mit der Entwicklungslinie der gegenwärtigen Welt Europas zusammenfällt«.[20]

Sie fühlten sich als Bestandteil des allgemeinen europäischen Diskurses und versuchten im lokalen Kontext auch als eine einheitliche geistige Richtung aufzutreten. Mannheim sprach von der ›einheitlichen Generation‹.[21] Fogarasi schrieb im Vorwort seines »den Sonntagnachmittagen« gewidmeten Buches: »Die Gedanken, die ich auszudrücken versuchte, sind Konsequenzen eines systematischen philosophischen und kulturellen Standpunktes, in dem einige von uns sich getroffen haben und den wir in gemeinsamer Arbeit zu propagieren versuchten.«[22]

Wie bei ähnlichen Gruppierungen hat man auch in diesem Intellektuellenkreis daran gedacht, die Zusammengehörigkeit nach außen hin, durch ein öffentliches Auftreten zu manifestieren. Nach der Idee, die Zeitschrift »A Szellem« fortzusetzen, entstand die Idee eines Jahrbuches und in Zusammenhang damit, eigentlich als Finanzierungsgrundlage für letzteres, die Idee einer freien Akademie: »Wir wollen und werden vielleicht eine freie Schule machen. Spiritualismus, Neoidealismus, Problemsensibilität – und nicht populär. Auf unserem eigenen höchsten Niveau darüber sprechen, was uns beschäftigt – keine Handbucheinführungen [...].«[23] Rückblickend schrieb Balázs: »Wir waren acht oder zehn, [...] gewiß fühlten wir uns dem gesamten praktischen Leben entzogen, in dem stolzen Elfenbeinturm der hohen Philosophie, wenn wir unsere Metaphysik, Erkenntnistheorie, Ethik und Kunstphilosophie lehrten oder lieber noch vordachten.«[24]

Das Programm der ›Vorlesungen aus dem Bereich der Geisteswissenschaften‹ »verkündet dem vergehenden Materialismus gegenüber die Wichtigkeit der Probleme der Transzendenz, dem relativistischen Impressionismus gegenüber die eindeutige Gültigkeit der Prinzipien, der anarchistischen Weltanschauung des ›alles ist gleich‹ gegenüber das Pathos der normativen Ethik«.[25]

Um die Werkstättenwärme ihres Denkens vermitteln zu können, sollen zwei Gedankengänge hervorgehoben werden, die zeigen, wie man in diesen Vorträgen versuchte, die Fragen des großen, zeitgenössischen kulturphilosophischen und geisteswissenschaftlichen Diskurses, die sie beschäftigten, auf ihrem Niveau zu Ende zu denken, ohne sich und die Hörer mit zu leichten Lösungen zu täuschen.

Bestimmend in ihrer philosophischen und geisteswissenschaftlichen Orientierung war das Verhältnis zum Neukantianismus. Über die Grenzen und Schranken des wissenschaftlichen Philosophierens neukantianischer Art reflektierte Mannheim in seinen Überlegungen – von Ernst Blochs Fragestellung inspiriert – folgendermaßen: »Es ist die Tragik der Philosophiegeschichte und häufig auch die einzelner Denker, sich mit der konstruierbaren Frage von der unkonstruierbaren eher zu entfernen. Wenn wir statt der spontanen Frage nach dem Wesen der Welt und uns selbst fragen, welches Element alle jene Forderungen erfüllt, die aus dem Begriff des Wesens folgen, oder wir fragen, wie das Wesen beschaffen sein muß, um erkennbar zu sein, dann haben wir die spontan hervorquellende Verwunderung auf das im vorhinein fertige Begriffsgleis der Lösbarkeit der Probleme verschoben. Die Fragen der Logik und Erkenntnistheorie lösen die reine Verwunderung ab, und lassen den früheren letzten Sinn der Frage vergessen. So gerät dann an den Platz unserer Gott und uns selbst suchenden Unruhe die Erkenntnis der Welt und der Dinge.« Mannheim spricht über Mystik als eine andere Art des Philosophierens, die die analytische und systematisierende Richtung als lebhaftes Gewissen begleitet, als Gewissen der Philosophie, indem sie diese stets an die letzten Fragen erinnert.[26]

Fülep beschreibt das Dilemma der zeitgenössischen Kulturphilosophie und der sich daran anknüpfenden Geisteswissenschaften. »Sein einer Zweig ist dies: Der heutige Mensch lernte im Lichte des Historismus die Relativität der historischen Erscheinungen (Religion, Philosophie, Moral, Kunst usw.) und – was noch wichtiger ist – den spezifischen, durch nichts anderes zu ersetzenden Wert der Erscheinungen kennen, der sich gerade in ihrem individuellen, einmaligen, konkreten Charakter verbirgt: Er überzeugte sich davon, daß ›für jede Zeit nur ihre eigene Wertskala richtungsweisend ist‹ (daß die einer anderen zur Vergewaltigung, zur Verfälschung und – was noch schlimmer ist – zum Nichterkennen, zum Verdecken der Werte führt). Sein anderer Zweig ist dies: Er sieht die pausenlosen Veränderungen, die ›sich wandelnden Wolken‹, und erkennt nicht, sucht aber hinter ihnen mit unstillbarer Sehnsucht die ›ewigen Sterne‹, Gesetze, Normen, den von der Zeit unabhängigen Wertkodex, die er auf alles gleichermaßen anwenden und mit denen er alles sicher und gültig beurteilen kann. Im ersten Falle öffnete sich vor ihm der unendliche Reichtum des Geistes und Lebens, es fehlt aber die der gesamten Bewegtheit Sinn verleihende Leitidee. Im anderen Fall gibt es ein absolutes Ideal und eine Norm, aber der gesamte historische Prozeß wird neben ihnen unwesentlich, zu einem blassen Schattenbild und zur Illustration, worin wiederum das Konkrete, Spezifische und Individuelle keinen Sinn und Wert hat. Und wie vorsichtig und sachverständig man sich auch bemüht, die beiden Zweige eines Konflikts zueinander zu biegen, so daß sie zusammenlaufen, so wird der eine durch die Berührung des anderen doch sofort gestört, was zuvor so scharf zu sehen war, das Konkrete verwischt sich unter dem Ideal und verblaßt neben ihm zum Wesenlosen, zum Substanzlosen, und was vorher so sicher und universell war, die Norm, wird durch das Zeitliche eingeschränkt, verliert darüber hinaus seine Geltung, seine Sicherheit läßt nach.«[27]

Fülep vertrat die These von der Irreduzierbarkeit und Undeduzierbarkeit und damit der Autonomie einzelner Kultursphären, insbesondere die Kunst habe eine eigenständige Bedeutung. Ein Kunstwerk sei aus den bei seiner Entstehung mitwirkenden Bedingungen nicht zu verstehen; ebensowenig sei es aus philosophischen, logischen oder gar ästhetischen Kategorien ableitbar.

Die Mitglieder des »Sonntagskreises« sind manchmal in eine schwierige Lage geraten, wenn sie zwischen der strengen Wahrung der Grundprinzipien und der Loyalität zu den Autoritäten wählen mußten.[28] Mit der größten Inkonsequenz gegenüber den Grundprinzipien der immanenten Interpretation geistiger Gebilde mußten Lukács' Anhänger im Falle seiner »Theorie des Romans«, die vollkommen in der geisteswissenschaftlichen Richtung stand, fertig werden. Wie Mannheim die Inkohärenz der Theorie für sich aufgelöst, die autonomen Sphären hierarchisch geordnet und nach »oben«, in Richtung Geschichtsphilosophie und Metaphysik geöffnet und damit ihre Autonomie und Immanenz aufgegeben hat, läßt sich seiner Besprechung über Lukács' »Theorie des Romans« in der Zeitschrift »Logos« von 1920 entnehmen.[29]

Was bedeuteten die zwei Semester der Freien Akademie der Geisteswissenschaften für die Studenten, für die kleine, aber enthusiastische Hörerschaft? Sie bekamen Geisteswissenschaften auf hohem europäischen Niveau, gleichzeitig philosophisch die Sinnfrage reflektierend und lebenspraktisch ausgerichtet. Die Wissenschaft und die Kultur bekamen für sie eine direkt auf die wahrere Lebensführung gerichtete Bedeutung. »In kleinen Klassenräumen städtischer Schulen, an den Stammtischen Budaer Kaffeehäuser war diese kleine idealistische Gruppe so etwas wie eine verschworene Garde des Geistes, die mit einem neuen religiösen Glauben die deutsche Philosophie, die deutsche Romantik wiederentdeckt hatte, in großen geschichtsphilosophischen Kategorien zu denken wagte und ein erklärter Gegner jedes Positivismus, Materialismus und Psychologismus war.« Doch hielt es Káldor nachträglich für wichtig, hinzuzufügen, daß diese philosophische Bewegung in vielem fluchtartig, scholastisch, eine Insel-Kultur war.[30]

Man kann sich leicht vorstellen, wie erstaunt ein Mitglied dieser Gruppe sein mußte, wenn es nach einigen Monaten der Unterbrechung die alten Freunde im November 1918 wieder besuchte und sie als aktiv politisierende Gruppe vorfand. »Die Philosophiegesellschaft, in der ich so gutgläubig von Platons Staat bis zur bolschewistischen Staatstheorie, über Fragen der revolutionären Ethik, der Mystik Dostojewskis und des Mittelalters, über Wert und Berechtigung der Geisteswissenschaften, über die Philosophie Bergsons und Simmels, Windelbands und der deutschen Romantiker diskutiert hatte, [...] diese Gesellschaft stand plötzlich als aktive revolutionäre politisierende Gesellschaft vor mir.«[31] Wie konnte das geschehen? »Nicht im Traum haben wir an Politik gedacht« – behauptete ja auch Balázs rückblickend. Als er sich 1916 in seinem Tagebuch selbst fragte, ob er an einer Revolution teilnehmen würde, war seine Antwort einfach: »Ich würde nicht. Das ist nicht meine Lebensaufgabe.« Dann aber

fuhr er fort: Dennoch gebe es einen Situationszwang. Aus Amerika
käme er nicht nach Hause, um zu kämpfen. Doch wenn der Kampf ihn
zufällig auf der Barrikade erreichte, würde er nicht weglaufen. »Dies
wäre eine irrationale und spontane ethische Reaktion«, fügte er hinzu
und nahm damit die Ereignisse vorweg.[32]
Es gibt einen Unterschied zwischen den revolutionären Intellektuellen – als Ideologen der Revolution (Redner, Leitartikelschreiber, Berater) oder aber als politische Funktionäre an der Macht (in Partei,
Parlament, Regierung, Administration). Wenn wir eine Erklärung
dafür finden wollen, wie einige Mitglieder dieses esoterischen Intellektuellenkreises von der Weltablehnung zur Welterlösung gelangt
sind, müssen wir bedenken, daß ihre Weltablehnung schon in sich
gewisse radikale Elemente enthalten hat.
So wurde insbesondere die jüngste Generation des Kreises geprägt
»in der schändlichen, verlogenen und blutigen Wirklichkeit des Weltkrieges«. Bei Káldor ist das sehr ergreifend beschrieben: »Um mich
herum überall Tod und Vernichtung [...], und ich, die unglückliche
Kreatur, floh mit dem Instinkt der in Todesgefahr geratenen individuellen und kollektiven Existenz zum Absoluten von einer bis ins Kno-
chenmark verfaulten Wirklichkeit.«[33] Die Lehre von der Substanzia-
lität der Seele, von der Seelenwirklichkeit, die dostojewskianische
Ethik des »Sonntagskreises« war von Anfang an antimilitaristisch ausgerichtet. »Wir müssen immer wieder betonen, daß das einzig Essen-
tielle doch nur wir sind, unsere Seele«, schrieb Lukács in einem seiner
Briefe an Paul Ernst schon im April 1915. »Die reelle Macht der Gebilde kann freilich nicht geleugnet werden. [...] Ja der Staat ist eine
Macht – muß er aber deshalb als Seiendes, im utopischen Sinne der
Philosophie: im essentiell handelnden Sinn der wahren Ethik anerkannt werden?«[34]
Bibel – Ady – Dostojewski – Kierkegaard – Claudel: In allen ihren
Wirkungen fand man etwas von der revolutionären Haltung des absoluten Individualismus gegen den sinnlosen, rasenden Kollektivismus
des Krieges. Im Antimilitarismus haben sich die besten Vertreter der
ungarischen Progressiven wiedergetroffen. Es reichte nicht aus, wenn
Mitglieder des Lukács-Kreises, so wie Balázs, im Souterrain von Kaf-
feehäusern »jungen Leuten mit historisch-materialistischer und moni-
stisch-naturwissenschaftlicher Weltanschauung vom Kommen des
Reiches der Seele gepredigt« haben.[35] Sie mußten in der veränderten

Situation die möglichen progressiven Implikationen ihrer Philosophie des ethischen Idealismus demonstrieren. Das geschah im Frühling 1918 in der Gesellschaft der Sozialwissenschaften in der Diskussion über konservativen und progressiven Idealismus, »wo einer von uns eine Vorlesung hielt, in der er uns vor den Kämpfern des Lebens rechtfertigen wollte«.[36] Fogarasi versuchte dort in seinem Vortrag, das traditionelle Bündnis der progressiven Politik mit der naturwissenschaftlichen Weltanschauung zu sprengen und das radikale Potential ihres auf dem Dualismus von Fakten und Werten, Immanenz und Transzendenz ruhenden ethischen Idealismus aufzuzeigen. Lukács argumentierte in der Diskussion, es stimme nicht, daß die Setzung einer Transzendenz paralysierend auf das progressive Handeln wirken müsse. Es sei vielmehr so, daß »dieselbe Setzung auch den Imperativ zur Folge haben kann, daß die transzendente Wirklichkeit als Aufgabe vor uns steht, die wir jetzt, gleich in diesem Augenblick, verwirklichen, Gottes Reich auf die Erde holen müssen«.[37]

Mit innerer Folgerichtigkeit bedeutete dies die Herausforderung zur Verwirklichung der Werte mit Hilfe der Politik. Lukács hat deshalb seine – unter Mitwirkung fast aller seiner Freunde – ausgeübte Tätigkeit im Volkskommissariat für Kultur- und Erziehungswesen während der ungarischen Kommune als Kulturmission auffassen können, als Versuch der Verwirklichung unbedingter Werte. Tatsächlich ging es um die radikale Veränderung der Kulturverwaltung, die hauptsächlich auf der Auswechslung der alten Bürokraten basierte. Neue Eliten konnte man nur unter den ins vorherige System nicht integrierten unabhängigen, ›freischwebenden‹ Intellektuellen finden. In dieser völlig veränderten Kulturadministration haben fast alle Sonntägler Positionen erhalten. Sie saßen in den verschiedenen Abteilungen (für Hochschule, Museen, Theater, sogar Märchen usw.) des ›Volkskommissariat‹ genannten Ministeriums und versuchten, ihre Ideen und ihre kulturellen Prioritäten durchzusetzen.

Die Kulturpolitik war aus den Händen der konservativen Bürokraten in die Hände der Künstler und Intellektuellen gelegt. Das war auch als eine Fortsetzung der Modernisierungskämpfe der progressiven ungarischen Kulturbewegung aufzufassen, als Machtergreifung einer neuen und fähigeren Generation.

»Politik ist nur Mittel, die Kultur ist das Ziel«, so lautete die Losung. Man ging von der Heteronomie der Politik aus, von ihrer Unterordnung unter die Prinzipien der Ethik. Es ging um die Möglichkeiten einer moralischen Politik, um Weltanschauungspolitik. Insgesamt kann die Teilnahme dieser kritischen Intellektuellen an der Politik, ihr Übergang von der Weltablehnung zur Weltveränderung, als das Ergebnis einer moralischen Zwangssituation verstanden werden. Manche Sonntägler haben von ihrer dostojewskianischen Ethik mit logischer und moralischer Konsequenz einen geraden Weg in die Revolution gefunden. Sie haben von Dostojewski gelernt, sich nicht damit zufriedenzugeben, selbst ›anständig‹ zu leben, weil man für jede um sich herum geschehende Ungeheuerlichkeit verantwortlich ist, wenn man sie nicht angreift. Dieses neue Verantwortungsgefühl war für sie die Ethik der Revolution.[38]

Für diese politische Ethik konnten die Sonntägler auch neue Anhänger unter den jungen Revolutionären finden. Daraus formte sich die kleine revolutionäre Gruppe der Moralisten, die während der 133 Tage der ungarischen Räterepublik im sogenannten Sowjethaus mehrere Nächte hindurch über Dostojewskis »Großinquisitor« diskutiert haben. Zu ihnen gehörte der junge Schriftsteller Ervin Sinkó, der sich, zu Lukács bekehrt und ihm als seinem Meister folgend, auch an den »Sonntagskreis« angeschlossen hat. Er hat später mit größter Sensibilität das moralische Dilemma des intellektuellen politischen Engagements vor und während der Revolution thematisiert. Zuvor glaubte er fest daran, daß der Weg des Geistes durch die objektive Wirklichkeit hindurch führt, daß die Herrschaft des Geistes im Klassenkampf des Proletariats ihren Anfang findet und daß sie in der Geschichte und nicht trotz der Geschichte existiert und sich verwirklicht. Damals glaubte er noch an eine hexenhafte Kraft in den Institutionen, die dafür sorgen würde, daß diese sich im rechten Augenblick abschaffen würden, daß im Proletariat nach den Gesetzen der Dialektik der Klassenegoismus zur Menschenliebe, der Haß zur selbstopfernden Güte, der Neid zur Selbstentsagung wird.[39]

Er mußte jedoch schon in den ersten Tagen der Räterepublik erfahren, daß es moralisch viel einfacher ist, mit einer politischen Bewegung in der Illegalität solidarisch zu sein, als an ihr nach ihrer Machtergreifung teilzunehmen. »Im Namen der historischen Notwendigkeit wogte und haßte die Menge auf den Straßen und saßen wir 20 bis 30 zusammen und bereiteten uns, der historischen Notwendigkeit dienend, vor, ins Leben der Menschen mit Gewalt einzugreifen, Menschen zum Militär zu schicken, einkerkern und aufhängen lassen. Man war daran, über Produktion, Privateigentum, über Bourgeoisie und Proletariat im Namen der historischen Notwendigkeit zu entscheiden. Daß dies aber das Leben abertausender Menschen sei, daß die Wirklichkeit die Menschen seien, durch welche und durch nichts anderes das alles möglich ist, daß man nur mit diesen einzelnen lebendigen Menschen etwas erreichen soll und kann – diese naive Wahrheit ist im Nebel des revolutionären Rausches verlorengegangen.«[40]

Die von der Weltablehnung plötzlich zur Welterlösung übergehenden Intellektuellen, die Gesinnungsethiker, die der Herausforderung der Politik als Beruf nicht widerstehen können, gehen nach Max Weber – mit Machiavellis Ausdruck – nicht nur dem sacrificio dell'anima, sondern auch dem sacrificio dell'intelletto entgegen. Die theoretischen Konsequenzen der Entscheidung für die Politik zeigen sich bei Lukács und seinen Freunden in der Aneignung oder besser Entfaltung eines hegelianischen Marxismus. Die Dialektik wird als Überwindung aller Antinomien des bürgerlichen Lebens begriffen.

Der Intellektuelle wird von seiner Unsicherheit, von seinen Zweifeln, seiner Wurzellosigkeit und Heimatlosigkeit, von der Sinnlosigkeit seines Lebens befreit, von seiner Isoliertheit und Einsamkeit – damit aber auch von seiner Freiheit, Unabhängigkeit. Er wird seine Freiheit mit freiem Entschluß für das Gefühl der Parteilichkeit aus Engagement aufgeben, damit auch das Recht auf individuelle, rationale Kritik für eine kritiklose, unbedingte, absolute Wahrheit aufopfern, die man nicht wissen, sondern glauben kann und muß. Das Ergebnis ist wiederum ein Dualismus von Tatsachen und Werten, von Sein und Sollen – diesmal in der Form von Erscheinung und Wesen, etwa empirisches und zugerechnetes Klassenbewußtsein. Es ist abermals ein Ignorieren der Faktizität.

Fülep charakterisiert den Marxismus entsprechend in unveröffentlicht gebliebenen Aufzeichnungen – sicherlich auf Grund seiner Erfahrungen mit dem ›verführten Denken‹ im eigenen Kreis. Hier heißt es: »Der Marxismus – willkürliche Interpretation und Bagatellisierung der Fakten. Appelliert anscheinend an rationelle Einsicht, ist jedoch auf religionsartige moralische Motive und auf irrationalen Glauben aufgebaut. Keine Lehre, sondern Ethos.«[41]

In Balázs' Wiener Tagebuchaufzeichnungen vom Dezember 1919, einige Monate nach dem Sturz der Räteregierung und dem Beginn des

»weißen Terrors«, als Hunderttausende direkt oder indirekt zur Emigration gezwungen wurden, findet man eine erregende Momentaufnahme zum Intellektuellen in der Tagespolitik. Lukács führe eine hoffnungslos konspirative Parteiarbeit aus. Er könne seinen Platz nicht verlassen und müsse »aus Ehrgefühl« dort bleiben, wohin er in Anbetracht seiner ewigen Sendung gar nicht gehöre. Anscheinend muß man sich entscheiden, ob man eine Ethik schreibt oder lebt. »Wenn das so ist, dann wird Georg Lukács, wie es scheint, aus Ehrgefühl, einem moralischen Gebot gemäß, sein Leben bis ans Ende in Lüge verbringen. Denn bei Lukács ist die Maske des konspirativen, aktiven Politikers und Revolutionärs eine Lüge, nicht seine metaphysisch verwurzelte Mission. Er wurde zu einem stillen Gelehrten, zu einem einsamen Weisen geboren, zum Visionär ewiger Dinge, und nicht dazu, in Eckcafés Leuten nachzuforschen, die gestohlene Parteigelder unterschlagen haben, sogar nicht einmal dazu, die Tagesströmungen unserer vergänglichen Politik zu beobachten und auf Massen wirken zu wollen – er, der nicht seine eigene Sprache spricht, wenn ihn mehr als zehn Menschen verstehen. Die seine ist die einer schrecklichen Verbannung, er ist tatsächlich ein Heimatloser, weil er seine geistige Heimat verlor.«[42]

Balázs berichtet in seinem Wiener Tagebuch von 1920 auch darüber, daß die »Sonntage« wieder gehalten werden. »Und das Ganze hat streng philosophisch-akademischen Charakter. Die ersten waren sehr schön. Wir sind also wieder zusammen. Diese Sekte treibt selbst die Weltrevolution nicht auseinander.«[43]

Mannheim und Hauser, so zeichnete Balázs ferner auf, zogen sich vom »Sonntag« zurück, als sich dieser der kommunistischen Revolution verpflichtete. Aber in der Emigration seien sie heimatlos Verstoßene geworden außerhalb des »Sonntag«, sie konnten ihren intellektuellen Ort nicht finden. »Heute bekommt jede geistige Tätigkeit, die nicht irgendwelche Wurzeln in der Bewegung besitzt, den Charakter eines anachronistischen Spiels, des Briefmarkensammelns. Jetzt sind solche menschlichen Beziehungen nicht möglich, die nicht zugleich Bündnisse sind.«[44]

Die moralischen Zweifel der Außenstehenden, der sich nicht in den Dienst der Welterlösung stellenden Intellektuellen, kommen zur selben Zeit auch auf der anderen Seite zur Sprache, wie in einem Brief des jungen Kunsthistorikers Tolnay an seinen Lehrer Fülep: »Irgendwie fühle ich schon, daß es unmoralisch ist, heute, wo jedermann, der einem nahesteht, so unendlich viel aufopfert, ruhig am Platze zu sitzen und zu arbeiten. Man wartet nur darauf, gerufen zu werden, man schaut nur herum, ob man irgendwo nötig sein könnte.«[45]

Mannheim seinerseits zeigte sich bestärkt, daß das Zweifeln nicht nur das Recht, sondern die Pflicht des Intellektuellen sei. Dieser habe kein Anrecht auf das billige Glück des blinden Glaubens. »Was ich aus alter Zeit nicht gut mitmachen kann«, schrieb er später an Balázs zur Zeit seiner Umsiedlung aus Heidelberg nach Frankfurt, »ist die Lebenskonstruktion und Betrachtung der Dinge in völlig gerader Linie und Einseitigkeit.«[46]

»Ich achte deren Anstrengungen (und die Zeit gibt ihren Bemühungen vielleicht einmal Sinn), verachte aber gleichzeitig die Lügen derjenigen, die unter nationalen oder rassischen Parolen oder unter der Losung des Klassenkampfes den romantischen Traum verwirklichen wollen, sie seien eins mit der Rasse oder Klasse, die sie programmatisch vertreten. Die Annäherung ist schön, doch muß man die Distanz sehen und eingestehen«, hieß es in ähnlicher Weise schon in seinen Heidelberger Briefen.[47]

Die Lehren der besonderen Erfahrungen des »Sonntagskreises« über Macht und Ohnmacht des Geistes sind in dieser Breite in sämtlichen Schriften insbesondere von Ervin Sinkó eindringlich reflektiert und aufgearbeitet worden. Alle »Sonntägler« waren sich dessen bewußt, daß ihre Gesellschaft »etwas« darstellte – daß sie ein repräsentatives Dokument ihrer Zeit und ihrer Generation war.

Karl Mannheim insbesondere reflektierte die Erfahrung, daß die Geschichte sich nicht nach den Werten und Ideen der Intellektuellen richtet, nicht auf ihre Fragen antwortet, daß die Intellektuellen aber nach dieser Einsicht nicht wieder zu unschuldigem, undistanziertem Dienst am Geiste, zur Kontemplation und zur Betrachtung ewiger Dinge zurückkehren können. »Unsere idealistische Philosophie [...] hatte zu viel Vertrauen auf die Macht der ›Ideen‹ gesetzt, als ob diese den Menschen und die Gesellschaft von sich aus umzugestalten imstande wäre. Es wird uns heute immer klarer, daß das Denken des Menschen ein Teil seiner Auseinandersetzung mit der gesellschaftlichen Situation [...] ist.«[48] So müssen die Intellektuellen jeweils für sich entscheiden, ob sie diese Auseinandersetzung der Menschen mit ihrer gesellschaftlichen und historischen Situation überhaupt themati-

sieren, beschreiben, konstatieren, analysieren, erklären, verstehen –
oder aber sie beurteilen, kritisieren, beeinflussen wollen.

In Mannheims Beschreibung des Heidelberger »Stefan-George-Kreises« sind seine Erfahrungen mit dem frühen Lukács-Kreis, dem
»Sonntagskreis«, leicht erkennbar: »Die georgeanische Gemeinschaft ist von innen gesehen eines der gutgemeinten Experimente des
in der heutigen Gesellschaft einsam gewordenen ›Intellektuellen‹,
das mit der seelischen Heimatlosigkeit gesetzte Problem zu lösen.
Ihre Lösung ist die des Augenschließens: Um sich mit dem Gefühl,
einen Grund gefunden zu haben, einschläfern zu können, schließen
sie sich ab, hüllen sich in die Inhalte der Kultur und – die Welt aus
ihren Dingen herauslassend – entfremden sie sich selbst. Die von den
Heidelberger Hügeln geschützte Lebensbucht läßt sie glauben machen, daß sie da sind, wirken und wichtig sind, und dabei braucht es
einen kleinen Sturm – und sie wären Symbole einer vergangenen
Zeit.«[49]

Dittmar Dahlmann
**Bildung, Wissenschaft und Revolution**
Die russische Intelligencija im Deutschen Reich
um die Jahrhundertwende

Im Sommersemester 1898 wurde der damals dreißigjährige Bogdan
Kistjakovskij an der Kaiser-Wilhelm-Universität zu Straßburg bei
Wilhelm Windelband mit der Dissertation »Gesellschaft und Einzelwesen. Eine methodologische Untersuchung« zum Doktor der Philosophie promoviert.[1] Für Kistjakovskij waren deutsche Universitäten
der letzte Zufluchtsort, nachdem er wegen umstürzlerischer Aktivitäten von der Universität seiner Vaterstadt Kiev und den Hochschulen
in Char'kov und Dorpat relegiert worden war. Vom Sommersemester
1895 an war er an der Berliner Universität immatrikuliert, wo er u. a.
an den Lehrveranstaltungen von Simmel, Dernburg, Preuss, Meitzen
und Schmoller teilnahm. In Rußland hatte Kistjakovskij hauptsächlich Geschichte und Jura gehört, doch im Zuge seines erwachenden
Interesses an der Philosophie des deutschen Idealismus augenscheinlich den Beschluß gefaßt, an deutschen Universitäten Philosophie zu
studieren. Vermutlich auf Anraten Georg Simmels wechselte er
schließlich an die Straßburger Universität und beendete bei Windelband seine wahrscheinlich bereits in Berlin begonnene Dissertation.
Kistjakovskij, der Sohn eines Kiever Universitätsprofessors für Kri-
minalrecht, gehörte zu jener Generation russischer Studenten, die zu
Beginn der 1880er Jahre an den Hochschulen des Landes mit marxistischen Zirkeln in Kontakt kamen und sich ihnen anschlossen. Daraufhin von den Universitäten verwiesen, konnten sie ihre Studien nur im
Ausland fortsetzen. Ebenso wie viele andere seines Alters war er zunächst fasziniert vom Marxismus und dessen radikalen Forderungen
nach politischem, sozialem und wirtschaftlichem Wandel. Kistjakovskij verstand sich darüber hinaus sehr früh als Angehöriger des ukrainischen Volkes und trat auf der Grundlage der Lektüre des radikal-
demokratischen, ukrainischen Publizisten Michail Dragomanov

(Mychajlo Drahomanov) für eine föderalistische Umgestaltung des Russischen Reiches ein.[2]

Wie viele andere seiner Altersgenossen, so u. a. Petr Struve und Sergej Bulgakov, wandte sich Kistjakovskij vom Marxismus wegen seiner deterministischen Geschichtsphilosophie, wegen des ungelösten Widerspruchs von Determinismus und freiem Willensentscheid, ab. Seit in den 1880er und 1890er Jahren die Philosophie des Neo-Kantianismus auch im Russischen Reich bekannt wurde, fand sie vor allem unter den jüngeren ehemaligen Marxisten zahlreiche Anhänger. In dieser Zeit, kurz vor der Jahrhundertwende, setzte auch in Rußland eine Professionalisierung der akademischen und technischen Berufe ein, eine Mittelschicht von Ärzten, Rechtsanwälten, Agronomen, Statistikern und Ingenieuren begann sich zu entfalten.[3] Sie sahen ihre Aufgabe nicht mehr ausschließlich in der radikalen oppositionellen und revolutionären Kritik der bestehenden Verhältnisse, sondern eher darin, ihre berufsständischen Interessen sowie allgemeine Reformen in Staat und Gesellschaft durchzusetzen.[4] Die Auseinandersetzung mit dem zarischen Staat und der noch immer ständisch verfaßten Gesellschaft stand für weite Teile dieser Schicht weiterhin auf der Tagesordnung, aber es waren nicht mehr die revolutionären Konzepte des Marxismus und des Neopopulismus der Sozialrevolutionäre, sondern die Ideen der Demokratie, der Rechtsstaatlichkeit und der Kultur, die ihre kritischen Reflexionen bestimmten.

Es ist von daher wohl kaum ein Zufall, daß es fast zeitgleich zu einer philosophischen Selbstvergewisserung und der politischen Organisation dieses Teiles der Intelligencija kam.[5] Im Jahre 1903 erfolgte die Gründung des Befreiungsbundes (Sojuz Osvoboždenija), an der auch Kistjakovskij beteiligt war;[6] ein Jahr zuvor war der von dem Moskauer Philosophiedozenten Pavel Novogorodcev herausgegebene Sammelband »Probleme des Idealismus« erschienen.[7] Sowohl die Gründer des Befreiungsbundes als auch die Autoren des Sammelwerkes – ein Personenkreis, der sich überschnitt – wirkten auch zwei Jahre später, im Oktober 1905, an der Entstehung der Konstitutionell-Demokratischen Partei, der linksliberalen Opposition, mit. »Der russische Liberalismus«, so führte Pavel Miljukov während einer Vortragsreise in den Vereinigten Staaten im Jahre 1904 aus, »war nicht bürgerlich, sondern intellektuell, um den französischen Begriff zu gebrauchen.«[8] Radikaldemokratische Überzeugungen, wissenschaftliche Arbeit und praktische Politik waren für die meisten Vertreter auch dieses Flügels der russischen Intelligencija untrennbar miteinander verbunden. Leben und Denken dieser sozialen Schicht Rußlands, dieses zahlenmäßig so geringen, aber dennoch bedeutenden Teils der russischen Gesellschaft, und die gesamte geistige und kulturelle Situation sind nur vor dem Hintergrund der ungeheuren Veränderungen zu verstehen, die sich in der russischen Gesellschaft um 1900 vollzogen. Die politischen und sozialen Bewegungen des adlig-bildungsbürgerlichen Zemstvoliberalismus, des Marxismus und des Neopopulismus entfalteten sich zeitgleich mit einer geistig-künstlerischen Freiheitsbewegung der russischen Intelligenz um die Jahrhundertwende.[9]

In dieser Zeit begann in Rußland eine rasante kulturelle Entwicklung, das sogenannte »silberne Zeitalter« markierte den Höhepunkt kulturellen Lebens seit den Tagen Puškins. In den politischen Fesseln der zarischen Autokratie und den sozialen Banden einer zwar überlebten, aber dennoch nicht überwundenen Ständegesellschaft setzte ein ungeahntes industrielles Wachstum gesellschaftliche Energien frei. Eine radikal-revolutionäre, Reformen geradezu verabscheuende Intelligencija bekämpfte mit allen Mitteln den autokratischen Staat. Der Zusammenprall all dieser heterogenen Kräfte ließ das Gefühl einer heraufziehenden Krise der Kultur entstehen. Erfaßt davon war nicht nur die Intelligencija als Gradmesser gesellschaftlichen Bewußtseins, sondern weite Teile der vorrevolutionären Gesellschaft Rußlands. In diesen Kulturprozeß hineingestellt, der »in drei großen Schritten vor sich ging: von der Entdeckung der nationalen Eigenart und der eigenen russischen Tradition [...] über eine umfassende und intensive Öffnung nach Westen bis zur Synthese einer neuen eigenen ›Russischen Moderne‹«, ist auch die Auseinandersetzung mit und die Rezeption der europäischen Philosophie der Zeit zu sehen.[10] Henri Bergson, die deutschen Neukantianer und Edmund Husserls Phänomenologie waren für den Teil der Intelligencija, der Marxismus und Neopopulismus ablehnte, die bestimmenden Denkrichtungen. Auf den Fahnen all dieser gesellschaftlichen Strömungen, ebenso wie auf der der Panslavisten oder Neo-Slavophilen stand in mehr oder weniger großen Buchstaben: »Erziehung des Volkes zur Kultur.« Inhaltlich jeweils anders gefüllt und mit unterschiedlichem Ziel war dies vielleicht die einzige Gemeinsamkeit, das Kennzeichen der russischen Intelligencija.

Kehren wir zurück zu Kistjakovskij, dem Protagonisten der russischen, liberal-demokratischen Intelligencija im Deutschland der Jahrhundertwende. Da es ihm aufgrund der politischen Verhältnisse im Russischen Reich nicht möglich war, nach seiner Promotion eine Anstellung an einer russischen Universität zu finden, entschloß er sich dazu, seine Studien in Deutschland fortzusetzen, und kehrte zur Rechtswissenschaft zurück. An der Heidelberger Universität besuchte er seit dem Sommersemester 1901 vor allem die Veranstaltungen des Staatsrechtlers Georg Jellinek, bei dem in den 1890er Jahren bereits Fedor Kokoškin studiert hatte.[11] Dieser ließ, wie auch später Kistjakovskij, die Verbindung zu seinem akademischen Lehrer nicht abreißen.[12] In den folgenden Jahren pendelte Kistjakovskij zwischen Rußland und Deutschland, ein Mittler zwischen den beiden Ländern und den Kulturen, in Rußland hin und her gerissen zwischen wissenschaftlicher, publizistischer und politischer Arbeit, des öfteren politisch verfolgt. An Georg Jellinek schrieb er 1903 aus Vologda, dem Verbannungsort seiner Frau im Norden Rußlands: »Wenn man die Umstände, in denen ein gebildeter Russe zu leben genötigt ist, berücksichtigt, so wird man es selbstverständlich finden, daß alle wir, die gebildeten Russen, Neurastheniker sind und an Willensschwäche leiden.«[13] Vielleicht litt Kistjakovskij an beidem, aber dennoch setzte er sein politisches Engagement ebenso wie seine wissenschaftlichen Studien fort und wurde zwei Jahre danach, 1905, zum wichtigsten Informanten Max Webers für dessen Studien über die revolutionären Vorgänge in Rußland. Doch zuvor beteiligte sich Kistjakovskij in Kiev an praktischer Politik und plante gemeinsam mit seiner Frau, Sergej Bulgakov, Nikolaj Berdjaev und V. V. Vodovozov die Durchführung der sogenannten Bankettkampagne im November und Dezember 1904, während der die liberale Intelligencija auf öffentlichen oder berufsständischen Festveranstaltungen die Forderung nach einer demokratischen Umgestaltung des autokratischen Staates erhob.[14] Bald danach kehrte er nach Heidelberg zurück, und spätestens Anfang 1905, doch vermutlich bereits früher, lernte Kistjakovskij Max Weber in Heidelberg kennen. Und als dessen Interesse an den revolutionären Ereignissen in Rußland wuchs, unterrichtete er ihn nicht nur in der russischen Sprache, sondern orientierte ihn auch über den Gang der Ereignisse, die historischen Voraussetzungen der Revolution und über die politischen, sozialen und wirtschaftlichen Vorgänge im Russischen Reich.[15]

Der Student und Wissenschaftler Bogdan Kistjakovskij stand in einer Tradition, die in der Mitte des 18. Jahrhunderts begonnen hatte, als russische Studenten und Wissenschaftler in größerer Zahl deutsche Universitäten, vor allem Halle, Göttingen, Jena und Marburg, wo Michail Lomonosov die Vorlesungen Christian Wolffs gehört hatte, besuchten.[16] Nicht nur russische Studenten und Wissenschaftler hielten sich in Deutschland auf, auch Schriftsteller und Publizisten kamen zu längeren oder kürzeren Aufenthalten, so Nikolaj Karamzin, Denis Fonvizin, Nikolaj Gogol, Fedor Dostoevskij und Ivan Turgenev, der am längsten blieb und in seinem Roman »Rauch« (Dym) den in Baden-Baden lebenden und kurenden Landsleuten ein unvergängliches Denkmal setzte.[17] Nach der Niederlage im Krimkrieg (1854 – 1856), die Rußlands wirtschaftliche und soziale Rückständigkeit offenbar werden ließ, setzte der Zustrom russischer Studenten und Wissenschaftler verstärkt ein und riß bis zum Ausbruch des Ersten Weltkrieges nicht mehr ab. Fast von Jahr zu Jahr wuchs deren Zahl, und die Regierung des Zaren Alexander II. hat diese Auslandsstudien durchaus gefördert. Der Arzt und Wissenschaftsorganisator Nikolaj Pirogov erwarb sich dabei besondere Verdienste. Von einer seiner Reisen nach Deutschland, die er im Jahre 1865 im Auftrage des Ministers für Volksaufklärung unternahm, zurückgekehrt, berichtete er ausführlich, welche deutschen Wissenschaftler sich besonders um die Förderung der jungen Russen gekümmert hatten, und schlug mehrere von ihnen zur Auszeichnung durch die russische Regierung vor, so u. a. Theodor Mommsen, Leopold von Ranke, Karl Weierstraß, Rudolf Virchow, Robert Bunsen, Hermann von Helmholtz und Rudolf von Ihering.[18] Was als Privileg einer vom Staat ausgewählten Minderheit begann, das Studium an einer deutschen Universität, deren Professoren die Anerkennung des russischen Staates zuteil wurde, endete 1914 unter völlig entgegengesetzten Verhältnissen, von denen noch zu berichten sein wird.

Am Ende des 19. und zu Beginn des 20. Jahrhunderts kamen russische Studenten aus unterschiedlichen Motiven an deutsche Universitäten. Die Mehrheit zog es nicht in erster Linie zu den berühmten deutschen Philosophen, Nationalökonomen oder Juristen, sondern wollte Medizin, Naturwissenschaften und technische Fächer studieren. Sowohl an den Technischen Hochschulen in Darmstadt und Karlsruhe, an der Bergakademie in Freiberg, an den Handelshochschulen in Berlin,

Köln und Mannheim als auch an den Universitäten stellten die Russen
das größte Ausländerkontingent. Selbst an der kleinen und eher abge-
legenen Freiburger Universität kamen von den im Sommersemester
1910 immatrikulierten 143 Ausländern 67 aus Rußland, mit weitem
Abstand folgten Studenten aus der benachbarten Schweiz bzw. Österreich-Ungarn.[19] Nicht wenigen dieser russischen Studenten war dabei, wie Kistjakovskij, der Zugang zu heimischen Universitäten aus
politischen Gründen verwehrt, da sie sich an verbotenen politischen
Gruppen beteiligt hatten, andere, insbesondere jüdische Studenten
aus Rußland, konnten nicht zu Hause studieren, da für sie an russischen Universitäten ein Numerus clausus bestand.[20] Sie gingen an
deutsche oder andere ausländische Universitäten, um die ihnen in der
Heimat verweigerte akademische Ausbildung zu erhalten, und kehrten fast immer nach dem Studium wieder ins Russische Reich zurück,
um dort ihrem Beruf nachzugehen. Auch wenn vielen von ihnen deutsche Sprache und Kultur nicht unvertraut waren, so führte das Leben
in der Fremde doch dazu, daß sich die russischen Studenten zusam-
menschlossen. In Heidelberg, das spätestens seit den 1860er Jahren
für viele russische Studenten ein bedeutender Anziehungspunkt war,
entstand bereits 1862 eine der ersten akademischen russischen Lesehallen als soziales und politisches Zentrum der Studenten aus dem
Zarenreich. In den folgenden Jahrzehnten wurden in fast allen Universitätsstädten, in denen Russen studierten, Lesehallen, Klubs oder Vereine gegründet. Für die russischen Studenten waren sie wohl ein Stück
Heimat, der Ort, an dem sie sich zu gesellschaftlichen Veranstaltungen
und politischen Diskussionen versammeln konnten.[21] Die älteren Lesehallen verfügten über Bibliotheken und Klubräume, in denen nicht
nur die legal in Rußland erscheinende Literatur gelesen werden
konnte, sondern auch die zahlreichen illegalen Schriften der revolutionären oder verbotenen Organisationen. Sozialdemokratische und
sozialrevolutionäre Organe, das Blatt der liberal-bürgerlichen Opposition »Osvoboždenie« (Befreiung), das Petr Struve zunächst in Gaisburg, in der Nähe von Stuttgart, und dann in Paris herausgab, waren
hier für alle verfügbar. 1913/14 gab es Lesehallen, Klubs und Vereine
in zwanzig deutschen Universitätsstädten, in einigen, je nach der politischen oder nationalen Ausrichtung, zwei oder sogar noch mehr. In
München existierten sechs, in Dresden fünf, in Berlin, Freiburg und
Freiberg drei, in Köthen und Heidelberg zwei.[22]

Sie reproduzierten im Ausland die politische und nationale Spaltung in der Heimat. Die jüdischen Studenten unterstützten entweder den sozialistischen Bund oder eine national-jüdische und damit zionistische Gruppe. Auch die Polen bildeten eigene Vereine und Klubs, und es bestanden sozialdemokratische, liberale und konservative Organisationen der russischen Studenten in Deutschland. Viele tendierten zur Sozialdemokratie, nicht selten zu deren bolschewistischem Flügel. Den Sinn des Studiums im Ausland, so schrieb Fedor Stepun, hätten die sozialistischen Studenten nicht nur im Studium, »sondern vor allem in der Vorbereitung der Revolution gesehen«.[23]

Die Forschung hat sich bis vor kurzem fast ausschließlich mit den sozialdemokratischen, vor allen den bolschewistischen studentischen Gruppen beschäftigt, von daher ist das Bild wohl verzerrt. Fast jeder Pflasterstein, auf den Lenin in Deutschland getreten ist, war einer Beschreibung wert, die Spuren der liberalen Intelligenz bedeckte bis vor kurzem der Schleier des Vergessens.[24] Wer also aus Rußland an eine deutsche Universität kam, der tat dies aus je unterschiedlichen Motiven, die häufig so eng miteinander verzahnt waren, daß sie kaum zu trennen sind. Bildung und Wissenschaft, Wissenschaft und Revolution, Revolution und Bildung waren ein unentwirrbares Knäuel.

Dies manifestierte sich in den Lesehallen, Klubs und Vereinen der russischen Studenten und der Intelligenz, in denen fast alle, ungeachtet ihrer politischen oder weltanschaulichen Überzeugungen, zusammenkamen. Während es bei der Gründung solcher Lesehallen und Klubs bis etwa zur Jahrhundertwende kaum nennenswerte Schwierigkeiten gab, brachte die Wahl Deutschlands als Ort des politischen Exils russischer Sozialdemokraten, Sozialrevolutionäre und bürgerlicher Oppositioneller, die sich auch in der Entstehung von Exilantengruppen niederschlug, erhebliche Probleme mit sich. Die Polizei in Preußen und den anderen deutschen Bundesstaaten überwachte verstärkt die russischen Studenten an den Universitäten, die als mögliche Sympathisanten solcher Organisationen angesehen wurden. Als besonders verdächtig galten alle, die aus dem zu Rußland gehörenden Teil Polens kamen, sowie polnisch-jüdische und russisch-jüdische Studenten, deren Zusammenschluß bereits als unerlaubte politische Betätigung galt und die sofort des Landes verwiesen wurden.[25] Im Jahre 1903 deckte die preußische Polizei in Zusammenarbeit mit der russischen Geheimpolizei Ochrana den großangelegten Schmuggel illegaler, in Deutschland gedruckter Literatur nach Rußland auf.[26] Vor allem die sozialdemokratischen Exilblätter wie »Iskra« und »Zarja«, aber auch das liberale »Osvoboždenie« (Die Befreiung) wurden von dem Hausverlag der deutschen Sozialdemokratie, dem Dietz-Verlag in Stuttgart, gedruckt und auf geheimen Wegen nach Rußland gebracht.[27]

In dieser Atmosphäre war es selbst im liberalen Baden für die russischen Studenten unmöglich geworden, neue Lesehallen oder Klubs zu gründen. 1903 verweigerte der Senat der Freiburger Universität, nachdem er in Dresden und Berlin Erkundigungen eingezogen hatte, zweimal seine Zustimmung für eine russische Lesehalle mit der ausdrücklichen Begründung, daß sie doch nur zu Orten politischer Betätigung würden.[28] Zu den Initiatoren gehörte Moses Rubinštejn, ein Student Rickerts, der einige Jahre später auch bei ihm promovierte. Auch ein erneuter Antrag drei Jahre später wurde vom Senat unter Hinweis auf die zuvor ergangene Entscheidung abgelehnt.[29] Erst nachdem sich die Studenten, zu denen erneut ein Schüler Rickerts, Sergej Rubinštejn, gehörte, an einen honorigen Landsmann, den zu dieser Zeit in Freiburg als Gasthörer eingeschriebenen ehemaligen Landgerichtspräsidenten Alfons Vitte, ein Cousin Sergej Vittes, gewandt hatten, und dieser die Professoren Gerhart von Schulze-Gävernitz und Franz von Himstedt für die Sache der russischen Lesehalle gewonnen hatte, erteilte der Senat seine Erlaubnis, verwies jedoch darauf, daß jegliche politische Betätigung untersagt sei und den beiden Professoren ein Aufsichtsrecht eingeräumt werden müsse.[30] Die Statuten der Lesehalle bestimmten, daß nur russische Staatsbürger Mitglieder bzw. Hospitanten werden konnten, nur Bücher, Zeitungen und Zeitschriften anzuschaffen waren, die in Rußland von der Zensur genehmigt waren und jegliches »politische Treiben« untersagt war. Zusammen mit diesen Statuten reichten die Organisatoren der Lesehalle dem Senat der Universität eine Liste der zu abonnierenden Zeitungen und Zeitschriften ein, die neben den legalen Blättern der Opposition auch das konservative Novoe Vremja und die offiziöse Rossija enthielt.[31]

Die wenigen überlieferten Hinweise enthalten nichts, was Aufschluß über die Aktivitäten der organisierten russischen Studenten in Freiburg gibt. Sie informieren nur über den häufigen Ortswechsel der Lesehalle, die zuletzt in unmittelbarer Nähe der Universität, in der Löwenstraße, untergebracht war, und über die Zahl der Mitglieder, die im Wintersemester 1908/09 mit 31 von insgesamt 65 russischen Studenten ihren Höchststand erreichte; unter ihnen auch Sergej Gessen und dessen Frau Nina. Was sich an gesellschaftlichen Aktivitäten im Rahmen der Lesehalle abspielte, entzieht sich unserer Kenntnis. Um die materielle Lage der russischen Studenten wohl nicht nur in Freiburg war es nicht zum Besten bestellt, denn im November 1908 wurde eine Unterstützungskasse für in Not geratene Landsleute gegründet.[32]

Nicht wenige der russischen Studenten, die zum Studium nach Deutschland kamen, beendeten es mit der Promotion, die auch die Möglichkeit eröffnete, sich kritisch mit den Verhältnissen im eigenen Land auseinanderzusetzen. An der von Russen so hoch geschätzten Heidelberger Universität bot der Staatsrechtler Georg Jellinek, bei dem zahlreiche russische Juristen ihre Ausbildung erhielten, dazu Gelegenheit. In den Seminaren dieses Heidelberger Staatsrechtslehrers, dessen Werke auch ins Russische übersetzt waren, konnten die angehenden russischen Juristen sich kritisch mit dem eigenen Rechtssystem und dem Konzept eines liberalen Rechtsstaates, den es in Rußland zu schaffen galt, auseinandersetzen. 1904 reichte Sergej Svatikov seine Dissertation über »Die Entwürfe der Abänderung der russischen Staatsverfassung« und 1908 Michael Kalantarov (Kalantaroff) eine Arbeit über »Die moderne Staatsverfassung des Russischen Reiches« ein.[33] Doch vor allem war es erneut Bogdan Kistjakovskij, der in Rußland immer wieder für den Rechts- und Verfassungsstaat eintrat und das mangelnde Rechtsbewußtsein der russischen Intelligencija beklagte.[34] Eher positiv war das Bild, das Gustav Radbruch gerade von den Jurastudenten aus Rußland zeichnete, als er sie 1912 in einer Festrede anläßlich des 50jährigen Jubiläums der Heidelberger Russischen Lesehalle, während die deutsch-nationale und antirussische Haltung deutscher Studenten beständig zunahm, als »Juristen aus Freiheitssinn« den deutschen »Juristen aus Ordnungssinn« gegenüberstellte.[35]

Die ungestüme wissenschaftliche, technische und kulturelle Entwicklung im Deutschen Reich trug wohl in entscheidendem Maße dazu bei, daß ein nicht geringer Teil der geistigen Elite Rußlands nach Deutschland kam. Es waren nicht nur die russischen Studenten der Geisteswissenschaften, insbesondere der Philosophie, und der Jurisprudenz, sondern auch Naturwissenschaftler, Ökonomen und Künstler, die davon angezogen wurden.[36] An der Freiburger Universität promovierte im Jahre 1901 Aleksandr Petrunkevič im Fach Zoologie, der sich ein Jahr später habilitierte und wiederum ein Jahr danach als junger Privatdozent Deutschland verließ und einer Einladung der Harvard University folgte.[37] Eine ähnliche Karriere, allerdings in Deutschland, machte der Bruder Nikolaj Bubnovs, Sergej (Sergius) Bubnov (von Bubnoff), der 1912 in Freiburg im Fach Geologie promovierte und wie sein Bruder in Deutschland blieb.[38] Zu jenen, die nur kurz an einer deutschen Universität studierten, gehörte der Schriftsteller Aleksej Graf Tolstoj, der für das Sommersemester 1906 an der Dresdner TH als Student der Elektrotechnik und des Maschinenbaus immatrikuliert war,[39] oder der pensionierte Landgerichtsrat Alfons Vitte (von Witte), der vom Wintersemester 1907/08 bis zum Sommersemester 1910 in Freiburg Staatswissenschaften hörte und 1909 in der von Gerhart von Schulze-Gävernitz, Carl Johannes Fuchs und Eberhard Gothein herausgegebenen Reihe »volkswirtschaftliche Abhandlungen der Badischen Hochschulen« die erste umfassende Arbeit über die Gewerkschaftsbewegung in Rußland von den Anfängen bis 1908 vorlegte.[40] Das Spektrum also war breit gefächert und griff insbesondere in jenen letzten Jahren vor dem Ersten Weltkrieg auch auf die schönen Künste aus. Es war nicht nur Vasilij Kandinskij allein, der nach Deutschland kam, um sich mit dem Impressionismus auseinanderzusetzen, sondern es zog eine große Zahl junger russischer Maler vor allem nach München. Sie trugen zur Entstehung des Expressionismus bei und hatten teil an der Gründung des Bauhaus-Kreises.[41] Der wissenschaftliche und kulturelle Austausch zwischen den beiden Ländern, die wechselseitige Befruchtung, standen, so läßt sich resümieren, in dieser Zeit in voller Blüte.

Kehren wir zurück zu Bogdan Kistjakovskij und seinen politischen Freunden und intellektuellen Weggefährten, die vor allem wegen des in Heidelberg, Freiburg (Rickert) und Marburg (Paul Natorp und Hermann Cohen) gelehrten Neo-Kantianismus nach Deutschland kamen. Dazu gehörten Sergej Gessen (Sergius Hessen), der 1909 in Freiburg bei Heinrich Rickert »Über individuelle Kausalität« promovierte, Nikolaj Bubnov (von Bubnoff), der im Mai 1908 bei Windelband seine Dissertation über »Das Wesen und die Voraussetzungen der Induktion« einreichte, und Fedor Stepun (Friedrich Steppuhn), der zwei Jahre später mit seiner Arbeit »Wladimir Ssolowjew« die Doktorwürde erlangte.[42] Mit ihnen allen sowie mit dem gleichfalls in Heidelberg studierenden Sergej Živago (Giwago), der für das von Max Weber, Werner Sombart und Edgar Jaffé herausgegebene »Archiv für Sozialwissenschaft und Sozialpolitik« eine Rezension des Verfassungsentwurfs des Befreiungsbundes schrieb, die Weber zur Abfassung seiner ersten großen Abhandlung über die russische Revolution der Jahre 1905/06 veranlaßte, war auch Kistjakovskij wohl nicht nur während seiner Heidelberger Jahre gut bekannt.[43]

Bubnov, Gessen und Stepun, deren weiteren Weg wir später verfolgen werden, waren jedoch nicht die einzigen, die nach Deutschland kamen, um sich mit der Philosophie des Neo-Kantianismus auseinanderzusetzen. 1906 promovierte Moses Rubinštejn aus Irkutsk bei Rickert an der Freiburger Universität mit einer Arbeit über »Die logischen Grundlagen des Hegelschen Systems und das Ende der Geschichte«.[44] Auch Sergej Rubinštejn aus Odessa studierte 1909 und 1910 zwei Semester in Freiburg, bevor er nach Marburg ging und dort 1913 bei Cohen und Natorp mit seiner Arbeit »Eine Studie zum Problem der Methode« promovierte.[45] Mit Ausnahme von Stepuns Dissertation über Vladimir Solov'ev behandelte keine dieser Doktorarbeiten ein Thema der russischen Philosophie. Sie alle beschäftigten sich mit Kant und Hegel, und auch in der Abhandlung Stepuns ging es eigentlich nur in zweiter Linie um eine Auseinandersetzung mit Solov'evs philosophischer Lehre, sondern vor allem um deren geistesgeschichtliche Grundlagen und deren Prägung durch die deutsche idealistische Philosophie und die panslavistisch-romantische Schule.[46]

Die Begeisterung der jungen Russen für ein Philosophiestudium in Heidelberg, Marburg oder Freiburg hat Boris Pasternak, der im Sommersemester 1912 bei Hermann Cohen und Paul Natorp in Marburg studierte, in seinen autobiographischen Skizzen eindringlich geschildert. »Am selben Tag noch nahm ich die Lauferei zu den Kanzleien auf und trug zusammen mit den nicht sehr zahlreichen Dokumenten von der Mochowaja eine rechte Kostbarkeit fort. Es war ein vor zwei Wochen in Marburg gedrucktes vollständiges Verzeichnis der Vorlesungen, die im Sommersemester 1912 angeboten waren. Ich studierte den Prospekt mit dem Bleistift in der Hand und trennte mich weder im Gehen noch im Stehen von ihm, noch vor den Gitterschranken in den Ämtern. Meine Selbstvergessenheit roch nach Glück.«[47] Zwei

Aspekte der Marburger Schule faszinierten Pasternak besonders, die Unabhängigkeit ihres philosophischen Systems und ihr Historismus. »Sie zeigen seine Originalität, das heißt seinen lebendigen Platz in der lebendigen Überlieferung, in der sich Gesicht und Herz einer Generation lebendig mitteilen. Als ein kleiner Bestandteil dieser Generation eilte ich zu dem magnetischen Pol.«[48]

Außer ihm gingen zwei seiner Kommilitonen an der Moskauer Universität, der Sohn des Philosophen Fürst Sergej Trubeckoj, Nikolaj Trubeckoj, und der gleichfalls aus einer berühmten russischen Familie stammende Dmitrij Fedorovič Samarin für einige Semester nach Marburg, ebenso wie Boris Vyšeslavcev.[49] Sie alle waren enttäuscht von der an den heimischen Universitäten gelehrten Philosophie, die Pasternak als »seltsamen Mischmasch aus abgelebter Metaphysik und einem noch nicht flüggen Aufklärertum« bezeichnete.[50] Auch der junge Osip Mandel'štam ging im Wintersemester 1909/10 an die Heidelberger Universität und belegte Seminare und Vorlesungen bei dem Romanisten Fritz Neumann, dem Kunsthistoriker Henry Robert Thode, dem Germanisten Wilhelm Braune und den Philosophen Wilhelm Windelband und Emil Lask, kehrte jedoch ebenso wie Pasternak bald nach Rußland zurück, um sich ganz seiner schriftstellerischen Arbeit zu widmen.[51] Zu jenen, die es an deutsche Universitäten zog, gehörten auch Nikolaj Berdjaev, der 1904 in Heidelberg Vorlesungen hörte, Semen Frank, der 1899 an die Berliner Universität kam, um bei Georg Simmel zu studieren, und Michail Geršenzon, der in den 1880er Jahren ein Ingenieurstudium am Polytechnikum in Berlin absolvierte und zugleich Vorlesungen an der dortigen Universität belegte.[52] Auch der Nationalökonom Sergej Bulgakov, ein weiterer Protagonist der liberalen Intelligencija, kam auf einer Studienreise Ende der 1890er Jahre – damals noch ein Vertreter des Marxismus – nach Deutschland, wo er mit Karl Kautsky, August Bebel und Karl Liebknecht diskutierte. Nach seiner Abwendung vom Marxismus korrespondierte er mit Max Weber über nationalökonomische Probleme.[53]

Es ist wohl kaum ein Zufall, daß sechs der sieben Autoren des wohl wichtigsten selbstkritischen Essaybandes der russischen Intellektuellen, der Vechi (Wegzeichen), kürzere oder längere Zeit an deutschen Universitäten studierten und sich vor allem mit der neukantianischen Philosophie auseinandersetzten.[54] Was sie verband, war die Suche

nach einer Lösung der Wertproblematik, nach der Geltung von über-
zeitlichen Werten für das Individuum, fern des Determinismus der
marxistischen Philosophie. Und gerade dies versprach vor allem die
südwestdeutsche Schule des Neukantianismus, Windelband und
Rickert, zu leisten. Sie kamen, wie es der junge Fedor Stepun ausdrückte,»nach Europa, um die Welt- und Lebensrätsel zu lösen«, und
er wählte dafür Heidelberg, neben Marburg und Freiburg das Zentrum jenes Geistes.[55]

Es waren neben Bogdan Kistjakovski vor allem die drei Freunde Sergej Gessen, Nikolaj Bubnov und Fedor Stepun aus gemeinsamen Heidelberger Studientagen, die die engste Verbindung zwischen der
deutschen und der russischen Philosophie in jenen Jahren vor dem
Ersten Weltkrieg schufen. Gemeinsam mit ihren deutschen Freunden
Richard Kroner und Georg Mehlis sowie Arnold Ruge gründeten sie
1909 die philosophische Zeitschrift»Logos«, die ab 1910 zunächst in
einer deutschen und russischen, später auch in einer italienischen
Ausgabe erschien.[56] Sie alle studierten anfangs gemeinsam in Heidelberg. Im Sommersemester 1906 folgte Gessen Richard Kroner, der im
vorangegangenen Semester nach Freiburg gewechselt war, um bei
Heinrich Rickert seine Studien fortzusetzen. Ihnen schloß sich im
Sommersemester 1907 Bubnov für ein Semester an.[57] Mehlis, der Äl-
teste von ihnen, habilitierte sich 1909 in Freiburg, nach seiner Promotion bei Windelband in Heidelberg im Jahre 1906, und lehrte seit dem
Wintersemester 1909/10 an der Freiburger Universität. Richard Kroner promovierte 1908, Gessen ein Jahr später bei Rickert in Freiburg.
Bubnov und Stepun beendeten ihre Studien 1908 bzw. 1910 in Heidelberg. Zur Vorbereitung auf sein Rigorosum reiste Fedor Stepun nach
Freiburg, um einige Zeit mit seinem Freund Georg Mehlis zu verbringen und mit ihm gemeinsam zu lernen. Von September 1908 bis Anfang Februar 1909 und erneut von Juni bis Ende August 1909 wohnte
Stepun in Freiburg.[58] Während Gessen und Stepun bald nach Abschluß ihrer Studienzeit nach Rußland zurückkehrten, blieb Bubnov
in Deutschland und habilitierte sich 1911 in Heidelberg mit seiner
Schrift»Zeitlichkeit und Zeitlosigkeit«.

Eine erste Frucht des gemeinsamen Philosophierens der fünf Freunde
war der 1909 veröffentlichte Band»Vom Messias. Kulturphilosophische Essays«, dessen Beiträge »den überpersönlichen Gehalt der
Messiasidee« zum Ausdruck bringen sollten. Geprägt von einer »ge-

waltigen Sehnsucht nach neuen, nie dagewesenen Inhalten, nach
Richtung gebenden Zielen des Lebens und Kämpfens« und von einer
»Sehnsucht, die aus sich heraus auch die Zuversicht auf das Erscheinen des Ersehnten erzeugt«, wie die Verfasser in ihrem gemeinsamen
Vorwort schrieben, zeugten alle Aufsätze von einem starken Einfluß
der Romantik und Mystik auf diesen Freundeskreis.[59] Richard Kroner wandte sich explizit gegen Friedrich Nietzsches Philosophie und
die Verherrlichung des Übermenschen-Ideals, und seine Freunde
folgten in ihren Essays seiner Forderung nach »tiefverankerten Wahrheiten« und einem »starken Glauben an Werte und Ideen« jenseits
der Sinnenwelt und des »friedlosen Kampfes um Leben und
Macht«.[60] In Weberschen Begriffen gesprochen, waren sie wohl alle
Gesinnungsethiker trotz oder vielleicht wegen ihrer philosophischen
Beschäftigung mit Kant und dem Neo-Kantianismus. Das Heil der
Welt erwarteten sie nicht von dieser Welt, sondern »aus jenem unsichtbaren Reiche, das jenseits alles Wißbaren liegt«.[61] Die Erziehung
der Menschen zu den höchsten Kulturwerten stand im Zentrum ihres
Denkens, dieser Idee verschrieben sie sich und betrachteten sie als
ihre wichtigste Aufgabe.

Auch die Zeitschrift »Logos. Internationale Zeitschrift für Philosophie der Kultur« verfolgte dieses Ziel. Den »Logos« umgibt heute
noch ein Mythos.[62] Zu seinen Ziehvätern im Hintergrund gehörten
Heinrich Rickert, Georg Simmel, Max Weber und Wilhelm Windelband. Stepun glaubte sich erinnern zu können, daß das Ehepaar
Dmitrij Merežkovskij und Zinaida Gippius, auch in Deutschland
wohlbekannte Publizisten und Schriftsteller, bei einer Besprechung in
Rickerts Freiburger Wohnung Ende 1909 Kontakte zu russischen
Verlegern vermittelte.[63] Der »Logos« war, wie dies Rüdiger Kramme
gezeigt hat, in jeder Hinsicht eine deutsch-russische Koproduktion.[64]
Die Zeitschrift sollte, so hielten ihre deutschen und russischen Gründer, Richard Kroner, Georg Mehlis, Arnold Ruge, Sergej Gessen,
Fedor Stepun und Nikolaj Bubnov, in einem Exposé vom Juli 1909
fest, dem »gegenseitigen Verständnis der Nationen« und der »Einsicht in den Eigenwert jeder nationalen Kultur« verpflichtet sein.[65]
Dieser »Supernationalismus« müsse sowohl von einem Kosmopolitis-
mus unterschieden werden, »der die individuellen Besonderheiten
der historischen Entwicklung vernichtet, als auch von einem engen
Nationalismus, der den Wert der einen, einheitlichen Kulturmensch-

heit nicht anerkennt«.[66] Philosophie und Kultur waren »übernatio-
nal«. Die nationalen »Sonderkulturen« strebten zwar, wie es im Entwurf hieß, zu ihrer »höchsten Entfaltung«, doch sollten sie eben durch
»philosophische Bestrebungen« überwunden werden. Die Philosophie also sollte die engen Grenzen nationaler Kultur übersteigen,
ohne jedoch die verschiedenen Kulturtraditionen zu vernachlässigen.
Doch weder die Philosophie noch die Wissenschaften trugen, wie es
sich die Gründer der Zeitschrift erhofft hatten, dazu bei, die nationalen Schranken und Antagonismen zu überwinden. »Logos« wurde
zwar zu einem der führenden philosophischen Journale in Deutschland und Rußland, in dem die wichtigsten und bedeutendsten Köpfe
der geistigen Elite publizierten und ein reger Gedankenaustausch
stattfand.[67] Doch die zum Programm erhobene Transnationalität, der
Versuch, die Vernunft in der Kultur zu suchen und wohl letztlich auch
zu finden, die Bemühungen, die Philosophie praktisch werden zu lassen, sind wenige Jahre später, als die Unvernunft über Europa herein-
brach, gescheitert.

Im Zeichen eines übersteigerten Nationalismus eskalierten in den
Jahren vor 1914 nicht nur die Beziehungen zwischen dem Russischen
und dem Deutschen Reich, sondern an den deutschen Universitäten
auch die zwischen den deutschen Studenten und ihren russischen
Kommilitonen.[68] Selbst jene, die den »Logos« mittrugen und bereit
waren, die russischen Studenten gegen die Attacken von deutscher
Seite zu verteidigen, waren davon nicht frei. Max Weber, der doch in
sein Seminar nur noch »Russen, Polen und Juden« aufnehmen wollte,
ließ sich in seiner Rede zum 50jährigen Jubiläum der Heidelberger
Russischen Lesehalle, im Dezember 1912, zu der Äußerung hinrei-
ßen: »Sollten die Spannungen zwischen den Staaten sich bis zum Plat-
zen steigern und Russen sich verpflichtet fühlen, für Serbien einzuste-
hen, dann – auf Wiedersehen auf dem Felde der Ehre.«[69] Zu dieser
Veranstaltung war Weber von Aaron Štejnberg, Bruder des führenden Mitglieds der Linken Sozialrevolutionäre, Izaak Štejnberg, für
kurze Zeit Volkskommissar für Justiz nach der Oktoberrevolution
1917, eingeladen worden.[70] Auch die Brüder Štejnberg studierten in
Heidelberg Jura und Philosophie. Aaron promovierte 1913 bei dem
Juristen F. Fleiner mit einer Arbeit »Das Zweikammersystem und
seine Gestaltung im Russischen Reich«.[71] Seine Memoiren sind erst
vor kurzem in Paris erschienen. Ihm verdanken wir einen weiteren

Bericht über Webers Rede im Dezember 1912, die zusätzliche Ein-
blicke in dessen Verständnis der Beziehungen zwischen deutscher
und russischer Kultur ermöglichen. Weber betonte, so erinnert sich
Štejnberg, daß Rußland und Deutschland »auf Leben und Tod« aufeinander angewiesen seien. Sie könnten ohne einander nicht leben.
Rußland sei ein Land der unbegrenzten Möglichkeiten, das unter anderem Schriftsteller wie Tolstoj hervorgebracht habe, die die Maße
jedes europäischen Landes sprengten. Wenn sich diese russische
Maßlosigkeit« mit dem »Begriff des deutschen Maßes« verbinden
könne, so trete jene Harmonie ein, »welche die Welt retten würde.
Sonst stellt sich Disharmonie ein, an der unsere Zivilisation und
Kultur zugrunde geht«.[72] Diese Einschätzung der Entwicklungsmög-
lichkeiten Rußlands korrespondiert mit Webers Reflexionen darüber, die er am Ende seines ersten Rußlandartikels »Zur Lage der
bürgerlichen Demokratie in Rußland« anstellte.[73]
Es kennzeichnet wohl die Spannungen innerhalb der deutschen Gesellschaft vor dem Ersten Weltkrieg, vielleicht die innere Zerrissenheit der liberalen Intelligenz des Deutschen Kaiserreiches, daß sie
zwischen den Polen eines übersteigerten Nationalismus und eines su-
pranationalen Selbstverständnisses hin und her gerissen wurde. Denn
wie kaum ein anderer hat sich gerade Max Weber um die Vermittlung
zwischen den beiden Kulturen bemüht und die russische Intelligencija
als eine wesentliche Bereicherung des deutschen Geisteslebens angesehen. Er verwendete sich bei seinem Verleger Paul Siebeck für
Übersetzungen und Veröffentlichungen der Arbeiten von Aleksandr
Kaufman, Sergej Bulgakov und Vladimir Solov'ev und setzte im »Logos« die Publikation eines Artikels von Vjačeslav Ivanov durch, der in
Berlin studiert und promoviert hatte und Stipendiat am Deutschen
Archäologischen Institut in Rom gewesen war.[74] Damit stand Weber
keinesfalls allein, denn auch Georg Simmel und Heinrich Rickert
schätzten die Beiträge ihrer russischen Schüler, und Gustav Radbruch
hielt sogar die Anwesenheit der russischen Studierenden an deutschen Universitäten für »einen Segen für unsere den Gefahren der
Saturiertheit ausgesetzte Studentenschaft«.[75]
Die russische liberale Intelligencija war, so wird deutlich, vor dem
Ersten Weltkrieg in das bürgerlich-liberale Milieu des Deutschen Reiches integriert. Rußland und Deutschland rückten einander näher als
jemals zuvor oder danach in der Geschichte der beiden Länder. Wis-

senschaftliche, literarische und künstlerische Werke wurden gegenseitig rezipiert, wenn auch die Aneignung gebrochen war durch die jeweilige kulturelle Tradition.

Die jungen russischen Intellektuellen, die an der Zeitschrift »Logos« beteiligt waren, und viele ihrer Landsleute wirkten ohne Zweifel als Vermittler zwischen den Kulturen. Sie waren in Heidelberg gleichermaßen zu Hause wie in Moskau oder St. Petersburg. Sie machten das deutsche Publikum mit russischer Philosophie und Literatur bekannt und das russische mit der deutschen. Ihre volle Anerkennung erfuhren sie jedoch nur im bürgerlich-liberalen Deutschland. In ihrer Heimat stießen ihre Bemühungen auf den Widerstand der neoslavophilen und der marxistischen Intelligencija. In Rußland legten sie die Keime einer heraufziehenden bürgerlich-liberalen Kultur, doch die Spaltung der russischen Gesellschaft konnten sie nicht überwinden. Sie war auch unter den russischen Studenten und Wissenschaftlern in Deutschland nicht zu übersehen, wo sie in ihren Lesehallen und Klubs zwar auch die Geselligkeit pflegten, die Stepun so anschaulich beschrieben hat,[76] vor allem jedoch die weltanschaulichen Debatten aus der Heimat reproduzierten. Bildung, Wissenschaft und Revolution waren jene drei Ziele, um derentwillen die russische Intelligencija nach Deutschland kam.

Die 1917 siegreiche bolschewistische Revolution hat die überwiegende Mehrheit der Wissenschaftler, die geistige Elite, nach 1917 aus ihrer Heimat vertrieben, und viele, wie Stepun und Gessen, kehrten nun als Exilierte in das Land, in dem sie studiert hatten, zurück. Sie haben in jener Zeit erneut als Mittler zwischen den Kulturen gewirkt und die Werte eines »anderen Rußland« vermittelt.

# Edith Hanke
## Das »spezifisch intellektualistische Erlösungsbedürfnis«
## Oder: Warum Intellektuelle Tolstoi lasen

Leo Tolstois berühmte Romane »Krieg und Frieden« und »Anna Karenina« galten schon sehr bald nach ihrer deutschen Erstübersetzung Mitte der 1880er Jahre als Klassiker der russischen Literatur, die zweifelsohne ›en vogue‹ war. Die Popularität Tolstois leitete sich aber nur zu einem Teil von seinem dichterischen Erfolg ab. Parallel zu den großen Romanen kamen auch Übersetzungen von Tolstoischen Traktaten und sozialpolitischen Flugschriften auf den deutschen Buchmarkt. Ihre Sprache war wenig melodisch, der Stil einhämmernd-eintönig, die Themen kaum erbaulich. Und dennoch: Gerade diese Schriften machten Tolstoi um die Jahrhundertwende zu einem Bestseller-Autor und einer der prägenden Gestalten des kulturkritischen Diskurses in der deutschen Öffentlichkeit. Ein Zeitgenosse sprach sogar von einem »förmlichen Tolstoi-Cultus«.[1]

Graf Leo Nikolajewitsch Tolstoi (1828–1910) war nach 1879 zu einem »Aussteiger« geworden.[2] Der berühmte Schriftsteller gab nach seiner »Bekehrung« die literarische Tätigkeit zugunsten religiöser Mahnschriften und moralisch belehrender Volkserzählungen auf. Gefährlich wurde er für das zaristische Rußland und die staatstragende orthodoxe Kirche durch seine radikale Gesellschaftskritik, die sich in ihrer Anklage auf die Bergpredigt berief. Der Staatsapparat reagierte mit Zensurverboten und Verhaftungen der Tolstoi-Anhänger – der sogenannten Tolstoianer –, die Kirche mit seiner Exkommunikation. Die Weltöffentlichkeit der Jahrhundertwende nahm an diesen spektakulären Ereignissen im fernen Rußland teil: Es erschienen Fotoreportagen vom »Grafen im Bauernkittel« und im November 1910 großangelegte Berichte über die dramatische Flucht Tolstois und seinen Tod in der Bahnstation Astapowo.

Presse und Buchmarkt im deutschen Kaiserreich richteten sich auf dieses breite Tolstoi-Interesse ein.[3] Neben der Massennachfrage, die

durch reich bebilderte Sensationsartikel und volkstümliche Tolstoi-
Ausgaben – von teilweise zweifelhafter Übersetzungsqualität – befriedigt wurde, gab es akademisch geprägte Zeitungs- und Zeitschrif-
tenartikel über die »Kulturbedeutung«[4] des Grafen und gehobenere
Buchausgaben für das bildungsbürgerliche Publikum. Dem Verleger
Eugen Diederichs gelang es, mit seiner 1901 begonnenen Tolstoi-Ge-
samtausgabe sowohl dem kleinen als auch dem größeren Geldbeutel
Rechnung zu tragen.[5] Trotz der verschiedenen Ausgaben waren es
doch hauptsächlich Gebildete, die Tolstoi lasen.

Die intellektuelle Auseinandersetzung mit dem russischen »Aussteiger« läßt sich heute anhand von Publikationen, einer Vielzahl von
Aufsätzen, aber auch anhand von Gesprächsprotokollen und Erinnerungen nachzeichnen. Das Besondere an dieser Auseinandersetzung
war, daß sie quer durch die weltanschaulichen, religiösen, literarischen
und politischen Richtungen des Kaiserreichs ging. Stellvertretend für
das Spektrum lassen sich einige Kulturzeitschriften nennen, die
zeitweise Foren der Tolstoi-Diskussion wurden: die feuilletonistisch-
zeitkritische »Zukunft« Maximilian Hardens, die von Otto Brahm herausgegebene naturalistische Zeitschrift »Die freie Bühne« oder die
offiziös-marxistische »Neue Zeit« von Karl Kautsky, die expressioni-
stisch-anarchistische »Aktion« von Franz Pfemfert oder die sozial-
liberale »Hilfe« von Friedrich Naumann, nicht zu vergessen das »Deutsche Protestantenblatt« und das katholische »Hochland«.

Was faszinierte Intellektuelle aller Richtungen an Tolstoi? Ein ein-
drucksvoller Beleg ist eine briefliche Äußerung des österreichischen
Philosophen Ludwig Wittgenstein, der 1915 an einen Freund schrieb:
»Kennen Sie die ›Kurze Erläuterung des Evangeliums‹ von Tolstoi?
Dieses Buch hat mich seinerzeit geradezu am Leben erhalten.«[6] Wittgenstein war während seines Einsatzes im Ersten Weltkrieg zufällig
auf dieses Bändchen gestoßen, das Tolstois Neuinterpretation der
christlichen Lehre enthält. Es scheint für den Philosophen eine sehr
persönliche Lebenshilfe gewesen zu sein. Seine Tagebucheintragun-
gen aus dieser Zeit kreisen um religiöse und ethische Fragen, die sich
immer wieder auf Tolstoi rückbeziehen lassen.[7]

Eine ähnliche Wirkung hatte Leo Tolstoi im Deutschen Kaiserreich:
Er war ein Fixpunkt in der intellektuellen Diskussion der Jahrhundertwende. In dieser Phase des geistigen Umbruchs wurde die zunehmende Diskrepanz von moderner Kultur und überkommenen Werten

von den Intellektuellen kritisch hervorgehoben. Gab es bisher eine
Absicherung des gesellschaftlich relevanten Wertgebäudes durch das
Christentum, so wurde dieses Fundament nicht zuletzt durch die radikale Kritik Friedrich Nietzsches zerstört. Die Kampfansage »Gott
ist tot« zog die »Umwertung aller Werte« nach sich. Der Historiker
Thomas Nipperdey datiert mit der Kritik Nietzsches an der »christ-
lich-humanitären wie rationalistischen ›ersten‹ Modernität« den
Übergang zu einer »›zweiten‹ Modernität«, die »eine neue Ära der
Reflexion« darstelle.[8] In das Zentrum der Reflexion rückte zunächst
die Suche nach neuen ethischen Systemen. Eine solche Diskussion
wurde beispielsweise in der 1892 gegründeten »Gesellschaft für ethische Kultur« geführt, die eine freigeistige reformorientierte Sozial-
ethik vertrat. Auf eine Rundfrage, die der Vorsitzende Georg von
Gizycki im August 1893 an einige prominente Zeitgenossen gerichtet
hatte, reagierte Tolstoi prompt mit einem umfangreichen Artikel, der
in der Zeitschrift der Gesellschaft abgedruckt wurde. Vehement verteidigte er dort den von der Gesellschaft in Frage gestellten Zusammenhang von »Religion und Moral«.[9]
Auch wenn sich Tolstoi in der Folgezeit nicht mehr persönlich in die
ethische Diskussion einschaltete, blieb er dennoch als fester Bezugspunkt präsent. Daß dabei manchmal der Eindruck entstehen konnte,
Tolstoi sei geradezu leibhaftig anwesend, suggerierte Max Weber
noch 1917 in seiner Rede »Wissenschaft als Beruf«. Dort ließ er Tolstoi mehrmals mit der Frage »Was sollen wir denn tun?« auftreten.[10]
Durch diesen rhetorischen Kunstgriff gelang es Weber in fasziniere-
der Weise, nicht nur den analytischen Ort Tolstois in der zeitgenössischen Diskussion darzustellen, sondern ihn zugleich in seiner doppel-
ten Funktion als ethischen Infragesteller und als religiösen Sinnstifter
zu charakterisieren. Für Weber – wie für andere Intellektuelle der
Jahrhundertwende – war »Tolstoi« bereits ein feststehender Topos,
der dessen gesamte ethische Lehre mit einschloß. Weber konnte folglich damit rechnen, daß seine Hörcr die tolstoianische Ethik in ihren
Grundzügen kannten: Ausgehend von der religiösen Brüderlichkeits-
ethik, die dem Gebot des Nichtwiderstrebens verpflichtet war, forderte sie einen radikalen Pazifismus und Anarchismus. Tolstoi führte
der Welt durch sein Leben und durch seine Schriften mögliche Konsequenzen der christlichen Gebote vor Augen. Politisch bedeutete diese
Ethik eine Auflösung von Armeen und Staaten, wirtschaftlich den

Ausstieg aus kapitalistischen Produktionsprozessen, persönlich den Verzicht auf Luxus, wie insgesamt die Verpflichtung auf eine streng asketische Lebensführung. Diese Ethik der Lebens- und Kulturverneinung stellte in der Diskussion der Jahrhundertwende das kulturkritische Gegenbild zur Helden- und Kraftethik Friedrich Nietzsches dar. Aufgrund dieser Polarisierung wurde die religiöse Grundlage der Tolstoischen Ethik noch stärker betont. Tolstoi galt daher als der letzte Prophet des Christentums in einer sich endgültig säkularisierenden Gesellschaft.

Wenn Intellektuelle im Kaiserreich über Tolstois Ethik nachdachten, so war damit auch stets das generelle Verhältnis von Intellektualismus und Religion berührt.[11] Beides in einem Atemzug zu nennen mag in unseren Ohren heute sehr fremd klingen: Der Intellektuelle der Moderne zeichnet sich durch seinen kritischen Rationalismus und wenn auch nicht durch völlige Areligiosität, so doch durch möglichst große Gottes- und Kirchenferne aus. Die zeitgenössische Formulierung Max Webers von dem »spezifisch intellektualistischen Erlösungsbedürfnis«[12] ist daher interpretationsbedürftig.

Weber fragte sich in seinen religionssoziologischen Studien, was Intellektuelle in der Vergangenheit immer wieder zur Religion getrieben habe. Er stellte – im Gegensatz zur »Ressentimenttheorie« Nietzsches – die These auf, daß es zumeist Menschen aus sozial privilegierten, oft entmilitarisierten und entpolitisierten Schichten waren, die von den Erlösungsreligionen angezogen wurden: »Stets ist die Erlösung, die der Intellektuelle sucht, eine Erlösung von ›innerer Not‹ und daher einerseits lebensfremderen, andererseits prinzipielleren und systematischer erfaßten Charakters, als die Erlösung von äußerer Not [...]. Der Intellektuelle sucht auf Wegen, deren Kasuistik ins Unendliche geht, seiner Lebensführung einen durchgehenden ›Sinn‹ zu verleihen, also ›Einheit‹ mit sich selbst, mit den Menschen, mit dem Kosmos.«[13] Durch das Anliegen, die »Welt« als eine »sinnvolle« zu erfassen, würden die Intellektuellen in der modernen Kultur, die – so Weber – durch die ethische »Sinnlosigkeit« geprägt sei, ins außerweltliche Abseits geraten. Weber stellte daher für die Intellektuellen die hohe rationalistische Forderung auf: es auszuhalten, »in einer gottfremden, prophetenlosen Zeit zu leben«.[14] Indem Weber für die zeitgenössischen Intellektuellen diese Lösungsstrategie formulierte, gab er gleichzeitig zu, daß das »spezifisch intellektualistische Erlösungsbedürfnis« nicht nur der Vergangenheit angehöre, sondern ein ebenso in der Moderne zu bewältigendes Grundproblem sei. Gerade dieses von Weber beschriebene »Erlösungsbedürfnis« ist für die Intellektuellen im Kaiserreich ein Hauptmotiv ihrer Tolstoi-Auseinandersetzung gewesen.

Das läßt sich exemplarisch an zwei völlig verschiedenen Personen zeigen: an einem evangelischen Prediger und Publizisten und an einem anarchistischen Schriftsteller. Sie stehen zugleich stellvertretend für zwei Typen der Tolstoi-Diskussion im Kaiserreich.

Friedrich Rittelmeyer (1872–1938)[15] zählt heute zu den weniger bekannten protestantischen Theologen des Kaiserreichs, obwohl er einer der herausragendsten Prediger seiner Zeit war und 1922 zu den Mitbegründern der anthroposophisch inspirierten »Christengemeinschaft« gehörte. Sein Lebensweg spiegelt – gerade in der Tolstoi-Auseinandersetzung – wichtige Züge des kulturprotestantischen Selbstverständnisses und seiner Zersetzung nach dem Ersten Weltkrieg wider. Dieser vom liberalen Bildungsbürgertum getragene Protestantismus strebte eine »Erneuerung der protestantischen Kirche im Geiste evangelischer Freiheit und im Einklang mit der gesamten Kulturentwicklung der Zeit« an.[16] Verbunden mit dem gesellschaftspolitischen Anspruch, die »Vermittlung von Christentum und moderner Kultur«[17] zu leisten, ging eine intensive Reflexion des Verhältnisses von Moderne und religiöser Ethik, aber auch eine rege Öffentlichkeitsarbeit einher.

Während seiner Nürnberger Pfarrzeit störte Friedrich Rittelmeyer zusammen mit seinem Freund und Kollegen Christian Geyer den Frieden in der alt-lutherischen Landeskirche Bayerns ganz erheblich: Die Jahre 1907 bis 1914 waren durch fortlaufende Auseinandersetzungen mit der Kirchenleitung und der von ihr vertretenen konservativen Theologie geprägt. Rittelmeyer kämpfte für ein freieres und authentisches Christentum, wodurch er zu einem Hauptvertreter der modernen, freiprotestantischen Theologie in Bayern wurde.[18] Der Konflikt erregte ähnliches Aufsehen wie der Fall Schrempf in Württemberg und der Fall Jatho in Köln.[19] Schon in den 1890er Jahren hatte Christoph Schrempf in einer Aufsatzserie über Leo Tolstoi dessen kritisches Christentum gelobt, das sich dem Gewissen mehr als der kirchlichen Autorität verpflichtet fühlte.[20] Auch Friedrich Rittelmeyer zog Parallelen von seinem Streben nach Bekenntnisfreiheit zu

Tolstois Protest.[21] Somit erhielt der »Aussteiger« Tolstoi eine wichtige Vorbildfunktion für all diejenigen Theologen, die sich an den Rand der Kirche bewegten. Unabhängig davon wurde die streng dogmatische Bibelauslegung Tolstois sowohl von Schrempf als auch von Rittelmeyer abgelehnt, da sie nicht den modernen wissenschaftlichen Maßstäben standhielt. Wichtiger war der freie Zugriff Tolstois auf die Bibel und der dahinterstehende religiöse Ernst seines Bemühens.

Die Beschäftigung mit Leo Tolstoi war bei Rittelmeyer zunächst von seinem Wunsch getragen, »daß ich an dem Größten, was in meiner Zeit geistig geschieht, nicht vorübergehe«.[22] Bereits während seiner Studienzeit in Berlin hatte der angehende Theologe versucht, möglichst die ganze kulturelle, politische und religiöse Vielfalt der modernen Großstadt kennenzulernen. Er besuchte nicht nur Wagner-Opern und griechisch-orthodoxe Gottesdienste, sondern auch Veranstaltungen der Heilsarmee und der Sozialdemokratie. Als Pfarrer setzte sich Rittelmeyer mit den in Nürnberg aktiven freireligiösen Predigern Eugen Wolfsdorf und Max Maurenbrecher – tendenziell sympathisierend – auseinander, womit er wieder einmal die Kritik der konservativen Kirchenkreise auf sich zog. Indem der streitbare Pfarrer den geschützten sakralen Kirchenraum verließ und sich bewußt den neuen Kulturbewegungen stellte, verwirklichte er das kulturprotestantische Anliegen einer Versöhnung von Moderne und Christentum. Die von ihm und Christian Geyer herausgegebene Zeitschrift trug daher den programmatischen Titel »Christentum und Gegenwart«.

Diese praktische öffentlichkeitswirksame Vermittlung wurde durch die intellektuelle Aufarbeitung des Verhältnisses von moderner Kultur und Christentum begleitet. Sie durchzog Rittelmeyers Biographie und wurde von ihm in einem sogenannten Lebensplan ausformuliert. Dieser Plan war von dem systematischen Bedürfnis getragen, den Kern des Christentums in seinen verschiedenen historischen und individuellen Gestaltungen zu begreifen, ihn aber auch gegen seine Kritiker und gegen fremde Religionsformen abzusichern. Einzelne Stationen der Auseinandersetzung waren: Friedrich Nietzsche als größter »Antichrist« und Tolstoi als »bedeutendster Christ der Gegenwart«,[23] Buddha als wichtigster außerchristlicher Religionsgründer und schließlich – als zusammenfassender Schlußstein – Jesus. Ihren Ausgang nahmen diese Arbeiten von Rittelmeyers Nietzsche-Beschäftigung; denn der Philosoph und Psychologe Oswald Külpe hatte den jungen Vikar in Würzburg zu einer Dissertation über »Friedrich Nietzsche und das Erkenntnisproblem« ermuntert. Dadurch war Rittelmeyers Gesamtplan von einem zweifelnden und kritischen Fragen geprägt, das sich nicht mehr mit dem vorgegebenen Antwortkanon der kirchlichen Autoritäten zufriedengab, sondern nach eigenständiger rationaler Selbstvergewisserung strebte.

Im Winter 1904 – ein Jahr nach den Nietzsche-Vorträgen – hielt Rittelmeyer in Nürnberg vier Vorträge über Leo Tolstoi, die 1905 als Broschüre unter dem Titel »Tolstois religiöse Botschaft« erschienen. Gleich zu Beginn seiner Ausführungen thematisierte der Pfarrer den zentralen Punkt der kulturprotestantischen Tolstoi-Auseinandersetzung. Er setzte den russischen Propheten gezielt zur intellektuellen Prüfung des von den modernen Theologen erhobenen Anspruchs eines harmonischen Aufeinanderbezogenseins von Christentum und Kultur ein: »daß wir vor ihm das gute Gewissen zu unsrer Kultur prüfen.«[24] Knüpfte Rittelmeyer somit an die kulturprotestantische Tolstoi-Diskussion an, die 1884 mit einem Artikel im »Deutschen Protestantenblatt« begonnen hatte, so prägte er selbst durch seine Darstellung das Tolstoi-Bild in liberal-protestantischen Kreisen bis zum Ersten Weltkrieg.

Zur Charakterisierung Tolstois hatte sich in diesen Kreisen ein bestimmtes Tableau von Redewendungen herausgebildet, das sich auch bei Rittelmeyer fand: Tolstoi sei Russe und daher vor den spezifischen Zuständen seines Landes zu verstehen; seine Kritik und sein kulturverneinendes Christentum bezögen sich daher primär auf die slawische Welt. Obwohl Tolstoi in seiner Bergpredigt-Auslegung zu Übertreibungen und Fehldeutungen gelangt sei, müsse man ihn wegen seiner sittlichen Größe ernstnehmen.[25] Sein »ethischer Heroismus« frage »nicht nach den Folgen, sondern nach dem Willen Gottes«,[26] was Max Weber später mit dem bekannten Begriff der Gesinnungsethik umschrieben hat. Tolstois religiöse Persönlichkeit und die Konsequenz, mit der er seine Lehren in die Praxis umsetzte, erzwängen den Respekt der Kulturwelt. Er habe dadurch – so Rittelmeyer – einen festen Platz »im *Gewissen der Menschheit*«.[27]

Anhand der Reflexion des »antikulturellen«[28] Christentums von Leo Tolstoi formulierte Rittelmeyer seine eigene Position: Er empfand zwar einige der Tolstoischen Kritikpunkte am Materialismus, Fortschrittsoptimismus und überzogenen Individualismus als wohltuend, wies aber das Kerngebot seiner Ethik, »Du sollst dem Bösen nicht widerstreben mit Gewalt«, entschieden zurück. Es könne vielmehr eine sittliche Pflicht sein, dem Bösen entgegenzutreten und es nicht geschehen zu lassen.[29] Dieser Gedanke war grundlegend für die weltbejahende Haltung des deutschen Protestantismus, insbesondere für sein positives Verhältnis zum Staat, denn dieser war nicht – wie bei Tolstoi – ein reines Macht- und Unterdrückungsinstrument, sondern eine sittliche Institution. Zur Legitimierung berief man sich auf die europäische Geschichte, die als Fortschreiten des bürgerlichen Humanismus betrachtet wurde. Tolstoi wurde dagegen völlige Geschichtslosigkeit vorgeworfen. Er sei eben – so Rittelmeyer – ein »Chiliast«, der ganz auf das Kommen des Reichs Gottes vertraue.[30] In einem Vortrag von 1906 vor dem »Evangelisch-sozialen Kongreß« bekräftigte der Nürnberger Pfarrer nochmals ausführlicher die kulturprotestantische Vorstellung von dem ethisch notwendigen Zusammenhang von Jenseits und Kulturarbeit.[31] Bezeichnenderweise sollte dieser Vortrag ursprünglich über Tolstoi gehalten werden. Adolf Harnack, der Präsident dieses zwischen 1896 und 1914 wichtigsten kulturprotestantischen Diskussionsforums, hatte Rittelmeyer um den Vortrag gebeten.[32] Daran und an dem 1913 publizierten Artikel im Handwörterbuch »Die Religion in Geschichte und Gegenwart«[33] zeigt sich, wie sehr Rittelmeyer als Tolstoi-Spezialist in liberal-protestantischen Kreisen gefragt war.

Neben dieser gesellschaftspolitischen gab es bei Rittelmeyer auch eine persönliche Dimension der Tolstoi-Auseinandersetzung, die sich zwischen den Zeilen herauslesen läßt. Die von Tolstoi aufgeworfene Sinnfrage durchzog die Broschüre von 1905 wie ein roter Faden. Rittelmeyer sah in ihr die »tiefere und umfassendere« religiöse Frage als die von Luther gestellte: »Wie erlange ich Gewißheit darüber, daß der heilige Gott mir persönlich gnädig ist?«[34] Das religiöse Bedürfnis habe sich – so Rittelmeyers Ausführungen – von einem Streben nach Sündenvergebung zu einem umfassenderen Erlösungsbedürfnis entwickelt: Die Erlösungsreligion in der Gegenwart bedeute »nicht Erlösung durch ein äußeres Geschehnis in der Welt der Ereignisse, sondern von aller Halbheit, Unseligkeit und Sinnlosigkeit des Daseins, nicht Erlösung der gefallenen Natur, sondern Erlösung des gesamten Denkens, Fühlens und Wollens des Menschen!«[35] Mit diesem

Satz thematisierte Rittelmeyer – ganz im Sinn der von Weber auf-
gestellten Analyse – die Affinität von Intellektualismus und Religion. Es wird daran aber zugleich deutlich, daß bei ihm das religiöse
Erlösungsbedürfnis im Vordergrund stand, auch wenn er es mit intellektuellen Vorzeichen versah.

Eine befriedigende Lösung fand der evangelische Pfarrer dauerhaft
nicht im kirchlich institutionalisierten Christentum, sondern in der
Anthroposophie Rudolf Steiners. Dort sah er eine Möglichkeit, sein
Christentum neu zu erfahren und die Spannung von Intellektualismus
und Glauben durch Meditation zu überwinden. Erst 1922 – mit der
Gründung der »Christengemeinschaft« – schaffte er den Absprung
aus der gesicherten Existenz als Pfarrer. Er hatte elf Jahre um diesen
Schritt gerungen, vollzog ihn aber erst nach dem Ersten Weltkrieg, in
einer Phase, in der der Kulturprotestantismus seine gesellschaftliche
und wertprägende Kraft bereits verloren hatte. Der Zusammenhang
zwischen Kultur und Protestantismus war zerbrochen, so daß eine
Reihe der Rittelmeyerschen Zeitgenossen Halt in außerkirchlicher
oder »vagierender Religiosität« suchte.[36]

Gustav Landauer (1870–1919)[37] stellt das absolute Gegenbild zu
Friedrich Rittelmeyer dar: Mit seinem Studium in Berlin brach Landauer mit den bürgerlichen Verhältnissen, in denen er als Sohn einer
jüdischen Kaufmannsfamilie in Karlsruhe groß geworden war. Er
kam in Kontakt mit sozialistisch-anarchistischen Künstlerkreisen,
hörte mit dem Studium auf und übernahm redaktionelle Aufgaben für
die Zeitschrift »Der Sozialist«. Seitdem schlug er sich mit schriftstellerischen und herausgeberischen Arbeiten sowie mit Übersetzungen
durch. Bei seiner publizistischen Tätigkeit setzte sich Landauer immer wieder für die Verbreitung der Tolstoischen Lehre ein, wodurch
er zu einem der wichtigsten Tolstoi-Vermittler in der anarchistischen
Subkultur Deutschlands wurde. Seine Biographie veranschaulicht
einzelne Entwicklungsphasen vom Naturalismus zum anarchistischen
Expressionismus bis hin zur bayerischen Revolution 1918/19.

Für diese sozialrevolutionäre Strömung im Naturalismus war die
Frage entscheidend, ob Tolstoi gegenüber Nietzsche mehr Gewicht
beigelegt werden sollte. Der Kampf zwischen nietzscheanischer und
tolstoianischer Weltanschauung schlug sich in Landauers autobiogra-
phischem Roman »Der Todesprediger« nieder. Im Mittelpunkt dieses
1893 erschienenen Romans steht die Lebensgeschichte von Dr. Karl

Starkblom, der davon träumt, ein »Prediger in der Wüste« zu werden, aber nicht weiß, wofür er selber leben soll. Er zieht sich von den Menschen zurück und fühlt sich in seiner Einsamkeit und gesellschaftlichen Randexistenz mit dem russischen Grafen von Jasnaja Poljana verbunden.[38] Als Starkbloms Philosophieren über den Sinn des Lebens zu keinem Ergebnis führt, wird er zum »Todesprediger«. Erst ein erotisches Erlebnis reißt ihn aus seiner düsteren Gedankenwelt heraus. Er erkennt nun, daß der reine Intellektualismus die Sinnfrage nicht beantworten kann, weil der Verstand das Leben und die natürlichen Triebe im Menschen abtöte. Die Geschichte Starkbloms schildert in literarischer Verschlüsselung den Versuch, die Sinnfrage rational zu bewältigen – mit Webers Worten, das »spezifisch intellektualistische Erlösungsbedürfnis« – und die sich daran anschließende Enttäuschung, das Ungenügen des reinen Rationalismus, sinnstiftend zu wirken. So bricht in dem Roman erstmals die Spannung zwischen Leben und Verstand, zwischen Gemeinschaft und Vereinzelung auf, die Landauers weiteres Werk leitmotivisch durchzog.

In der nachfolgenden Schrift von 1903, die diesen Gegensatz in ihren Titel »Skepsis und Mystik« aufnahm, legte Landauer die erkenntnistheoretische Grundlage für seine radikale Kritik am Rationalismus: Die Formen der Sprache und Logik stünden in keinerlei Beziehung zur lebendigen Wirklichkeit.[39] Zusammengenommen zeigen diese frühen Schriften Landauers, wie die Hypertrophie des Rationalismus, eben vom Verstand alles zu erwarten, umschlug in seine vernichtende Kritik. Ähnlich wie bei Tolstoi selbst weitete sie sich auch bei Landauer in eine massive Kulturkritik aus, die in den Schriften nach 1907 ihren Niederschlag fand.

In der Abhandlung »Die Revolution« setzte sich Landauer mit dem Werden der modernen Kultur auseinander. In essayistischer Form untersuchte er die europäische Geistesgeschichte vor dem Gegensatz von »Skepsis und Mystik«. Der »Skepsis« ordnete er alle Folgeerscheinungen der Reformation zu: Rationalismus und Vereinzelung, Zentralismus und Verfassungsstaat, Zwang und kalte »Verstandesnüchternheit«. Demgegenüber stellte er die »Mythoskraft des Christentums«, die sich im katholischen Mittelalter gefunden habe. Um sie überhaupt verstehen zu können, müßten wir – so Landauer – »an gewisse Formen der Frauenlogik denken oder an russische religiöse Menschen wie Dostojewskij und Tolstoj«.[40] Somit beschwor

Landauer die Vergangenheit als Ideal herauf, wobei die russische
Welt – und damit auch Tolstoi – als gegenwärtige Vergangenheit angesehen wurden. Negativ besetzt war dagegen die vom Protestantismus geprägte moderne Kultur. Dieselbe Gegenüberstellung von russischer Ethik und westlichem Rationalismus fand sich etwas später
auch bei dem ungarischen Intellektuellen Georg Lukács.[41]

Einen politisch-kämpferischen Akzent erhielt Landauers Kulturkritik in der Broschüre »Aufruf zum Sozialismus«.[42] Hier stellte er den
Marxismus als wichtigsten zeitgenössischen Träger von Fortschritt,
Materialismus und Technik der Genossenschaftsidee von Proudhon
gegenüber. Diese sei ein Vorbild für einen schöpferischen und bündischen – also mystischen – Sozialismus. Mit dem Schlagwort »Verwirk-
lichungssozialismus«[43] machte Landauer den Weg frei für Siedlungs-
projekte innerhalb der kapitalistischen Welt. Er wurde damit zum
Förderer von alternativen Kommunen in den 1920er Jahren, in denen
sich Lebensreformer und »Aussteiger« sammelten. Ein Vorbild waren die Tolstoi-Kolonien, die es vor allem in Rußland und England
gab. So wurde beispielsweise 1921 die Kolonie »Freie Erde« in der
Nähe von Düsseldorf im »Geiste Gustav Landauers« gegründet.[44] Sie
überstand die Anfangsschwierigkeiten dank der Unterstützung der
anarchistischen »Freien Arbeiter-Union Deutschlands« und einiger
intellektueller Sympathisanten.

Ein Grund, weshalb Landauer nicht selbst in einer Siedlung lebte, war
sein Wunsch nach Einsamkeit, die für ihn ein fester Bestandteil seines
Anarchismus-Verständnisses war. In einem Aufsatz von 1901 hatte er
bereits dargelegt, daß er sich sowohl das starke libertäre Individuum
vom Schlage Nietzsches als auch den gewaltlosen Idealismus Tolstois
zum Vorbild gewählt habe. Anarchie sei eine »Grundstimmung [...],
die in jedem über Welt und Seele nachdenkenden Menschen zu finden« sei. Dieser sehr intellektualistische Anarchismus sollte zu einer
»Wiedergeburt« des Menschen führen.[45] Landauer vertraute darauf,
daß die geistige Kraft des Anarchismus sogar die Weltgeschicke ver-
ändern könne. Als 1918 in Bayern die Revolution ausbrach, feierte er
sie als einen Sieg vom »Geist Tolstois«.[46] Daß sie unter Kurt Eisner
ohne Blutvergießen vonstatten ging, bestätigte seine tolstoianische
Überzeugung, daß ein politisches System der Gewaltlosigkeit nicht
gewaltsam herbeigeführt werden müsse. Darin unterschied er sich
von seinen Weggenossen Erich Mühsam und Ernst Toller, die mit

Waffengewalt für den Sieg der Revolution kämpfen wollten, obwohl sie sich im Ersten Weltkrieg als radikale Pazifisten verstanden hatten. Landauer war in dieser Hinsicht zunächst konsequenter, da er nicht nur die staatliche und kriegerische Gewalt ablehnte, sondern auch die revolutionäre. Es gehört zu der Tragik seines Lebens, daß er als Teilnehmer der bayerischen Räterepublik von konservativen Regierungstruppen auf grausame Weise ermordet wurde.

Verstärkt hatte sich Landauer seit 1909 mit Tolstoi beschäftigt. Seinen »Sozialist« machte er zum Forum für eine intensive Tolstoi-Auseinandersetzung. Im Dezember 1909 publizierte er hier die deutsche Erstübersetzung von Tolstois »Rede gegen den Krieg«. Da sie ein Dokument des radikalen anarchistischen Pazifismus war, scheuten sich bürgerliche Organe, diesen zensurgefährdeten Text abzudrucken. Ein Jahr später brachte Landauer eine umfangreiche Gedenknummer zu Tolstois Tod heraus. Aus seinem Nekrolog spricht die große Verehrung für den Propheten von Jasnaja Poljana. Er habe sich um Einheit und Reinheit seines Lebens bemüht und sei letztlich zu der Synthese von »Rationalismus und inbrünstiger Mystik« gelangt.[47] Tolstoi hatte somit erreicht, worum Landauers Denken unaufhörlich kreiste: Er hatte den Gegensatz von »Skepsis und Mystik« überwunden.

Allerdings verstand Landauer unter Mystik etwas anderes als Tolstoi: Während dessen Mystik religiösen Ursprungs war, hatte Landauer sie von diesem traditionellen Zusammenhang abgelöst und zu einem rein zwischenmenschlichen Verständigungsmittel gemacht.[48] Mystik war für ihn ein Medium, in dem der einzelne sein Ich aufheben und mit anderen Menschen, den Vor- und Nachfahren, in Verbindung treten könne.[49] Damit wurde die Mystik zu einem sozial verbindenden Element, das zwar keiner göttlichen Instanz mehr bedurfte, das aber selbst religiösen Charakter annahm. Der Religionshistoriker Michaël Löwy spricht von einer »sécularisation mystique«, die die religiöse Symbolik in die sozialistische Utopie überführe.[50] Zugleich verweist er auf den jüdischen Hintergrund des Landauerschen Mystikverständnisses. Hieraus erklärt sich auch, daß Landauer zwar den religiös-mystischen Impetus Tolstois bewunderte, aber keinen Bezug zu den Inhalten der christlich geprägten Ethik Tolstois fand. Trotz dieser Einschränkung identifizierte sich Landauer mit den kulturkritischen, pazifistisch-anarchistischen Konsequenzen der tolstoianischen Lehre, die er mit seinem Mystikverständnis verband. Daher kann Landauer unter den deutschen Intellektuellen einerseits als der ernsthafteste Tolstoianer und andererseits als Vertreter einer »philosophischen«, »innerweltlichen Mystik«[51] angesehen werden.

Vergleicht man nun abschließend Friedrich Rittelmeyer und Gustav Landauer in ihrem intellektuellen Zugriff auf Tolstoi, so lassen sich zunächst – trotz aller Unterschiedlichkeit – Gemeinsamkeiten benennen: Auffällig war die Berufung auf Leo Tolstoi sowohl bei Rittelmeyer als auch bei Landauer, sobald es um die Legitimierung ihrer kirchlichen bzw. gesellschaftlichen Rand- oder Sonderstellung ging. Tolstoi war ein Vorbild, weil er seine Meinungs- und Gewissensfreiheit gegenüber den staatlichen und kirchlichen Autoritäten behauptet hatte. Er gehörte zu den wenigen, denen es gelungen war, durch die Macht des Wortes den Schutz ihrer Person errungen zu haben. Der Kampf für diese liberalen und eigentlich für jeden Intellektuellen lebensnotwendigen Grundrechte konnte – und das zeigte der Fall Tolstois – unter autoritären Regimen zum Anarchismus führen. So war es möglich, daß Tolstoi sowohl bei den Liberalisierungsbestrebungen des freien Protestantismus als auch bei den revolutionär-anarchistischen Forderungen eines Gustav Landauer Pate stehen konnte.

Die Radikalität und Konsequenz, mit der Tolstoi seine Lehre formuliert hatte und sie ins alltägliche Leben umzusetzen versuchte, flößte selbst seinen Kritikern Respekt ein. Diese Entschlossenheit faszinierte nicht nur Rittelmeyer und Landauer, sondern war ein durchgehendes Phänomen im Kaiserreich, das in besonderer Weise die Intellektuellen anzog: Denn streng rationale und konsequent durchgeführte Lebensentwürfe hatten – so Max Weber – schon immer »Gewalt über die Menschen, so begrenzt und labil diese Macht auch gegenüber andern Mächten des historischen Lebens überall war und ist«.[52]

Hinzu kam, daß Tolstoi mit dieser Ernsthaftigkeit nicht irgendeine Lehre vertrat, sondern seinen Zeitgenossen vor Augen führte, was ein konsequentes Christentum bedeutete. Seine »Kulturbedeutung« bestand genau in dieser ihm zugeschriebenen Rolle als letzter christlicher Prophet. Sein Christentum erschien als völlig unzeitgemäß und ohne jede Realisierungschance im modernen Kulturgetriebe. War er daher für die meisten eine sittliche Instanz, die über den Dingen

stand, so war er für moderne Christen – wie sich an Rittelmeyer zeigte
– ein Stein des Anstoßes. Rittelmeyers Verflochtenheit in die bürger-
lich-protestantische Kultur ließ nur eine sehr verhaltene Kritik an den
bestehenden Zuständen zu. Seine Auseinandersetzung mit Tolstoi
wurde an den Punkten interessant, wo sie persönliche Zweifel und
religiöse Erlösungsbedürftigkeit verriet. Insofern war Rittelmeyer
auch hier in der Art des Tolstoi-Umgangs ganz dem literarischen und
religiösen Innerlichkeitsideal des protestantischen Bildungsbürgertums verhaftet. Die Biographie des Pfarrers verdeutlichte aber auch,
daß intellektualistischer Skeptizismus die christliche Religion selbst in
Theologenkreisen aufzulösen begann. Die Zweifel Rittelmeyers endeten nicht in einer Abkehr von der Religion, sondern in außerkirchlicher Religiosität.

Stand somit bei Rittelmeyer ein religiöses Erlösungsbedürfnis im
Vordergrund, so war dies bei Landauer primär ein intellektualisti-
sches. Es trieb ihn zur radikalen Kritik des Rationalismus und der
modernen Kultur, wodurch er – im Gegensatz zu Rittelmeyer – Tolstoi viel näher stand und ihm in wichtigen Punkten ähnlich war. Daß
Landauer die gesellschaftskritischen Lehren Tolstois viel stärker rezipierte, hing aber auch mit seinem Literaturverständnis zusammen.
Ganz im Sinn der Naturalisten sollte Literatur ja nicht mehr Flucht in
eine ästhetisch heile Welt sein, sondern Wirklichkeit schonungslos
abbilden. Solche Literatur wurde zur sozialen Anklage und oft zur
Grundlage für politisches Handeln, was besonders für Landauer und
seine expressionistisch-anarchistischen Weggenossen galt.

Auch wenn »Tolstoi« – je nach der religiösen, sozialen und politischen
Akzentuierung – anders gedeutet und in die intellektuelle Diskussion
eingeblendet wurde, war er doch eines der bedeutsamsten Bildungs-
ereignisse der Jahrhundertwende. Über den verschiedenen Ausdeu-
tungen steht daher die persönliche Aussage von Ludwig Wittgenstein: »In Tolstoi gelesen mit großem Gewinn.«[53]

# Wolfgang Schwentker
## Fremde Gelehrte
Japanische Nationalökonomen
und Sozialreformer im Kaiserreich

Am 11. Juli 1886 machte sich Kanai Noburu von Yokohama aus auf den Weg nach Europa.[1] Die sechswöchige Seereise führte den Studenten der Wirtschaftswissenschaften zunächst nach Paris; von dort aus ging es dann mit der Bahn weiter nach Süddeutschland. Ziel des 22jährigen Mannes aus Tokyo war Heidelberg. Erwartet wurde er dort von Karl Knies. Der große synthetisierende Theoretiker der älteren historischen Schule der deutschen Nationalökonomie wollte sich persönlich des fernen Gastes annehmen und ihn in die Grundlagen des Fachs einführen. Bei dessen Ankunft in Heidelberg Anfang September 1886 fand Knies seinen japanischen Schüler dafür aufs beste vorbereitet. Bereits in Tokyo hatte sich Kanai nach bestandenem Examen als Hilfsassistent von Karl Rathgen die ersten Sporen verdient. Der deutsche Gastprofessor, der im Jahre 1882 an die Kaiserliche Universität von Tokyo berufen worden war, hatte den begabten Studenten unter seine Fittiche genommen. Bei Rathgen verbesserte Kanai nicht nur seine Kenntnisse der deutschen Sprache; er machte sich darüber hinaus auch mit den Grundzügen des deutschen Universitätssystems vertraut und ließ sich von den geistigen und politischen Auseinandersetzungen im Deutschen Reich der späten Bismarck-Zeit erzählen. Mit hilfreichen Empfehlungen und wohlmeinenden Ratschlägen seines deutschen Lehrers versehen und durch eine vorläufige Übersetzung von Wilhelm Roschers »Geschichte der National-Oekonomik in Deutschland« (1874) leidlich vorgebildet, wollte Kanai nun seine Kenntnisse in Heidelberg und an anderen deutschen Universitäten vertiefen und in den Seminaren bei den Großen des Fachs den Grundstock für die weitere wissenschaftliche Laufbahn legen.[2]

Kanai Noburu war nicht der erste und einzige junge Gelehrte aus Japan, den es in jenen Jahren zum Studium an eine deutsche Universität zog. Politiker, Militärexperten und Verfassungsjuristen entdeckten in

Preußen-Deutschland das Modell einer wie Japan »verspäteten Nation«, der es gelungen war, an den weiter entwickelten Westen, an England und Frankreich vor allem, in nur wenigen Jahrzehnten anzuschließen. Unter den japanischen Reformern der Meiji-Zeit war seit dem politischen Umbruch der 1860er Jahre die Auffassung weit verbreitet, daß man sich die historischen Erfahrungen der fortgeschritteneren Nationen zunutze machen müsse. Nachdem die über zweihundertjährige Abschließung gegenüber dem Ausland im Jahre 1868 mit dem Sturz des Tokugawa-Shogunats und der Meiji-Restauration ihr Ende gefunden hatte, war man nun begierig, vom Westen zu lernen. Die kaiserliche Eidescharta vom April 1868 forderte in ihrem fünften Artikel ausdrücklich dazu auf, neue Erkenntnisse in der ganzen Welt zu sammeln.

Zu diesem Zweck wurden in den kommenden beiden Jahrzehnten mehr als 1000 ausländische Berater ins Land geholt und eine ebenso große Anzahl japanischer Wissenschaftler zum Studium ins Ausland geschickt.[3] Zwei politische Ziele standen dabei im Vordergrund und waren eng miteinander verknüpft. Zum einen ging es den alten Eliten in den staatlichen Verwaltungen darum, die kaiserliche Macht zu stärken und den Wohlstand des Landes und seiner Bevölkerung zu mehren; zum anderen wollte man mit Hilfe des Westens eine gut ausgebildete und technisch bestens ausgerüstete Armee aufbauen, um sich des imperialen Zugriffs der westlichen Staaten besser erwehren zu können und sich dann selbst als neue Großmacht in Ostasien zu etablieren. Die Formel »reiches Land und starke Armee« wurde zum Schlagwort der ganzen Epoche.[4]

Zugleich wollte die japanische Regierung die politischen Unwägbarkeiten und sozialen Kosten, die eine überstürzte und nicht auf die gewachsenen Traditionen Japans Rücksicht nehmende Modernisierung unzweifelhaft mit sich bringen würde, vermeiden. Auf politischem Gebiet schien deshalb der semifeudale Konstitutionalismus des Deutschen Reiches, der den alten Eliten ihre Vormachtstellung sicherte, auch für Japans regierende Oligarchie eine geeignete Folie für die Ausarbeitung einer Verfassung abzugeben. Nach der Regierungskrise von 1881 begab sich deshalb Itô Hirobumi, einer der führenden Reformer der Meiji-Zeit und Japans erster Premier, auf eine Studienreise nach Europa, um sich in Gesprächen mit Bismarck und Rudolf von Gneist in Berlin und Lorenz von Stein in Wien Ratschläge aus erster Hand zu holen. Wenig später lud er zwei deutsche Verfassungsjuristen als Regierungsberater nach Tokyo ein. Sie sollten in Abstimmung mit den japanischen Fachbeamten einen Entwurf der für 1889 in Aussicht genommenen Verfassung ausarbeiten. Spätestens seit Itôs Rückkehr waren sich Politiker, Beamte und Gelehrte in Japan darüber im klaren, daß für den Aufbau eines modernen Staates das preußisch-deutsche Modell von herausragender Bedeutung sein sollte.

Gleichzeitig warnten aber japanische Traditionalisten wie auch liberale und sozialistische Kritiker vor einer zu starken Anlehnung an westliche bzw. deutsche Vorbilder. Man hatte dabei vor allem die verheerenden sozialen Folgekosten eines sich rapide vollziehenden Industrialisierungsprozesses, wie sie aus England bekannt waren, vor Augen. Der marxistische Nationalökonom Kawakami Hajime hatte Befürchtungen dieser Art in einem seiner frühen Aufsätze aus dem Jahre 1905 zum Ausdruck gebracht und daraus den Schluß gezogen: »Die Geschichte des Scheiterns der fortgeschrittenen Nationen ist das beste Lehrbuch für die nachfolgenden. Ich hoffe, unsere Politiker und Intellektuellen können aus diesem Lehrbuch etwas lernen.«[5]

Es war deshalb nicht verwunderlich, daß sich mit dem industriellen »Take-off« Mitte der 80er Jahre das Augenmerk der Politiker und Gelehrten verstärkt auf die wirtschaftlichen und sozialen Entwicklungen im Deutschen Reich richtete. Unter den japanischen Beobachtern standen dabei zwei große Themen im Zentrum des Interesses: die Kritik der deutschen Nationalökonomie an der klassischen englischen Freihandelslehre und die Bismarcksche Sozialgesetzgebung sowie die Behandlung der »sozialen Frage« im »Verein für Sozialpolitik«. Die japanischen Modernisten hatten sich nach dem politischen Umsturz des Jahres 1868 in ihren wirtschaftspolitischen Auffassungen zunächst ganz auf Quesnay, auf Smith, dann auf die Manchester-Schule verlegt.[6] Relativ früh, nämlich im Jahre 1859 und bezeichnenderweise durch den deutschen Arzt und Japanreisenden Philipp Franz von Sieboldt, gelangten Smiths »Untersuchungen über das Wesen und die Ursachen des National-Reichthums« in der deutschen Übersetzung von Max Stirner nach Japan. In japanischer Übersetzung wurde das Buch zusammen mit Samuel Smiles »Self-Help« zu einem der am meisten gelesenen Bücher der Meiji-Zeit.

Fukuzawa Yukichi, der große Wortführer der japanischen Aufklärung, hatte im Anschluß an die klassische englische Lehre die Auffassung vertreten, daß die Wirtschaft, wie etwa die Physik, immer gleichen Gesetzen folge. Taguchi Ukichi, einer der ersten Wirtschaftstheoretiker der japanischen Moderne, ging noch einen Schritt weiter und meinte gar:»Die ökonomischen Wahrheiten hängen nicht von Zeiten oder nationalen Besonderheiten ab. Ein Gesetz, das in einem Land gültig ist, kann auch in einem anderen angewandt werden. [...] Eins plus zwei sind immer und überall drei!«[7] Das klang in seiner Schlichtheit zwar gut und überzeugend; doch in der Praxis – angesichts der sogenannten ungleichen Handelsverträge, die Japan mit den westlichen Nationen abzuschließen gezwungen war – ging diese Rechnung nicht auf. Als Nachzögling im Industrialisierungsprozeß mußte Japan bei Anwendung des uneingeschränkten Laissez-faire-Prinzips und der kalten Gesetze des Markts gegenüber den konkurrenzfähigeren Vereinigten Staaten von Amerika und Westeuropa den kürzeren ziehen. Da die Wirtschaftsplaner in den staatlichen Verwaltungen auch auf die besondere ökonomische Ausgangslage Japans, vor allem auf seine ungeschützte Agrarwirtschaft, Rücksicht zu nehmen hatten, mehrten sich seit Mitte der 80er Jahre protektionistische Stimmen.

Vor diesem Hintergrund mußte der Blick japanischer Ökonomen zwangsläufig auf die Debatten in Deutschland fallen.[8] Dort hatte zuerst Friedrich List die englische Schule mit der Kritik herausgefordert, sie habe zu wenig Gewicht auf den unterschiedlichen Entwicklungsstand der einzelnen Nationen gelegt. Gegen den Internationalismus der klassischen Nationalökonomie führte List den nationalen Charakter einer Volkswirtschaft ins Feld. Die japanische Übersetzung seines Buchs »Das nationale System der politischen Ökonomie« (1841) Ende der 80er Jahre kündigte in Japan den Umschwung von der englischen Freihandelslehre hin zur deutschen Schule der Nationalökonomie an.[9] Diese hatte im Anschluß an List die Smithsche Nationalökonomie für jene sozialen Mißstände verantwortlich gemacht, die sich in England in der Anfangsphase der Industrialisierung gezeigt hatten und sich in den deutschen Ländern seit den 30er Jahren in Form des sogenannten Pauperismus wiederholten. In radikaler Absetzung vom Universalismus und Utilitarismus der Smithianer suchte die ältere historische Schule um Wilhelm Roscher, Bruno Hildebrand und Karl Knies nach neuen Wegen in der Nationalökonomie, die den

historischen Besonderheiten Deutschlands eher gerecht zu werden
vermochten. Der Historismus trat damit auch in den Wirtschaftswissenschaften seinen Siegeszug an: Man wollte nicht mehr mittels abstrakter Logik und deduktiver Verfahren nach immer neuen Gesetzmäßigkeiten Ausschau halten, sondern die historische Einmaligkeit
der Volkswirtschaft einer Nation ins Zentrum rücken und an die
Stelle rein ökonomischer Zweckmäßigkeiten die moralische Verantwortung des einzelnen Individuums und des Staates setzen.

Die jüngere historische Schule, die sich ab etwa 1870 unter der Ägide
Gustav von Schmollers zusammenfand, ging dabei noch einen Schritt
weiter. Sie drängte die klassische englische Schule noch mehr zurück
und verbat sich zunächst jegliche historische Verallgemeinerung. Ihr
ging es darum, die Volkswirtschaftslehre mittels induktiv-empirischer
Verfahren wieder an die unmittelbare historische Wirklichkeit heran-
zuführen. Gerade dort, gegenüber den brennenden sozialen Problemen der Zeit, waren die »Manchesterleute« eine Antwort schuldig
geblieben. Jetzt schien es, als ob die Arbeiterfrage die Nationalökonomie und die staatliche Sozialpolitik in ihrem Sinne umzuformen
begann.

Mittels neuer Untersuchungsmethoden und auf dem Boden fester
ethischer Prinzipien suchten Schmoller, Lujo Brentano, Adolph
Wagner und andere, die sich 1873 im »Verein für Sozialpolitik« gegen
den flachen Sozialoptimismus der radikalen Smithianer und gegen
den umstürzlerischen Sozialismus zusammengefunden hatten, dem
Staat die notwendigen wissenschaftlichen Kenntnisse für eine umfassende Sozialgesetzgebung an die Hand zu geben. Die Bismarcksche
Sozialgesetzgebung der 80er Jahre war zwar den Forderungen der
»Kathedersozialisten« fürs erste nachgekommen; die Auseinandersetzungen um die weitere Entwicklung von Sozialwissenschaft und
Sozialpolitik waren damit aber noch lange nicht abgeschlossen. Von
der im Ausland bewunderten Harmonisierung der sozialen und wirtschaftlichen Interessengegensätze zum Zweck politischer Stabilität
war man in Wirklichkeit noch weit entfernt.

Und dennoch: International wurde der deutschen Entwicklung Mo-
dellcharakter zugesprochen. In den Vereinigten Staaten von Amerika
war es der Knies-Schüler Richard T. Ely, der die sozialpolitisch engagierte Garde junger Ökonomen 1885 in der »American Economic As-
sociation« zusammenführte. In Japan wurden die Historische Schule

und das sozialpolitische Denken im wesentlichen von drei hier zu por-
trätierenden Wissenschaftlern bekanntgemacht, die ihre Erkenntnisse allesamt während eines längeren Studienaufenthalts an deutschen Universitäten sammelten. Durch die Vermittlung von Kanai
Noburu, Kuwata Kumazô und Fukuda Tokuzô wurde die »deutsche
Schule« seit 1890 zur vorherrschenden Richtung in der japanischen
Nationalökonomie und bestimmte maßgebend die staatliche Wirt-
schafts- und Sozialpolitik vor dem Ersten Weltkrieg.[10]

Kanai Noburu (1865–1933) gehörte zur ersten Generation japanischer Studenten und Gelehrter, die zu einem Studienaufenthalt ins
Deutsche Reich kamen. Nach bestandenem Examen in den Wirtschaftswissenschaften und in politischer Theorie setzte er 1885 sein
Studium an der Kaiserlichen Universität von Tokyo im Oberseminar
von Karl Rathgen fort. Rathgen war 1882 auf Vermittlung seines Lehrers Schmoller als erster deutscher Wirtschaftswissenschaftler an
diese Universität berufen worden und sammelte während seines acht-
jährigen Aufenthaltes in Japan Material für eine Abhandlung über
»Japans Volkswirtschaft und Staatshaushalt«, mit der er sich 1891 in
Marburg habilitierte.[11].

Bei Rathgen hörte Kanai deutsches Staatsrecht und Finanzwissenschaft und arbeitete diesem in der Forschung zu. Sein Honorar, die
ersten drei Bände von Roschers »System der Volkswirtschaft«, war
nicht nur der Lohn für harte Arbeit, sondern auch eine neue geistige
Herausforderung, die er nur mit Hilfe Rathgens nach monatelangem
Studium zu bewältigen vermochte. Kanai erkannte in Roschers Werk
sogleich die große systematische Leistung und begann, sich immer
weiter in die grundlegenden Probleme der deutschen Nationalökonomie einzuarbeiten. Im Frühjahr folgte er schließlich dem Rat seines
deutschen Förderers und entschied sich zu einem dreijährigen Studienaufenthalt in Europa. Drei Jahre lang wollte er in Deutschland
Wirtschaftstheorie und ein Jahr in England mit dem am weitesten entwickelten industriekapitalistischen System die faktischen Gegebenheiten studieren.[12]

In Heidelberg war Kanai zunächst auf sich allein gestellt. Japanische
Studenten, vor allem Mediziner und Juristen, zog es in den 1890er
Jahren eher nach Leipzig, Freiburg und Bonn. Dem »Heidelberger
Tagebuch« Kanais entnehmen wir, daß die Fürsorge von Knies und
die wiederholten Einladungen in sein Haus ihm persönlich über die

ersten schwierigen Monate im fremden akademischen Milieu hinweg-
halfen.[13] Sie waren für ihn eine Quelle der Inspiration, machten ihm
Mut und wurden für das Gelingen seiner Studien von ausschlaggeben-
der Bedeutung. Mehr Schwierigkeiten hatte er mit den Vorlesungen
seines Mentors, die er im ersten Semester kaum verstand. Besser kam
er hingegen in dessen Seminar, einer für ihn völlig neuen Form der
akademischen Lehre, und im Kolleg von Schulze-Gävernitz über Ver-
waltungslehre zurecht. Bewegt haben ihn, so lesen wir aus den kurso-
rischen Eintragungen der Heidelberger Zeit heraus, vor allem die
»Faust«-Vorlesungen Kuno Fischers. Das entscheidende Leseerleb-
nis des Wintersemesters 1886/87 war die Untersuchung seines Lehrers Knies über »Die politische Ökonomie vom geschichtlichen
Standpunkte«, die in zweiter Auflage drei Jahre zuvor erschienen
war. Kanai mußte sich, so schrieb er ins Tagebuch, durch den Stoff
regelrecht durchkämpfen, erkannte aber die Bedeutung dieses Werks
und hielt durch. Den straffen Stundenplan des ersten deutschen Se-
mesters konnte er deshalb nur mit Schwierigkeiten bewältigen. Vorlesungen und die Lektüre deutscher Zeitungen und Zeitschriften, für
die er sich täglich eine Stunde nahm, ließen ihm dennoch Zeit, auch
die angenehmen Seiten des Studentenlebens zu genießen. Als exo-
tischer Fremder war er selbst den deutschtümelnden Burschenschaft-
lern ein willkommener und interessanter Gast.

Nach einer Reise in die Schweiz im Sommer 1887 entschied sich Kanai
nach Rücksprache mit Karl Knies, für ein Jahr nach Halle ins Seminar
des geschätzten Johannes Conrad zu wechseln, der in Japan als Herausgeber der »Jahrbücher für Nationalökonomie und Statistik« über
einen hervorragenden Ruf verfügte. Im Seminar Conrads traf er auf
den nur um ein Jahr älteren Max Weber und feierte ein Wiedersehen
mit Alfred Marshall, mit dem er schon in Tokyo zusammengetroffen
war und dessen Buch »Economics of Industry« (1879) ihn nachhaltig
beeindruckt hatte. Der deutschen Sprache nach nunmehr einem Jahr
in Deutschland schon eher mächtig, wurde der Aufenthalt in Halle die
wissenschaftlich fruchtbarste Zeit. Kanai nahm aktiv an den Seminaren und Übungen teil. In den Lehrveranstaltungen Conrads über
Wirtschaftstheorie und Sozialpolitik war er regelmäßig zugegen und
beteiligte sich an dessen Kolloquium mit einem eigenen Referat über
die »Theorie der Ein- und Ausgaben«. Im Frühjahr 1888 wagte er sich
sogar mit einem öffentlichen Vortrag über »Das japanische Unter-

richtswesen« vor und nahm in einem bissigen Artikel in der »Saale-Zeitung« zu einem Vortrag einer Japanreisenden über die seiner Meinung nach keineswegs bedauernswerte Lage der Frauen in der japanischen Gesellschaft Stellung.[14] Im folgenden Sommersemester setzte er dann seine Studien bei Conrad fort. Des weiteren hörte er bei Friedberg Wirtschaftsrecht und bei Rudolf Stammler Rechtsphilosophie. Nachhaltigen Eindruck hinterließen einige wissenschaftliche Exkursionen. Zusammen mit den deutschen Kommilitonen besuchte Kanai Genossenschaften und mehrere Industrieunternehmen. All diese Unternehmungen vermittelten ihm ein lebendiges Bild der wirtschaftlichen und sozialen Entwicklungen im Deutschen Reich und wurden zu Erfahrungen, die er mit nach Japan nahm und unmittelbar in seine Wirtschafts- und Gesellschaftstheorie einarbeiten sollte.

Im Sommersemester 1888 wurde Kanai von Conrad mit neuen Fragen und Problemen konfrontiert. In den zahllosen Gesprächen, die er mit seinem deutschen Tutor führte, wurde er auch auf den Methodenstreit in der deutschen Nationalökonomie gestoßen, der in jenen Jahren zwischen Gustav von Schmoller auf der einen und Carl Menger auf der anderen Seite ausgetragen wurde. Von Conrad lieh er sich Carl Mengers Buch über »Die Irrtümer des Historismus in der deutschen Nationalökonomie«, dessen Lektüre zum wichtigsten geistigen Erlebnis der Hallenser Semester wurde. Er zeigte sich im folgenden so stark von Menger beeindruckt, daß er sich selbst die »Untersuchungen über die Methode der sozialwissenschaftlichen und der politischen Ökonomie insbesondere« kaufte und sie Seite für Seite durcharbeitete. Die Lesefrüchte faßte er sodann in einem Seminarpapier mit dem Titel »Der Streit über die Methodologie der Politischen Ökonomie« zusammen.[15]

Dem österreichischen Begründer der Grenznutzenschule ging die theoretische Enthaltsamkeit der historischen Schule um Schmoller entschieden zu weit. Menger machte sich deshalb dafür stark, der deduktiven Methode, einem Grundelement der klassischen Lehre, wieder zu ihrem Recht zu verhelfen. Während Schmoller auf induktiver Vorgehensweise und historischer Einzelforschung beharrte, glaubte Menger, man könne nur mittels einer deduktiven Betrachtung zu richtigen Erkenntnissen in den Wirtschaftswissenschaften gelangen. Wie immer man sich zu diesen Grundfragen des Fachs auch stellen mochte, so mußte man Mengers Verdienst anerkennen, »das Verhältnis zwischen theoretischer und historischer Erkenntnis als Problem der nationalökonomischen Forschung klar herausgestellt zu haben«.[16] Für den Studenten aus Fernost ging der Methodenstreit in der deutschen Nationalökonomie zunächst noch unentschieden aus. Erst später, nach seiner Rückkehr nach Japan, sollte sich Kanai doch auf die Seite Schmollers schlagen. Aber er hatte die grundlegende Problematik dieser Auseinandersetzung gesehen und versuchte nun, sich auch ein persönliches Bild von den beiden Kontrahenten zu machen.

Die Reise nach Wien stand unter keinem guten Stern. Menger hatte für den fremden Besucher keine Zeit. Die einzige Vorlesung, die Kanai bei Menger hörte, war für ihn, so räumte er später freimütig ein, kaum zu verstehen. Anders lagen die Dinge in Berlin. Dank der Vermittlung von Conrad und Knies wurde er dort freundlich aufgenommen und entschloß sich daraufhin, Halle den Rücken zu kehren und für ein Jahr an die Berliner Universität zu wechseln. Im Wintersemester 1888/89 schrieb er sich für Schmollers wirtschaftsgeschichtliches Kolleg ein, hörte Adolph Wagner über Wirtschaftstheorie und Rudolf von Gneist über preußisches Verwaltungsrecht. Dem folgte im darauffolgenden Sommer die flüchtige Bekanntschaft mit Treitschke, der allerdings wenig Eindruck auf ihn machte. Besonders fasziniert zeigte er sich hingegen vom Auftreten eines jungen Philosophen: Georg Simmels Seminar über die »Psyche des Geldes« (sic!) ließ er nicht einmal aus.[17]

Der nachhaltigste Einfluß während der beiden Berliner Semester ging jedoch zweifellos von Schmoller aus, der sich vom Eifer seines japanischen Studenten beeindruckt zeigte und diesen des öfteren zu sich nach Hause lud. Bei diesen Gelegenheiten wurde Kanai nicht nur mit den Gedanken und Prinzipien der neueren historischen Schule vertraut, sondern machte sich auch Schmollers Expertise in sozialpolitischen Belangen zunutze. Recht bald fand er allerdings heraus, daß es sich beim Kreis um Schmoller und dem »Verein für Socialpolitik« keineswegs um eine Schule mit homogener wissenschaftlicher und politischer Ausrichtung handelte. Schmoller selbst favorisierte eine über den egoistischen Klasseninteressen stehende starke Staatsgewalt, um »die unteren Klassen so weit zu heben, zu bilden, zu versöhnen, daß sie in Harmonie und Frieden sich in den Organismus der Gesellschaft und des Staates einfügen«.[18] Ihm gegenüber forderte Lujo Bren-

tano für den linken Flügel der sozialpolitisch engagierten jüngeren
Schule die Selbsthilfe der Arbeiter und sah einen möglichen Weg
dazu in der Gründung von Gewerkschaften. In den Vorlesungen von
Adolph Wagner in Berlin hörte Kanai Noburu hingegen von Lö-
sungsmodellen, die eindeutig staatssozialistisch geprägt waren und
im konservativen Sinne einem Königtum der sozialen Reformen den
Vorzug gaben. Es war besonders das Konzept Adolph Wagners, den
Staat und seinen höchsten Repräsentanten in die sozialpolitische
Verantwortung zu nehmen, das Kanai Noburu am meisten fes-
selte.

Derartige Theorien waren ihm nicht unbekannt geblieben, nachdem
schon der japanische Premierminister Itô bei seiner Europareise
1881/82 auch Lorenz von Stein aufgesucht hatte, um sich von diesem
in Verfassungsfragen beraten zu lassen und sich dabei auch seine
Theorie des »sozialen Königthums« erläutern zu lassen. Gerade
diese schien sich besonders gut in die japanischen Verhältnisse mit
ihrer Neubelebung des traditionalen Kaisergedankens und der beginnenden Industrialisierung einzupassen. Kanai zögerte denn auch
nicht, zu Lorenz von Stein selbst Kontakt aufzunehmen. Im Januar
1890 schrieb er ihm nach Wien und erbat sich den Rat des alten Mannes »über die neuesten Pfade der Sozial- und Wirtschaftswissenschaften – in sozialpolitischer Richtung«.[19]

Vom Berliner Sommersemester 1889 an wurde die soziale Frage
dann das beherrschende Thema seiner Studien. Es diente der Vorbereitung dessen, was ihn in England ab Herbst desselben Jahres
erwarten sollte. Die ökonomische Theorie trat angesichts der Erfahrungen, die er in London machte, vollständig in den Hintergrund.
Kanai sammelte in erster Linie Materialien über die englische Fabrikgesetzgebung, las Charles Booths »Life and Labour of the
People in London« und beschäftigte sich darüber hinaus, so schrieb
er Stein nach Wien, »hauptsächlich mit dem Armenwesen in the
East«.[20] Die Erlebnisse in England bestärkten ihn in der Auffassung,
daß man Wirtschaft und Gesellschaft keinesfalls dem freien Spiel der
Kräfte überlassen durfte, wollte man nicht Gefahr laufen, die Stabilität des politischen und sozialen Systems in seinen Grundfesten zu
gefährden. Mit dieser Überzeugung und dem festen Vorsatz, in Japan in diese Richtung zu wirken, kehrte Kanai nach über vierjähri-
gem Aufenthalt in Europa im Sommer 1890 in die Heimat zurück.

Dort wurde er mit Ehren empfangen. Eine Professur an der hochan-
gesehenen Kaiserlichen Universität von Tokyo, die er fünfunddreißig
Jahre lang innehaben sollte, war der Lohn für vier schwierige Jahre.
Mit gerade fünfundzwanzig Jahren ist er, wie sein Schwiegersohn und
Biograph Kawai, selbst ein berühmter Volkswirtschaftler, später
schreiben wird, in Japan »ein gemachter Mann«.[21] In den ersten Jahren als junger Professor war er darum bemüht, die Erfahrungen, die
er während seines Aufenthalts im Deutschen Reich und in England
gewonnen hatte, aufzuarbeiten. Durch seine Bücher »Shakai mondai« (Die soziale Frage, 1892), »Shakai seisaku hanron« (Aufriß der
Sozialpolitik, 1893), »Keizaigaku« (Die Wirtschaftswissenschaften,
1894), »Shakai keizaigaku« (Die Sozial- und Wirtschaftswissenschaften, 1902) und eine Vielzahl von Aufsätzen wurde die historische
Schule der deutschen Nationalökonomie in Japan eingeführt und gewann zuerst unter den Fachkollegen und Schülern Kanais schnell
zahlreiche Anhänger. Es waren vor allem die induktiv-historischen
Forschungsmethoden, die protektionistische Wirtschaftspolitik, mit
der man sowohl die Agrarwirtschaft gegen das Wachstum der heimischen Industrie und diese wiederum gegen eine übermächtige ausländische Konkurrenz schützen konnte, sowie die organizistische Staats-
philosophie, die den politischen Bedürfnissen und wirtschaftlichen
Erfordernissen in Japan entsprachen und die der »deutschen Schule«
zum Durchbruch verhalfen.

Im Anschluß an das, was Kanai in Berlin bei Schmoller und Wagner
gehört hatte, arbeitete er in »Die Wirtschaftswissenschaften« die
Grundsätze einer für Japan ganz neuen Wirtschaftstheorie heraus: (1)
Wirtschaftliche Phänomene seien ein Teil des gesellschaftlichen Lebens und stünden mit ihm in einem organischen Zusammenhang. (2)
Die historische Entwicklung eines jeden Landes sei einmalig. Die
Wirtschaftstheorie müsse deshalb den unterschiedlichen Entwick-
lungsstufen der einzelnen Länder angepaßt sein. (3) Die menschlichen Bedürfnisse lägen zu kompliziert, als daß man dem Eigennutz
und Selbstinteresse freien Lauf lassen könne. (4) Zu wahren Erkenntnissen könne man in den Wirtschaftswissenschaften nur mittels induktiver Betrachtungsweisen kommen. (5) Die absolute Freiheit des Individuums, auf der noch Smith aufbaute, sei eine Illusion und lasse
sich in der Wirklichkeit nicht realisieren. (6) Der Staat habe deshalb
eine soziale Verantwortung und müsse die Schwachen schützen. (7)

Die Freiheit des Individuums sei vom Staat zu respektieren. Dieser habe allerdings das Recht, gleichsam von außen zu intervenieren.[22] Gemäß dem Axiom historischer Singularität versuchte Kanai, die theoretischen Grundsätze der deutschen Schule mit Blick auf die japanischen Verhältnisse zu modifizieren. Die japanische Industrie steckte in den 90er Jahren gleichsam noch in den Kinderschuhen. Größere Fabriken mit mehr als 200 Beschäftigten waren noch selten. Trotzdem war in der Textilindustrie, die auch in Japan eine Vorreiterrolle im Industrialisierungsprozeß übernahm und bis zur Jahrhundertwende die größte Anzahl von Arbeitern beschäftigte, bereits abzusehen, daß das Land spätestens mit dem Ausbau der Schwerindustrie vor große soziale und politische Probleme gestellt werden könnte. Kanai standen dabei die Erfahrungen im Deutschen Reich vor Augen. Die Bismarcksche Sozialgesetzgebung war in seinen Augen nicht nur ein Mittel, mit den sozialen Problemen eines wachsenden Industriestaats fertig zu werden, sondern zielte auch darauf ab, die deutsche Sozialdemokratie in die Defensive zu drängen oder – in der Sprache seiner deutschen Lehrer – sie in den Sozialstaat einzubinden. In Japan war es zu Arbeiterprotesten nur sporadisch gekommen; die sozialistische Bewegung war noch kaum organisiert. Um es dazu gar nicht erst kommen zu lassen, entwickelte Kanai in einem seiner ersten Aufsätze nach seiner Rückkehr aus Europa das Konzept einer präventiven Sozialpolitik. »Wenn wir die Arbeiter wie Tiere behandeln, werden wir in nur wenigen Jahrzehnten Gewerkschaften und Sozialismus haben. Wenn wir uns jetzt aber schon Gedanken um ihren Schutz machen, können wir die Gewerkschaften und ein Anwachsen der sozialistischen Bewegung vermeiden. Das ist präventive Politik. Was geschehen wird, wenn wir nicht handeln, können wir in jedem der westlichen Staaten beobachten.«[23]
In späteren Jahren, nachdem Japan nach den siegreichen Kriegen gegen China 1894/95 und Rußland 1904/05 zur neuen Großmacht in Ostasien aufgestiegen war, bestimmten mehr und mehr nationalistische Elemente das sozialpolitische Denken Kanais. Wie seine Vorbilder im »Verein für Socialpolitik« machte auch Kanai die staatliche Sozialpolitik und die Harmonisierung von Klasseninteressen im Innern zur Grundvoraussetzung einer erfolgreichen äußeren Politik. Seine Auffassungen über Volkswirtschaft, Sozialpolitik und Machtstaatspolitik faßte er 1912 in einem Beitrag unter dem Titel »Die So-

zialpolitik und der Individualismus« zusammen, die dem nationalistischen Pathos der jüngeren Generation im deutschen »Verein für Socialpolitik« recht nahe kam. Sozialpolitik diene nicht so sehr dem Wohle des einzelnen, sondern der Nation in ihrer Gesamtheit: »Die beiden großen politischen Verantwortlichkeiten einer modernen Nation liegen heute in der auswärtigen Politik und in der Sozialpolitik. [...] Ohne Frage muß es das höchste Ziel der Sozialpolitik in unserer Zeit sein, die verschiedenen sozialen Klassen, die Tag für Tag mehr auseinanderfallen, wieder zusammenzuführen. Nur so können wir jene Einheit herstellen, die die Stärke der Nation verlangt [...] In diesem Sinne ist die Sozialpolitik, die in der inneren Politik von größter Bedeutung ist, nicht so sehr eine Frage der Moral, sondern ein Weg, in der Außenpolitik zu Erfolgen zu kommen.«[24]

Ihren bedeutendsten organisatorischen Niederschlag fanden die Schriften und Vorträge Kanais über seinen Aufenthalt im Deutschen Reich im Jahre 1896 mit der Gründung der »Shakai seisaku gakkai«, der »Wissenschaftlichen Vereinigung für Sozialpolitik«.[25] Schüler Kanais hatten sich im April dieses Jahres zu einem Arbeitskreis zusammengefunden, um sich angesichts der Debatten um die Einführung der Fabrikgesetze in Japan die in ihren Augen beispielhafte deutsche Gewerbeordnung vorzunehmen. Die Vereinigung fand unter den japanischen Nationalökonomen und unter den für die Sozialpolitik Verantwortlichen in den staatlichen Bürokratien schnell neue Mitglieder und verständigte sich unter der Leitung Kanais im Jahre 1900 auf ein Grundsatzprogramm, das in enger Anlehnung an die Prinzipien des deutschen »Vereins für Socialpolitik« formuliert war:

»Wir stellen uns dem Laissez-faire-Prinzip entgegen. Der Grund dafür liegt darin, daß extreme Formen von Eigeninteresse und unkontrolliertem freiem Wettbewerb die Kluft zwischen Arm und Reich noch vergrößern würden. Wir stellen uns auch dem Sozialismus entgegen. Er würde zu einer Zerstörung des Wirtschaftslebens führen, und die Abschaffung der Kapitalisten wäre schlecht für den Fortschritt der Nation. [...] Unsere Überzeugungen sind wie folgt: Wir unterstützen das bestehende ökonomische System mit seinem Privateigentum und wollen innerhalb dieses Systems darauf hinwirken, daß durch das Handeln des einzelnen und durch die Autorität des Staats Klassenkonflikte vermieden und die soziale Harmonie gefördert werden.«[26]

Zu den Mitbegründern der »Wissenschaftlichen Vereinigung für So-

zialpolitik« gehörte auch Kuwata Kumazô (1868–1932).[27] Der Sohn
aus adeligem Hause studierte zunächst an der Kaiserlichen Universität
in Tokyo politische Wissenschaften und trat nach dem Examen zum
Studium der Sozialpolitik in die Schule Kanai Noburus ein. Dieser
ermunterte ihn 1896, sich für drei Jahre lang nach Europa, vor allem ins
Deutsche Reich, nach England und Frankreich, zu begeben, um dort
die sozialen Probleme der modernen Industriestaaten aus eigener Anschauung kennenzulernen. Anders als sein Lehrer und Förderer war
Kuwata von Anbeginn an mit den deutschen Verhältnissen vertraut.
Die Vorlesungen Kanais und die Arbeit in der noch jungen »Wissen-
schaftlichen Vereinigung für Sozialpolitik« hatten ihn am deutschen
Beispiel die Bedeutung einer staatlichen Sozialgesetzgebung für den
friedlichen Ausgleich der gesellschaftlichen Interessengegensätze gelehrt. Hinzu kam, daß auch Kuwata, wie sein berühmter Vorgänger Itô
Hirobumi, der auch nach dem Scheitern seines ersten Kabinetts im
Jahre 1888 weiterhin eine einflußreiche Rolle in der japanischen Politik
spielte, unter dem starken Einfluß Lorenz von Steins stand. Dessen
Schriften gehörten seit dem politischen Kurswechsel 1881 zur Pflicht-
lektüre der japanischen Nationalökonomen und Sozialreformer. Auch
Kuwata zog sie in seinen Arbeiten des öfteren heran, wenn es darum
ging, dem Staat ins soziale Gewissen zu reden.[28]
Am Vorabend seiner Abreise nach Europa publizierte Kuwata in der
renommierten »Staatswissenschaftlichen Zeitschrift« einen Artikel
unter der Überschrift »Der Staat und die soziale Frage«.[29] In diesem
Beitrag legte er die historischen Gründe für eine wissenschaftlich fun-
dierte und staatlich geförderte Sozialpolitik auch in Japan dar. Sein
Land habe im 19. Jahrhundert eine politische Revolution erlebt, die
im großen und ganzen friedlich verlaufen sei. Das kommende Jahrhundert werde eine ökonomische und technische Revolution bislang
ungeahnten Ausmaßes hervorbringen. In Europa habe die industrielle Revolution zu sozialen Krisen geführt, die man in Japan nach
seiner Auffassung vermeiden könne, wenn man von den Ländern des
Westens lerne. Die sozialpolitischen Erkenntnisse, die man im deutschen »Verein für Socialpolitik« in den beiden vergangenen Jahrzehnten gewonnen hatte, und die sozialpolitischen Maßnahmen, wie sie
von Bismarck mit der Sozialversicherungsgesetzgebung eingeleitet
worden waren, stellten Kuwata zufolge ein geeignetes Modell für Japan dar. Die Sozialpolitik des Deutschen Reichs war für den fernen

Beobachter in Anspielung auf die feudal-patriarchalischen Herr-
schaftsverhältnisse auf dem Lande Ausdruck eines spezifischen deutschen Nationalcharakters, ohne allerdings klar zu erläutern, was man
sich darunter denn eigentlich vorzustellen hatte.

Einen ähnlichen Sinn für paternalistische Sorgepflichten machte er
auch in Japan aus, wo die konfuzianische Ethik die Herrschenden zur
wirtschaftlichen Unterstützung und moralischen Erziehung ihrer Un-
tertanen anhalte.[30] Besonders beeindruckend fand er den Standpunkt
der jüngeren historischen Schule, daß ökonomische und soziale Fragen
von moralischen Prinzipien nicht zu trennen waren. Im Jahre 1909 hat
er diesem Thema einen eigenen Beitrag gewidmet.[31] Bei aller Bewun-
derung für das deutsche Vorbild machte Kuwata jedoch unmißver-
ständlich klar – und praktisch folgte er damit einem weiteren Grundsatz der historischen Schule –, daß jede Sozialpolitik auf die besonderen Bedürfnisse eines jeden Landes abgestimmt sein müsse. Keineswegs könne man die sozialpolitischen Vorleistungen anderer Staaten,
ohne sie zu modifizieren, in die japanische Gesellschaft implantieren.
Kuwata verstieg sich bei diesen programmatischen Überlegungen keineswegs nur auf theoretische Extravaganzen, sondern legte auch ein
konkretes Programm für die künftige Sozialpolitik vor. Für Japan, das
seit dem Sieg gegen China nicht zuletzt aus militärischen Gründen den
Auf- und Ausbau der Schwerindustrie forcierte, forderte er die Einführung von Fabrikgesetzen, die die Arbeitszeit und Arbeitsbedingungen
sowie die Frage von Frauen- und Kinderarbeit regeln sollten, Bestimmungen zum Schutz der Bauern, ein Armenrecht, Versicherungen
zum Schutz der Arbeiter, die Einrichtung von Kreditgenossenschaften
zum Schutz kleiner agrarischer Betriebe und schließlich die Einführung einer progressiven Einkommensteuer, um die niedriger Verdie-
nenden zu entlasten. Mit diesen konkreten Vorstellungen über die
sozialwissenschaftlichen und sozialpolitischen Aufgaben der Zukunft
trat Kuwata im Herbst 1896 die Reise nach Europa an.

Das Studium der Nationalökonomie setzte Kuwata bei den renom-
miertesten Repräsentanten der jüngeren historischen Schule, bei
Gustav von Schmoller und Adolph Wagner in Berlin, fort. Dem Neu-
ankömmling stellte sich allerdings die Lage der deutschen Volkswirtschaftslehre an der Wende zum 20. Jahrhundert in einem veränderten
Licht dar. Fraglos war dies eine Folge der neuen politischen Lage im
Deutschen Reich nach Bismarcks Entlassung. Der Regierungsantritt

Wilhelms II. und die Aufhebung der Sozialistengesetze bedeuteten in mehr als einer Hinsicht eine Zäsur. Mit den Februarerlassen von 1890, die einen Ausbau der Arbeiterschutzgesetzgebung ankündigten, hatte der Kaiser ein neues Kapitel in der Sozialpolitik aufschlagen wollen. Entsprechend positiv war die allgemeine Resonanz. Schmoller pries die Vorhaben als eine »neue Epoche der Sozialpolitik«, weil nun offensichtlich war, daß die Brisanz sozialer Fragen allgemein anerkannt war und es nicht mehr Sache des »Vereins für Socialpolitik« allein war, in der Sache Stimmung zu machen. Für dessen linksliberalen Flügel bemerkte Lujo Brentano sogar, daß mit dem Sturz Bismarcks, dem die Verhinderung einer weitergehenden Fabrikinspektion angelastet wurde, »der gewaltigste Gegner der Sozialpolitik, die wir erstrebten, geschwunden war«.[32] Der neue Schwung, der Anfang der 90er Jahre in die deutsche Sozialpolitik kam, führte in den kommenden beiden Jahren mit der Einrichtung von Gewerbegerichten, der Umgestaltung und Vermehrung der Gewerbeinspektion, den ersten Tarifabschlüssen und der Bildung einer Kommission für Arbeiterstatistik schnell zu konkreten Ergebnissen.

Schon bald wehte der Regierung jedoch ein kräftiger Wind ins Gesicht. Während die Unternehmer vor allem gegen die sozialpolitischen Reformprojekte der Regierung und ihre Anhänger in den akademischen Zirkeln Sturm liefen, richtete sich der Unmut der Agrarier auf die Abkehr Caprivis von der Schutzzollpolitik, die die Agrarwirtschaft jahrelang gegenüber der überseeischen Konkurrenz abgeschottet hatte. Sein politisches Scheitern im Jahre 1894 bedeutete auch in der Sozialpolitik einen Rückfall. Der Vorsitzende des »Vereins für Socialpolitik« war sogar geneigt, für die zweite Hälfte der 90er Jahre von einer »Rückwärtsrevidierung der Sozialreform« zu sprechen.[33]

Auch wenn die ostelbischen Agrarier mit dem Sturz Caprivis noch einmal einen politischen Sieg erringen konnten, den Siegeszug der Industrie konnten sie nicht mehr aufhalten. Im Jahre 1895 war das Nettoinlandsprodukt in der Industrie zum ersten Mal höher als in der Landwirtschaft. Die wirtschaftliche Bedeutung industrieller Großunternehmen nahm von Jahr zu Jahr zu, was einen so prominenten zeitgenössischen Beobachter wie Joseph Schumpeter wenige Jahre später veranlaßte, vom Jahr 1895 als einer »Wasserscheide zwischen zwei Epochen in der Sozialgeschichte des Kapitalismus« zu sprechen.[34] Vor diesem Hintergrund entzündete sich in der deutschen National-

ökonomie jene Kontroverse um die Frage »Agrar- oder Industriestaat«, die von der größeren Debatte um Schutzzoll oder Freihandel
überlagert wurde und in der Forschung nicht zuletzt deshalb wenig
Beachtung fand, weil sie um 1900 wirklich noch akademischer Natur
und faktisch längst entschieden war.[35]

Für den japanischen Studenten Kuwata Kumazô, der die Auseinandersetzungen um Schutzzollpolitik und Industriewirtschaft in Berlin direkt verfolgen konnte, waren diese Fragen freilich noch lange nicht
erledigt. In Japan war die Vorherrschaft der Agrarwirtschaft um 1900
noch ungebrochen; und dennoch kündigten sich mit dem Aufbau einer
Schwerindustrie unter staatlicher Schirmherrschaft schon jetzt
schwere soziale Konflikte an. Die industriefreundliche Politik der
Regierung hatte in den 80er Jahren bereits zu bäuerlichem Sozialpro-
test geführt, wobei eine einseitig die Industrie fördernde Politik mit
scharfer Kritik bedacht wurde. Kuwata brachte deshalb auch für die
konservative, die Sonderinteressen der Agrarwirtschaft verteidigende
Position Adolph Wagners mehr Verständnis auf als für die freihändle-
rischen Auffassungen Brentanos. Die Auseinandersetzungen in dieser
Frage lieferten ihm wichtige Argumente, die er in späteren Jahren in
Beiträgen aufgriff, in denen er sich aus sozialpolitischen und volkswirt-
schaftlichen Gründen für den Schutz kleinbäuerlicher Betriebe ein-
setzte.[36]

Bei seiner Rückkehr in die Heimat 1898 war Kuwata ein gefragter
Mann. Aufgrund seiner sozialwissenschaftlichen und sozialpolitischen
Studien im Deutschen Reich beauftragte ihn das Handels- und
Agrarministerium noch im gleichen Jahr mit einem Bericht über die
Lebensverhältnisse der Arbeiter, der der Regierung als Grundlage für
die Fabrikgesetzgebung dienen sollte. Den Anfang seiner akademischen Laufbahn bildete 1904 die Dissertation über »Die Rohseiden-
fabriken und die soziale Frage«, mit der er an der Kaiserlichen Universität von Tokyo promoviert wurde. Im gleichen Jahr trat er aufgrund
seiner adeligen Abstammung in das Oberhaus ein. Nach seiner Ernen-
nung zum Professor an seiner Alma mater gewann Kuwata später als
Vorsitzender der »Wissenschaftlichen Vereinigung für Sozialpolitik«
und Berater der japanischen Regierung in Fragen der Gewerbepolitik
und Fabrikgesetzgebung immer größeren Einfluß. In diesen Jahren
entstanden auch seine wichtigsten Schriften: »Allgemeine Entwicklungen der Arbeiterfrage in Westeuropa« (Oshû rôdô mondai no tai-

sei), »Die Theorie der Industriewirtschaft« (Kôgyô keizai ron) und
später »Die sozialen Bewegungen in Westeuropa nach dem Kriege«
(Oshû sengô no shakai undô).[37]
Auch nach der Rückkehr nach Japan rissen die Kontakte Kuwata
Kumazôs zur deutschen Gelehrtenwelt nicht ab. Seine persönlichen
Verbindungen und seine guten Kenntnisse der deutschen Sprache
ermöglichten es ihm sogar, in Deutschland zu publizieren. Zu seinen
kleineren sozialgeschichtlichen Studien zählt auch der im Jahre 1921
im »Archiv für Sozialwissenschaft und Sozialpolitik« veröffentlichte
Aufsatz über die Genossenschaftsbewegung in Japan.[38] Die während
des Aufenthalts im Deutschen Reich gewonnenen Erfahrungen und
Erkenntnisse erlaubten ihm dabei, die Geschichte der Genossenschaften in Japan in vergleichender Perspektive darzustellen.
Die deutschen Leser mochte überraschen, daß die Genossenschaften
in Japan keineswegs ausschließlich europäischen oder gar deutschen
Ursprungs waren. Zu ersten Gründungen von Kreditgenossenschaften für Kleinbauern und Pächter war es in den 50er Jahren noch
unter dem Shogunat gekommen. Ihnen folgten nach der Meiji-
Restauration 1868 Verkaufsgenossenschaften in der Seidenindustrie.
Kuwata stellte dabei Gemeinsamkeiten mit den Ideen der Sozialreform fest, »wie sie in neuerer Zeit von einigen Ökonomen in Europa verteidigt wurden, die bei der Betrachtung sozialökonomischer
Fragen zur Betonung des ethischen Moments hinneigen«.[39] Die Einführung von Kreditgenossenschaften nach dem Raiffeisenschen Modell im Jahre 1892/93 durch Graf Shinagawa, den ehemaligen japanischen Botschafter in Berlin, stellte sich aber letzten Endes als
wesentlich erfolgreicher heraus, weil sie den modernen Formen des
Wirtschaftslebens eher entsprach als die noch mit dem Feudalsystem
verwurzelten Genossenschaften der späten Tokugawa-Zeit. Bereits
um 1900 spielten die Genossenschaften vor allem in der Landwirtschaft eine erhebliche Rolle, die der Staat im Jahre 1900 mit einem
Gesetz über die Produktionsgenossenschaften zusätzlich absichern
wollte. Es ging dabei unter dem Einfluß der Kontroverse über die
Frage Industrie- oder Agrarstaat vor allem um den Schutz der klein-
bäuerlichen Betriebe. In den Städten schlugen dagegen die Versuche, den Lebensstandard der japanischen Industriearbeiterschaft
mittels Einrichtung von Konsumgenossenschaften zu verbessern, im
Gegensatz zur Entwicklung in den deutschen Ländern, völlig fehl.

Kuwata machte dafür die fehlende Erfahrung in der Verwaltung und die besonders schwierigen Lebensbedingungen der japanischen Arbeiter verantwortlich. »Die Unsicherheit des Stadtlebens und der Zwang häufigen Wohnungswechsels« ließen kooperativen Ideen und Zusammenschlüssen nur wenig Entfaltungsspielraum.

Im Gegensatz zu Kuwatas konservativen sozialpolitischen Vorstellungen, die auch im Zeichen fortschreitender Industrialisierung einen deutlichen Akzent auf die Absicherung des japanischen Kleinbauerntums legten, müssen wir Fukuda Tokuzô (1874–1930) dem linksliberalen Flügel der japanischen Wirtschaftswissenschaftler und Sozialreformer zurechnen.[40] Obwohl nur wenig jünger als seine beiden Vorgänger Kanai und Kuwata, gehört Fukuda doch schon zur zweiten Generation jener japanischen Wissenschaftler, die einen Teil ihrer Ausbildung an deutschen Universitäten absolvierten. Fukuda hatte zunächst ein wirtschaftswissenschaftliches Studium an der Höheren Handelshochschule in Tokyo, dem Vorläufer der heute berühmten Hitotsubashi-Universität, absolviert, bevor er im Frühjahr 1898 die Reise ins Deutsche Reich antrat. Zuerst zog es ihn nach Leipzig zu Karl Bücher, dessen Vorlesungen und Übungen er im laufenden Sommersemester beiwohnte. Aber schon im September 1898 wechselte er nach München ins Seminar Lujo von Brentanos.

Als Mitbegründer des »Vereins für Socialpolitik« hatte sich Brentano über die deutschen Grenzen hinaus einen Namen gemacht. Nach der Habilitation in Berlin 1871 hatte er zunächst Nationalökonomie, Finanzwissenschaft und Wirtschaftsgeschichte in Breslau, Straßburg, Wien und Leipzig gelehrt, bevor er 1891 in München die Nachfolge Johann Helferichs antrat. Seine Reisen nach England hatten ihn schon sehr früh von der Notwendigkeit sozialer Reformen überzeugt und machten ihn im Deutschen Reich zu einem hartnäckigen Verfechter des Gewerkschaftsgedankens. Brentanos rigoroses Eintreten für den Freihandel verschaffte ihm vor allem mit dem Übergang zum »neuen Kurs« unter Caprivi erheblichen Einfluß. Die Münchener Jahre wurden denn auch nach eigenem Bekunden die Zeit seiner »größten Lehrerfolge, aber auch ununterbrochener, teilweise erbitterter sozialpolitischer Kämpfe«.[41] Seine fesselnden Vorlesungen erfreuten sich bei den Studenten über die Grenzen Münchens hinaus großer Beliebtheit. In erster Linie waren es allerdings seine liberale Grundhaltung und sein sozialpolitisches Engagement, die im Herbst

1898 auch den jungen Fukuda dazu veranlaßten, sich in Brentanos
Kolleg einzuschreiben.

Zwischen dem japanischen Studenten und Brentano entwickelte sich
in den kommenden beiden Jahren ein enges, später fast freundschaft-
liches Verhältnis, das sich auch über die große Entfernung hin drei
Jahrzehnte lang bis zum frühen Tode Fukudas im Jahre 1930 be-
währte. Nachdem es schon im April 1898 in München zu einem ersten
Kontakt gekommen war, führte sich Fukuda zu Weihnachten 1898 auf
japanische Art mit einer »kleinen Aufmerksamkeit«, wertvollen
Druckgraphiken zum japanischen Nationalepos »Genji Monogatari«,
persönlich bei Brentano ein. Fukudas sprachliche Begabung ermöglichte es ihm schon bald, den Vorlesungen und Seminaren seines deutschen Lehrers mühelos zu folgen. Im darauffolgenden Jahr machte er
sich deshalb an eine Übersetzung von Brentanos Studie «Über das
Verhältnis von Arbeitslohn und Arbeitsleistung«, die 1876 in zweiter
Auflage erschienen war und die pessimistische Lohnfondstheorie zu
widerlegen trachtete. Lohnerhöhungen müßten, so hatte Brentano
behauptet, nicht notwendigerweise zu einer Steigerung der Produk-
tionskosten führen; ein höherer Lohn könne auch leistungssteigernd
wirken und sei damit sowohl Unternehmern als auch Arbeitern dien-
lich. Mit einer Einleitung Fukudas versehen, kam der Band im März
1900 als Gemeinschaftswerk unter dem Titel »Rôdô keizai ron«
(Theorie der Arbeiterwirtschaft) in Japan heraus und stieß bei der
jüngeren Generation japanischer Volkswirtschaftler um den »Wissenschaftlichen Verein für Sozialpolitik« sogleich auf großes Interesse.[42]

Im gleichen Jahr erschien bei Cotta Fukudas Dissertation über »Die
gesellschaftliche und wirtschaftliche Entwickelung in Japan«, mit der
er von Brentano im Jahr zuvor promoviert worden war.[43] Das Erst-
lingswerk war zweifellos noch nicht der große Wurf, gilt heute unter
Fachleuten aber gleichwohl als »the first serious study of Japanese
economic development«.[44] Der Studie fehlte noch die zündende
systematische Fragestellung und präsentierte denn auch eher auf posi-
tivistische Art die Eckdaten der japanischen Sozial- und Wirtschaftsgeschichte von den Anfängen bis 1900. Aber diese thematische
Zuspitzung auf die sozialen und wirtschaftlichen Hauptlinien der historischen Entwicklung in Japan war schon in methodischer Hinsicht
allein interessant genug. Keineswegs wollte Fukuda von »kriegeri-

schen und diplomatischen Schachzügen« berichten; sie gehörten der
»allgemeinen Geschichte« an. Sein Augenmerk galt, wie er in dem
Kapitel über die »Zeit des absoluten Polizeistaates« der Tokugawa-
Shogune schreibt, vielmehr jenen »Zuständen, welche diese Wand-
lungen möglich gemacht haben, vor allem aber der Staatsverfassung,
die aus ihnen hervorgegangen ist und welche das gesellschaftliche und
wirtschaftliche Leben Japans während mehr als zwei Jahrhunderten
aufs einschneidendste bestimmt hat«.[45] Mit diesem Ansatz geriet dem
japanischen Doktoranden das Werk auch nicht zur muffigen Herr-
scherchronik, sondern zu einem Stück frühmoderner Sozial- und
Wirtschaftsgeschichte, was die Studie auch heute noch lesenswert
macht.

Fukuda sah die Gründe für den Untergang des Shogunats keineswegs
nur in der militärischen Überlegenheit des Westens begründet, sondern schrieb dessen Schwäche der Auszehrung der feudalen Herr-
schaftsverhältnisse im Innern zu. Mit dem modernen, zeitgenössischen
Japan der Meiji-Zeit ging er hart ins Gericht. Japan werde nicht von
einer »wirklich die ganze Nation vertretenden Regierung«, sondern
von einer Oligarchie der »Männer des Südens« beherrscht. »An der
Spitze der neuzeitlichen sozialen und wirtschaftlichen Entwicklung«
stünden noch immer die alten Eliten, die Samurai oder Shizoku. Demgegenüber sei die japanische Bourgeoisie noch wenig entwickelt. Fukudas These, daß die politischen, sozialen und wirtschaftlichen Er-
neuerungen der Meiji-Zeit »von einer aufgeklärten Regierung von
oben herab oktroyiert« wurden, kann auch heute noch wissenschaftlich bestehen.

In der Fachwelt stieß Fukudas Buch auf eine zwar nicht über-
schwengliche, aber doch durchweg positive Resonanz. In »Schmollers
Jahrbuch« sprach Karl Rathgen dem jungen japanischen Kollegen die
»volle Anerkennung« aus.[46] Kritik äußerte der deutsche Kenner der
japanischen Wirtschaftsgeschichte lediglich an Fukudas Darstellung
der Einführung des chinesischen Beamtenstaats der Tang-Dynastie,
die »noch recht unvermittelt sei«. Auch die Analogien, die Brentanos
Doktorand in den Kapiteln über die japanische Frühneuzeit, speziell
die Umwandlung des japanischen Lehnsstaates zum »Polizeistaat der
Tokugawazeit«, zur gleichzeitigen europäischen Entwicklung ziehe,
seien »zu weit getrieben«. Doch sei das Buch im ganzen »anschaulich
und förderlich« und stelle auch für die japanische Wissenschaft zweifel-

los eine Pionierleistung dar:»Das junge Japan beginnt auf dem Boden
weiter zu arbeiten, den die europäischen Gelehrten bereitet haben.«
Nach Abschluß seiner Dissertation begab sich Fukuda auf eine ausge-
dehnte, mehrmonatige Studienreise durch die deutschen Bundesstaaten und einige europäische Länder. Die Empfehlungsschreiben Brentanos öffneten ihm die Häuser der Gelehrten und verschafften ihm
Zutritt zu bedeutenden Industrieunternehmen. Vor allem im Ruhrge-
biet, bei Krupp in Essen, gelang es ihm, sich einen unmittelbaren Eindruck über die neuen maschinellen Fertigungsmethoden in der
Schwerindustrie und über die betriebliche Sozialpolitik des Konzerns
zu verschaffen. Nur in Krefeld, so schrieb er Brentano am 17. Oktober 1900 aus Amsterdam, haben »alle die Seidenfabriken ihre Tore
dem japanischen Eindringling fest zugeschlossen; auch auf der Web-
schule wurde jede Erteilung von Auskünften abgelehnt«.[47] Mehr
Glück hatte er im Sommer 1901 in den akademischen Kreisen Berlins.
Schmoller gestattete ihm, bei seinen Vorlesungen über allgemeine
Nationalökonomie und Arbeiterfragen zugegen zu sein. Adolph
Wagner, der sich in jenen Tagen mit Brentano eine bittere Fehde wegen der Auseinandersetzung über die Freihandelspolitik lieferte,
empfing den Schüler seines akademischen Gegners zu einem Gespräch und klagte dem Besucher sein Leid. Fukuda hat nach eigenem
Bekunden davon nur wenig profitiert, weil er Wagner in »großer
Hitze« wegen eines Vortrags Brentanos in Berlin vorfand, mit dem
dieser die Arbeiterschaft gegen ihn (Wagner) aufbringen wolle.[48]
Im August 1901 reiste Fukuda nach Japan zurück. Noch während seines Aufenthalts in München hatte ihn die Nachricht der Höheren Handelshochschule in Tokyo erreicht, daß er zum Professor bestellt worden sei. Auch nach seiner Rückkehr ließ Fukuda den Kontakt zu
Brentano und dem Münchener Seminar nicht abreißen. Immer wieder
dienten ihm die Verbindungen zu Brentano und zu anderen deutschen
Nationalökonomen dazu, diesen Schüler aus Japan zu schicken und um
deren freundliche Aufnahme zu bitten. Als ein Ergebnis dieser wissenschaftlichen Zusammenarbeit zwischen Fukuda und seinen Schülern
auf der einen und Brentano und dessen Fachkollegen auf der anderen
Seite entstanden in den beiden Jahrzehnten zwischen 1900 und 1920
zahlreiche Übersetzungen von Werken deutscher Nationalökonomen.
Mit großer Energie förderte Fukuda immer wieder Forschungsvorha-
ben, die darauf abzielten, die deutsche Volkswirtschaftslehre in Japan

bekannt zu machen. Unmittelbar nach seiner Rückkehr nach Japan schrieb er in diesem Sinne dem in Tübingen lehrenden Carl Johannes Fuchs, dessen »Volkswirtschaftslehre« er ins Japanische übersetzen wollte. Nach den Erfahrungen seines Studienaufenthalts in Deutschland sei er nun bemüht, »die national-ökonomische Wissenschaft, wie sie an der Hand realistisch-historischer Forschung geworden, meinen Landsleuten nach Kräften bekannt zu machen und somit ein Scherflein dazu beizutragen, auch hier im fernsten Osten die wahre wissenschaftliche Forschung volkswirtschaftlicher Vorgänge anzubahnen«.[49]

Dieses Ansinnen Fukudas hatte einen ganz konkreten politischen Grund. Die japanische Nationalökonomie geriet in den Jahren nach dem chinesisch-japanischen Krieg in den Strudel der tagespolitischen Auseinandersetzungen. Was den ostelbischen Junkern und Bauern das Getreide war, war den japanischen Großgrundbesitzern und bäuerlichen Pächtern der Reis.[50] Nicht nur der industrielle Sektor, sondern auch die Agrarwirtschaft hatte von der Einführung neuer Technologien in der letzten Jahrhunderthälfte profitiert. Dies hatte beim Reisanbau zu einem Produktionsüberschuß geführt, der es Japan bis 1889 ermöglichte, Reis zu exportieren. Dies änderte sich mit dem schubartigen Bevölkerungswachstum und der Erhöhung des Lebensstandards um 1900 schlagartig. Da die japanischen Reisbauern die steigende Nachfrage nicht mehr allein zu befriedigen vermochten, ging die japanische Regierung nach Kriegsende dazu über, Reis aus der neuen Kolonie Taiwan und später aus Korea und China zu importieren. Die Maßnahmen, die gegen das gleichsam heilige Gesetz der autarken Versorgung verstießen, lösten unter den japanischen Agrariern einen Sturm der Entrüstung aus. Sofort erhob sich der Ruf nach Einführung besonderer Schutzzölle.

Fukuda Tokuzô standen bei diesen Auseinandersetzungen natürlich die deutschen Debatten vor Augen. Auch in Japan versammelten sich die Gelehrten um zwei Fraktionen: Die konservativen Kräfte unterstützten die Forderung der Landbesitzer nach Schutz der japanischen Reiswirtschaft; die Liberalen machten sich für die Industrie und den Freihandel stark. Nun war es in Japan für einen staatlich angestellten Professor während der Meiji-Zeit nicht ohne weiteres möglich, in die Tagespolitik einzugreifen. Die Übersetzung europäischer Bücher war jedoch ein möglicher Weg, über den engen Raum akademischer Disputationen hinaus zu wirken. Fukuda machte sich deshalb mit einigen seiner Mitarbeiter im Frühjahr 1902 daran, die Brentano-Wagner-Debatte um die Getreidezölle und die Frage »Agrar- oder Industriestaat« in einer japanischen Übersetzung als Sammelwerk herauszubringen. Das Bändchen solle, so schrieb er Brentano, »den Japanern das Lehrbuch geben, das man jetzt gerade bei handelspolitischen Erörterungen genau studieren soll«.[51] Das Buch sei bereits fertig, und er bedaure, Brentanos Zustimmung nicht vorher eingeholt zu haben, doch: »Es pressiert so sehr; die richtige Gelegenheit sollte dazu bemüht werden, daß die Japaner auch mal in der Handelspolitik wissenschaftlich zu Werke gehen können. Hoffentlich lernen wir Japaner mehr von Ihrer Schrift als die deutschen Agrarier.«

Sie taten es letzten Endes nicht. Auch in Japan setzten sich die Agrarier nach dem Krieg gegen Rußland 1905 mit dem Argument durch, man müsse die Eigenversorgung der Bevölkerung vor allem für den Fall eines Krieges sicherstellen. Der 1906 eingeführte Zoll schützte den japanischen Reis vor der »unsichtbaren Hand« Adam Smiths und fügte den japanischen Freihändlern eine empfindliche und bis heute nachwirkende Niederlage zu.[52]

Fukuda Tokuzô wandte sich, nachdem ihn die Regierung wegen seiner liberalen politischen Auffassungen zeitweilig aus dem Amt gedrängt hatte, wieder verstärkt der Sozialpolitik zu. Mit Hilfe seiner Schüler, die nach Abschluß ihrer Studien ins Management bedeutender Industrieunternehmen wechselten, gelang es ihm, jene sozialpolitischen Maßnahmen, von denen er zuerst im Münchner Seminar erfahren hatte, in Japan in die Praxis umzusetzen. Voller Stolz schrieb er dem »hochverehrten Altmeister«, daß er die größte Baumwollspinnerei Asiens »für Ihre Idee gewonnen« habe, Arbeitszeitverkürzungen ohne Lohnfortfall und Produktionseinbußen einzuführen. Der Direktor des Werks habe sogar Übersetzungen der Schrift Brentanos »Über das Verhältnis von Arbeitslohn und Arbeitszeit zur Arbeitsleistung« erbeten, die allerdings längst vergriffen waren.[53]

Zum wichtigsten Feld seiner sozialpolitischen Arbeit wurde ab 1905 die Arbeit im japanischen »Verein für Sozialpolitik«. Die japanischen Volkswirtschaftler und Sozialreformer waren über die Verhandlungen des deutschen Vereins dank der Berichte in japanischen Fachzeitschriften, für die unter anderem auch Fukuda verantwortlich zeichnete, auf dem laufenden. Das Anwachsen sozialer Problemfelder hatte mehrere Mitglieder zu Überlegungen veranlaßt, die relativ lockere

Form eines Diskussionskreises aufzugeben und, dem deutschen Beispiel folgend, regelmäßig Generalversammlungen einzuberufen, um
so der Arbeit des Vereins in der Öffentlichkeit mehr Aufmerksamkeit
zu verschaffen. Die erste Generalversammlung der »Shakai seisaku
gakkai« wurde – »nach deutschem Muster«, wie es in einem Brief
Fukudas an Brentano hieß – zu diesem Zweck im Dezember 1907
einberufen, um sich vor allem mit Fragen des Arbeitsschutzes und der
Fabrikgesetzgebung zu befassen.[54] In den folgenden Jahren folgten
weitere Versammlungen, in denen etwa über Tarifpolitik (1908), Ar-
beitermigration (1909), Streiks (1913), staatlich geführte Unternehmen (1916), Frauenarbeit (1918) und den Schutz bäuerlicher Pächter
(1922) beraten wurde. Bis zu ihrer Auflösung im Jahre 1924, als der
japanische Staat die Sozialpolitik allein zu seiner Sache machen wollte
und die kritischen Intellektuellen eher auf soziale Revolution denn auf
Reform setzten, bildete sich die »Wissenschaftliche Vereinigung für
Sozialpolitik« zur bedeutendsten Vereinigung japanischer Wirt-
schaftsfachleute aus. Ihr gehörten nicht nur alle bedeutenden, an Universitäten lehrenden Nationalökonomen an, sondern auch einflußreiche Beamte der Ministerien und mehrere Unternehmer.[55]
Die sozialpolitischen Arbeiten und neue Lehrverpflichtungen, ab 1905
an der privaten Keio-Universität, ließen Fukuda fürs erste nicht an ein
Wiedersehen mit den deutschen Lehrern denken. Zwar überlegte Fukuda zeitweilig, sich in München für theoretische Nationalökonomie
zu habilitieren, doch mußte er spätestens 1914 mit Ausbruch des Ersten
Weltkriegs alle derartigen Hoffnungen aufgeben. Dafür war es ihm
möglich, eine Anzahl seiner Schüler zu vermitteln und sie zum Studium
nach München und gelegentlich auch an andere deutsche Universitäten zu schicken. Persönlich gelang ihm die Veröffentlichung mehrerer
volkswirtschaftlicher Studien, die ihm einen Ehrenplatz in der Geschichte der japanischen Wirtschaftswissenschaften sicherten und ihm
die Mitgliedschaft in der japanischen Nationalakademie und der
Académie Française eintrugen, darunter so bedeutende Arbeiten wie
»Kokumin keizai genron« (Grundlagen der Volkswirtschaft; 1903),
die japanische Übersetzung seines wissenschaftlichen Debüts »Nihon
keizaishi ron« (Japanische Wirtschaftsgeschichte; 1907) und »Shakai
seisaku to kaikyû tôsô« (Sozialpolitik und Klassenkonflikt; 1922). Zu
einem Wiedersehen mit Brentano ist es erst 1925 anläßlich seiner zweiten Reise nach Europa gekommen.

In einem letzten Brief an Lujo Brentano, den er im Januar 1930 schon vom Krankenbett diktierte, hat Fukuda Tokuzô freimütig bekannt, daß Deutschland immer noch »das Objekt der Verehrung der studierenden Jugend in Japan« sei.[56] Dabei hatten sich die politischen und sozialen Verhältnisse in den 20er Jahren grundlegend verändert. Die japanischen Wirtschafts- und Sozialwissenschaften hatten unter dem von Fukuda noch bekämpften Marxismus eine andere Richtung genommen. Ohne mit Marx und Lenin zu kokettieren, schien es, so bemerkte er an seinem Lebensabend bitter, »fast gar keinen Daseinsgrund für Sozialwissenschaftler zu geben«. Und dennoch: Die von Kanai, Kuwata und Fukuda in die japanische Volkswirtschaftslehre eingeführten Prinzipien der deutschen Schule blieben ein mehr oder weniger umstrittener Bestandteil der Disziplin, bis sie in den 30er Jahren nach dem Verbot des Marxismus in Japan eine Renaissance erlebten. Zusammengenommen hat der Studien- und Forschungsaufenthalt dieser drei Gelehrten an deutschen Universitäten viel bewirkt. Er hat vor allen Dingen zu einer Intensivierung der wissenschaftlichen Zusammenarbeit auf dem Gebiet der Wirtschaftswissenschaften geführt, ja sie überhaupt erst auf den Weg gebracht. Mehrere deutsche Ökonomen (oder ihre Bibliotheken) haben später ihren Weg nach Japan gefunden. Neben der theoretischen und historischen Grundlagenforschung haben die den deutschen Professoren manchmal fremdartig erscheinenden Gäste aber vor allem in praktischer Hinsicht gewirkt, indem sie die deutsche Sozialpolitik in Japan bekannt gemacht haben. Die Gründung eines eigenen »Vereins für Sozialpolitik« im Jahre 1896 ist dafür das wohl bemerkenswerteste Beispiel. Dabei sind die japanischen Nationalökonomen nicht bei einer unkritischen Adaption deutscher Modelle stehengeblieben, sondern haben diese unter den besonderen Bedingungen des japanischen Kapitalismus, etwa mit ihrer Theorie der präventiven Sozialpolitik, weiterentwickelt.

Wir haben es heute bei diesen historischen Phänomenen mit außerordentlich komplexen interkulturellen Transformationsprozessen zu tun, die – auf dem Feld der Volkswirtschaftslehre und der historischen Sozialwissenschaften vor 1920 – zu einem beträchtlichen Teil das Werk der hier porträtierten Gelehrten waren. Der japanischen Wissenschaft sind sie seit langem nicht mehr fremd; für die deutsche Forschung hingegen wartet hier noch viel Arbeit.

Gangolf Hübinger
**Die Intellektuellen**
**im wilhelminischen Deutschland**
Zum Forschungsstand

Frankreich gilt als das Geburtsland der Intellektuellen, Deutschland
als das der Intellektuellenschelte. Zumindest zeichnet und überzeich-
net die Literatur zur Intellektuellengeschichte beider Länder ein Bild
in dieser Polarisierung. Die Dreyfus-Krise in der Dritten Republik
und insbesondere die in ihr entstandenen Manifeste bilden den Ausgangspunkt immer detaillierterer Untersuchungen zu sozialer Lage,
Rollen, Selbstverständnis und Gruppenbildungen der französischen
Intellektuellen. Kennzeichnungen dessen, was Intellektuelle sind und
was sie tun, orientieren sich seitdem auch in anderen Nationen daran,
was in der Tradition der Dreyfusards an politischer Kritik und moralischem Habitus manifestiert worden ist. Der Universalismus der Menschenrechte steht gegen den Glauben an eine übergeordnete Staats-
autorität, republikanische Tugenden und laizistische Moral gegen
klerikalen Traditionalismus und die Kulturwerte der Aufklärung
gegen populistischen Nationalismus und den Antisemitismus der
Jahrhundertwende.[1]
Eine zu enge inhaltliche Festlegung auf diesen prägnanten französi-
chen Intellektuellenbegriff erschwert aber eine vergleichende Geschichte der Intellektuellen, die überall in Europa um 1900 als Kultur-
und Gesellschaftskritiker neuen Typs in Erscheinung treten und eine
breite Dauerkontroverse darüber auslösen, was sie leisten und wie
sie sich selbst sehen. Für Großbritannien hat Stefan Collini vorge-
schlagen, die »public moralists« seit John Stuart Mill als »victorian
intellectuals« zu bezeichnen und diesen Terminus auf ihre Tätigkei-
ten, Kommunikationsformen und öffentliche Wirksamkeit insgesamt
zu beziehen und ihn nicht auf »particular substantial beliefs or attitu-
des towards society« einzuschränken.[2] Eine der wirkungsvollsten intellektuellen pressure groups in London, die »Fabian Society« um das
Ehepaar Webb, H. G. Wells und George Bernard Shaw lenkte alle

kritische, analytische und utopische Kraft sozialplanerisch auf die »national efficiency« der britischen Gesellschaft. Vor allem der eigenwillige Sozialismus von Beatrice und Sidney Webb war vollständig sozialtechnologisch durchtränkt. Ihr Verfassungsentwurf »A Constitution for the Socialist Commonwealth of Great Britain« von 1920 ist eine ausgefeilte politische Utopie des sozialwissenschaftlich perfekt gesteuerten Wohlfahrtstaates, der die Herrschaft über Menschen endgültig durch die Verwaltung von Sachen ersetzen soll.[3]

Den radikalsten Gegentypus hierzu dürfte die russische Intelligencija dargestellt haben. 1909, als Rußland den Weg einer konstitutionellen, zivilen Gesellschaft einzuschlagen scheint, fordert eine kleine Gruppe selbstkritisch den Wandel vom Gesinnungsradikalismus zur pragmatischen Funktionsintelligenz. In den »Wegzeichen« werden die Verhaltensmuster der eigenen Bildungsschicht einer schonungslosen Selbstprüfung unterworfen. »Der Intelligent – also der Angehörige der Intelligencija – [...] setzt auf das ›soziale Wunder‹ und verachtet daher die alltägliche Kleinarbeit; es gibt nur eines, das im Leben wirklich zählt: der Sturz der Selbstherrschaft – alles Weitere wird sich schon finden; alles, was nicht unmittelbar der revolutionären Politik dient, ist Ablenkung; er fordert die radikale Demokratie, aber er praktiziert sie auf Kosten derer, die noch nicht so weit sind wie er selbst und seine Genossen; er spielt die Rolle der Vorsehung, denn er allein weiß, wohin der Weg führt, er tut nichts ohne eindrucksvollen theoretischen Aufwand, daher verwandelt er auch die profansten Dinge des Lebens in Gegenstände theoretischer Kontroversen.«[4] Beteiligt an den »Wegzeichen« ist der von 1903 bis 1905 im deutschen Exil lebende Petr Struve; er klassifiziert die Intelligencija als eine durch Irreligiosität und Staatsfeindschaft verbundene, aber randständige Gruppe der russischen Bildungsschicht. Als kultureller Typus geht sie in der Oktoberrevolution 1917 unter.[5]

Ein weitgefaßter Zugang empfiehlt sich auch für die Betrachtung der Intellektuellen-Szene im Deutschen Kaiserreich. Während die Bedeutung der Intellektuellen für die polarisierte politische Kultur der Weimarer Republik unter den verschiedensten Fragestellungen gut dokumentiert ist, muß die Epoche bis 1918 als vergleichsweise weißer Fleck erscheinen. Ausführlich thematisiert sind zwar Wissenschaftsmilieus und Gelehrtenpolitik, Bildungsbürgertum und protestantische Kulturphilosophie, Literaturkreise und expressionistische Weltdeutung. Zu wenig bekannt sind aber deren Wechselbeziehungen. Intellektuelle liegen in dieser Schnittlinie. Sie sind von allem etwas, aber insgesamt bereits etwas Neues. Im beginnenden Zeitalter einer subjektivistischen Kultur der »Reizsamkeit«, wie sie der Historiker Karl Lamprecht empfindet, und eines unbegrenzten Wertepluralismus, wie ihn Georg Simmel analysiert, begründen Intellektuelle eine neue Form der Dauerreflexion, die sich auf die Ambivalenzen der industriekapitalistischen Massengesellschaften richtet. Dies umfaßt den sezierenden Intellektualismus einer neuen Generation von Sozialwissenschaftlern ebenso wie den kämpferischen Journalismus einer neuen städtischen Massenpresse, die sozialtechnologischen Gesellschaftsentwürfe monistischer Naturforscher ebenso wie die postkapitalistischen Utopien einer neuen idealistischen Lebensreformbewegung. Der Kolportageroman der österreichisch-tschechischen Schriftstellerin und Frauenrechtlerin Grete Meisel-Hess »Die Intellektuellen« von 1911 erfaßt bereits zeitgenössisch die wesentlichen Schattierungen dieses Typs.[6]

Die Geschichte des Schimpfworts ersetzt deshalb nicht die Geschichte der Intellektuellentätigkeit in Deutschland. Dietz Berings sprachgeschichtliche Untersuchung hat zu einer zu starken Fixierung auf den Begriff und zu einer schiefen Darstellung der Sache geführt.[7] Sogar begriffsgeschichtlich ist sie zu lückenhaft und erfaßt in keiner Weise die Selbstreflexion der Intellektuellen in den einzelnen kulturellen Milieus des Kaiserreichs. Eine solche Selbstreflexion dessen, was Intellektuelle in der deutschen Gesellschaft zu sein beanspruchen, setzt zudem nicht erst 1910 ein, wie eine neuere Anthologie behauptet.[8] Und die These, »vor dem Ersten Weltkrieg ist in Deutschland eine Intellektuellenkritik ohne Intellektuelle entstanden«, bleibt viel zu einseitig an der Schimpfwortgeschichte ausgerichtet, so verhängnisvoll es für die deutsche Entwicklung auch gewesen ist, daß Heinrich Heines »radikaldemokratischer Humanismus« bis 1933 keine intellektuelle Tradition begründet hat.[9] Drei Jahre nach der Dreyfus-Affäre wird der Begriff auch in die deutsche Diskussion eingeführt, teils in ähnlicher politischer Zuspitzung, teils in kulturkritischer Pointierung, teils in universalhistorischer Ausweitung. Karl Kautsky, Georg Simmel und Max Weber setzen hier Akzente.

Karl Kautsky bestimmt 1901 explizit die Rolle der Intellektuellen im Grundsatzstreit der Sozialdemokratischen Partei über ihre »revisioni-

stische« Öffnung gegenüber der linksbürgerlichen Sozialreformbewe-
gung und über die Aufgaben, die Akademiker in der Arbeiterpartei
übernehmen sollen. Diese liege nicht in der politischen Repräsenta-
tion durch Übernahme parlamentarischer Mandate, wohl aber in der
Vermittlung historischer und gesellschaftswissenschaftlicher Einsich-
ten:»Es ist also vor allem die Aufgabe der wissenschaftlich gebildeten
bürgerlichen Elemente, der Intellektuellen oder der ›Akademiker‹ in
unserer Partei, die Einsicht in die großen, gesellschaftlichen Zusam-
menhänge, eine weitschauende, über das Augenblicksinteresse sich
erhebende sozialistische Erkenntnis, das heißt, den revolutionären
Geist im besten Sinne des Wortes zu entwickeln und zu verbrei-
ten.«[10]
Georg Simmel leitet 1903 den Typus des Intellektuellen von den Lebensbedingungen der modernen Großstadt her. Die Großstadt ist die
Provokation des modernen Menschen, sie schafft radikal gewandelte
»psychologische Bedingungen«, getragen von einem einzigen Grundmotiv: vom »Widerstand des Subjekts, in einem gesellschaftlich-tech-
nischen Mechanismus nivelliert und verbraucht zu werden«. Daraus
erwächst »der intellektualistische Charakter des großstädtischen See-
lenlebens«. In seinem Vortrag in der Dresdner Gehestiftung über
»Die Großstädte und das Geistesleben« entwickelt Simmel einen
positiven Begriff intellektueller Weltsicht aus der Notwendigkeit der
fortschreitenden modernen Differenzierungsprozesse. »Der Mensch
ist ein Unterschiedswesen.« Er muß lernen, die »Steigerung des Ner-
venlebens« ebenso wie die »Steigerung des Bewußtseins«, die die moderne Kultur mit sich bringt, rationalistisch zu steuern. Dem »Typus
des Großstädters« ist das kleinstädtische Gleichmaß eines »sinnlich-
geistigen Lebensbildes«, das noch dem Ideal des neuhumanistischen
Bildungsbürgers entsprach, völlig abhanden gekommen. Der Intellektuelle, läßt sich mit Simmel sagen, ist geboren aus dem Zwang, in
der Großstadt, der Chiffre für die Kultur der Moderne überhaupt,
seelisch zu überleben.[11] Vom Gegenbild her gesehen wird noch deutlicher, wie treffend diese impressionistische Skizze gezeichnet ist, die
Simmel aus seinem kulturhistorischen Meisterwerk, der »Philosophie
des Geldes«, herausgelöst hat. Eine der auffälligsten antiintellektuel-
len Bewegungen der Zeit, die auf Erlebniskultur gestimmte Wander-
vogelbewegung, macht zur gleichen Zeit durch ihre demonstrative
Stadtflucht auf sich aufmerksam.

Max Weber insbesondere ist es gewesen, der die Rolle der Intellektuellen in der Gesellschaft historisch und systematisch zu erfassen gesucht hat. In einer Rezension zu Franz Eulenburgs Untersuchung über die »Entwicklung der Universität Leipzig in den letzten hundert Jahren« vermißt er »die Analyse der ökonomischen, sozialen und beruflichen Fundamentierung des eigentlichen ›Intellektuellentums‹ in der Vergangenheit: seit den Zeiten, wo die ›Pfründe‹ in all ihren Formen der materielle Grundstein der geistigen Kultur war [...] bis in die Gegenwart, – in international vergleichender Darstellung natürlich«.[12] Wie es sein Stil war, entwarf Weber auch hier schwer einzulösende maximalistische Programme. Er selbst hat versucht, sie unter dem spezifischen Gesichtspunkt der Intellektuellen-Religiosität zu bewältigen; seine universalhistorisch ausgreifenden religionssoziologischen Studien beinhalten eine interkulturell vergleichende Analyse der Intellektuellen. Und sie liefern eine Begriffsklärung, an die sich auch für eine Geschichte der Intellektuellen im säkularisierten Europa des 20. Jahrhunderts anknüpfen läßt.

Intellektuelle – das unterscheidet sie auch von denjenigen Bildungsschichten, die die Welt »erlebnismäßig zu erfassen« trachten – kennzeichnet die »rationalistische Bemühung«, »den ›Sinn‹ der Welt und des eigenen Lebens denkend zu ergründen«.[13] Nur wenige Präzisierungen und Ergänzungen, die dann von Alfred Weber, Karl Mannheim, Josef Schumpeter und Robert Michels beigesteuert wurden,[14] sind nötig, um daraus eine strukturelle Kennzeichnung des Intellektuellen und seiner Tätigkeit in der Gesellschaft zu entwickeln. Intellektuelle stellen sich in den Dienst eines Ideals, weltdeutend und sinnvermittelnd. Sie leiten aus diesem Ideal Kulturwerte ab und kämpfen um deren Verbindlichkeit bei der rationalen Gestaltung der sozialen Ordnung und bei der Systematisierung persönlicher Lebensführung.[15] Bei der sozialen Vermittlung abstrakter Werte verfügen sie über die Macht des gesprochenen und geschriebenen Wortes, ohne die politische Verantwortlichkeit für das daraus resultierende praktische Handeln übernehmen zu müssen. Ihre Erfolgschancen liegen in ihrem »tatsächlichen oder möglichen Wert als Störungsfaktor«[16] politisch willkürlicher, sozial ungerechter, bürokratisch verhärteter oder kulturell leerlaufender Ordnungen.

Die Art, sich als Störungsfaktor zu inszenieren und »Kritik als Beruf« (M. Rainer Lepsius) zu üben, kann ganz verschieden, sogar durchaus gegensätzlich sein. Wolfgang Eßbach hat für das vormärzliche Deutschland exemplarisch an der Gruppe der Junghegelianer um Arnold Ruge eine »Enzyklopädie der Intelligenz« entworfen und sie als »eine philosophische Schule, eine politische Partei, eine journalistische Bohème und eine atheistische Sekte« dargestellt.[17] Die Junghegelianer formen bereits den Typ des Intellektuellen, der dem modernen Staat Kriterien rationaler Herrschaft liefert, der in den neu entstehenden politischen Parteien Vernunft ansässig macht oder der als Journalist Kommunikationsdefizite abarbeitet. Ein Teil der Gruppe will die Revolutionierung der Massen, ein Teil die Gründung von Sekten; einige suchen Erlösung im Wissen oder ziehen sich in den Winkel des gruppenverachtenden, einsamen Kritikers zurück. »Die Junghegelianer haben Verallgemeinerungen produziert, von denen die Intelligenz selbst, wie nicht zuletzt die Soziologie der Intelligenz, bis heute zehrt.«[18]

Im Deutschen Kaiserreich, und beschleunigt an der Schwelle zum 20. Jahrhundert, entwickeln solche im Vormärz angelegten, aber von einer bildungsprotestantischen Leitkultur überformten intellektuellen Potenzen ihre Eigendynamik. Eingefaßt in die deutsche Sozial- und Geistesgeschichte, gründen sie auf anderen Voraussetzungen und erhalten eine andere Richtung als im Frankreich der Dreyfus-Krise. Dem Universalismus der Menschenrechte dort steht hier der weltanschauliche Historismus gegenüber, für den Leopold von Ranke hoch geachtet wird. Dem Republikanismus wird im deutschen Staatsdenken mit der konstitutionellen Monarchie begegnet, die auch bürgerliche Liberale wie der führende Staatslehrer Georg Jellinek zur überlegenen Herrschaftsform erklären. Der laizistischen Moral wird der kulturprotestantische Neuhumanismus entgegengehalten, der bei Ernst Troeltsch noch einmal zur kulturphilosophischen Höhe geführt wird. Und der Denkstil der französischen Aufklärung wird mit einer synthetisierenden Neufassung des Deutschen Idealismus konfrontiert, für den Rudolf Eucken 1908 den Literatur-Nobelpreis erhält. Die Hauptträgergruppen, die diese politischen und kulturellen Werte vertreten, sind in Frankreich und Deutschland ebenfalls verschieden. In Frankreich, das hat die Dreyfus-Affäre bestätigt, rangieren die Schriftsteller in der öffentlichen Resonanz vor den Universitätseliten. In Deutschland behaupten die Professoren ihre Machtstellung auch in Sachen öffentlicher Kritik;[19] »Literat« kann aus diesem Überlegen-

heitsgefühl heraus zu einem beliebten Totschlagwort für konkurrie-
rende intellektuelle Auffassungen werden.

Die Intellektuellen-Debatte entzündet sich in Deutschland in dem
Maße, wie gegen Ende des Jahrhunderts die spezifisch kulturelle Ver-
gesellschaftungsleistung des Bildungsbürgertums und seiner sprichwörtlichen protestantischen Imprägnierung von Sprache und Kultur
rapide nachläßt.[20] In den akademischen Zirkeln Heidelbergs oder
Marburgs werden die großen neukantianischen Wertdebatten geführt, die die Krise des Historismus intellektuell überwinden sollen.
Zugrunde liegt eine tiefgreifende Krise der bürgerlich-liberalen Gesellschaft, in der Politik und Kultur in ein neues Verhältnis zueinander treten. Die bürgerlichen Eliten beginnen sich zu entpolitisieren
wie Werner Sombart, oder sie erfinden eine nationalistische Sonder-
kultur, die später als das Intellektuellenkonstrukt der »Ideen von
1914« den »Ideen von 1789« künstlich entgegengehalten wird.[21] Die
literarischen und künstlerischen Avantgarden wetteifern in der Produktion nachbürgerlicher politischer Utopien; sie reichen vom bohe-
mienhaften, parteienfeindlichen Sozialismus des Friedrichshagener
Dichterkreises um Julius und Heinrich Hart, Bruno Wille und Wilhelm Bölsche bis zum konservativen und charismatischen Eliteden-
ken des »Stefan-George-Kreises«. »Kultur« wird zum Leitbegriff der
intellektuellen Aufbruch- und Krisenstimmung, kategorial präzisiert
wie bei Georg Simmel oder inflationär gebraucht in Wortschöpfungen
wie »Kulturmenschentum« oder »Kulturwahlrecht«.[22]

In den neuen gesellschaftlichen Ordnungsentwürfen und den neuen
ethischen Maximen der Lebensführung kommt es zu einer signifikanten Polarisierung. Sie schlägt sich in der Lebensreformbewegung zu
Beginn dieses Jahrhunderts nieder, in Sexualreform, Werkbund,
Freien Schulgemeinden, Erwachsenenbildung oder Kunsterzieherbe-
wegung. Eine Minderheit sozialreformerischer Intellektueller engagiert sich für gesetzliche oder politisch-organisatorische Verbesserun-
gen auf nahezu allen Feldern der sozialen Beziehungen; August Fo-
rel, Magnus Hirschfeld oder Helene Stöcker lassen sich deshalb sogar
als Wanderredner für den Deutschen Monistenbund Wilhelm Ost-
walds verpflichten.

Eine Mehrheit kulturkritischer Intellektueller propagiert dagegen
den radikalen Bruch mit allem bürgerlichen und sozialtechnologischen Pragmatismus. Gesellschaftliche Verweigerung wird im litera-

rischen Schwabing von Erich Mühsam zum Gebot der Stunde erklärt. Die junge Literaten- und Philosophengeneration, mit Walter Benjamin oder Ernst Bloch, ist fasziniert von der neureligiösen, neumystischen Bewegung, die sich vor dem Ersten Weltkrieg Bahn bricht, antibürgerlich, messianisch, hyperidealistisch: »Georg, ich versichere Dich, alle Menschen, in Rußland und bei uns im Westen, werden sich wie an der Hand genommen fühlen, sie werden weinen müssen und in der großen bindenden Idee erlöst sein; und nicht nur einmal, wie man schwach vor Tannhäuser und Wagners heiliger Kunst erschauert, sondern in allen Stunden; und das Irren hört auf, alles wird von einer warmen und zuletzt glühenden Klarheit erfüllt; es kommt eine große Leibesgesundheit und eine gesicherte Technik und gebundene Staatsidee und eine große Architektur und Dramatik, und alle können wieder dienen und beten, und alle werden die Stärke meines Glaubens gelehrt und sind bis in die kleinsten Stunden des Alltags eingehüllt und geborgen in der neuen Kindlichkeit und Jugend des Mythos und dem neuen Mittelalter und dem neuen Wiedersehen mit der Ewigkeit. Ich bin der Paraklet und die Menschen, denen ich gesandt bin, werden in sich den heimkehrenden Gott erleben und verstehen.« Ernst Bloch teilt Georg Lukács 1911 in prophetischer Attitüde, die auch in den Kulturzeitschriften nicht untypisch ist, seine philosophischen Pläne mit.[23]

Keine Rede kann davon sein, daß in den jeweiligen gesellschaftlichen Gruppierungen des Kaiserreichs nicht ausgiebig über die Bedeutung des Intellektualismus und die Rolle der Intellektuellen nachgedacht worden wäre – und zwar kritisch abwägend und nicht nur pejorativ abweisend. Die großen Konversationslexika, Brockhaus, Herder oder Meyer, beschränken sich bei ihren Einträgen »intellektuell«, »Intellekt«, »Intellektualismus« zwar übereinstimmend auf den philosophischen oder philosophiegeschichtlichen Bedeutungsgehalt, auf die Abgrenzung zu Sensualismus, Voluntarismus und Ästhetizismus. »Einen ethischen Intellektualismus vertritt Sokrates, welchem die Tugend ein Wissen ist«, kommentiert Herders Konversations-Lexikon.[24] Und keine Lexikonredaktion nimmt einen Eintrag »Intellektuelle(r)« ergänzend auf. Dagegen läßt ein Streifzug durch die Zeitschriftenlandschaft klar erkennen, wie seit 1900 dieser Terminus Eingang in die politischen und kulturellen Debatten findet und dabei der schulphilosophische Gebrauch von »intellektuell« durch eine sozial- und kulturkritische Verwendungsweise ersetzt wird. Hier könnte Forschung zur deutschen Intellektuellengeschichte durchaus neu ansetzen.

Eine »Sammlung der Intellektuellen« fordert 1900 in der Zeitschrift »Die Kritik. Monatsschrift des öffentlichen Lebens« der Mainzer Jurist und Publizist Ludwig Fuld.[25] Die Anspielung auf die Mobilisierung in der Dreyfus-Affäre ist offenkundig, der Anlaß weit weniger spektakulär. Im deutschen Reichstag wollte 1899 eine Mehrheit aus katholischer Zentrumspartei und Konservativen den jahrelang zurückliegenden Mordprozeß gegen das Ehepaar Heinze aus der Berliner Unterwelt zum Anlaß nehmen, das Strafgesetz in Sittlichkeitsdelikten erheblich zu verschärfen. Zuhälterei und Kuppelei wurden vermischt mit Gesetzesentwürfen gegen den Vertrieb von Schriften, die Ausstellung von Bildern oder die Aufführung von Theaterstücken, die »ohne unzüchtig zu sein, das Schamgefühl gröblich verletzen«. Nicht zu Unrecht wertete das liberale Bildungsbürgertum dies als einen Angriff auf die moderne Literatur und Kunst generell. Der Protest gegen die »Freiheit der Kultur« nimmt seinen Ausgang bei freisinnigen Professoren wie Theodor Mommsen sowie in Literaten- und Künstler-Zirkeln Münchens und Berlins, erstreckt sich reichsweit auf das kulturliberale Bürgertum und mündet in die typisch deutsche Organisationsform des Vereins. Goethe gibt den Namen; die lokalen Vereinigungen schließen sich Ende 1900 in Weimar reichsweit zum »Goethe-Bund« zusammen, mit dem erklärten Zweck, »Angriffen auf die freie Entwicklung des geistigen Lebens, insbesondere von Wissenschaft, Kunst und Literatur, gemeinsam entgegenzutreten und das Verständnis des Wesens der Kunst und Wissenschaft und ihre Bedeutung für das gesamte Volksleben in den weitesten Kreisen zu fördern«. Als außerparlamentarische Opposition hat der Goethe-Bund erheblichen Anteil daran, daß in die dann 1900 verabschiedete »Lex Heinze« nicht die vom politischen Katholizismus geplanten Zensurbestimmungen gegen die moderne Kunst aufgenommen wurden.[26]

In der zu diesem Zeitpunkt einsetzenden Diskussion um die Rolle der Intellektuellen in der Öffentlichkeit und um einen intellektualistischen Denkstil und Habitus öffnet sich im Deutschen Reich eine Schere, die in sozialgeschichtlicher Betrachtung vom französischen Beispiel gar nicht so verschieden ist. Negativ ist der Habitus bei den konservativen Kultureliten besetzt. Die Liberalen winden sich. Positiv besetzt wird er im sozialistischen Milieu, in den Emanzipationsforderungen der Frauenbewegung und im jüdischen Bildungsbürgertum.

Heftig entzündet sich der Streit innerhalb des Protestantismus, an dessen Rändern sich sehr heterogene neue religiös-kulturelle Gemeinschaften verselbständigen. »Intellektualist« wird zum Schlagwort im religionspolitischen Streit gegen den rationalistischen Kulturprotestantismus. Vom orthodoxen Luthertum werden kulturprotestantische Universitätstheologen und Pfarrer, weil sie historische Bibelkritik betreiben und sich neuen religionsvergleichenden soziologischen Methoden öffnen, für den Säkularisierungsschub der Zeit haftbar gemacht. Deshalb wehrt sich der konservative Theologe und Hegelforscher Georg Lasson so heftig, als »Intellektualist« bezeichnet zu werden.[27] Und der »Reichsbote«, Sprachrohr der fundamentalistischen und antisemitischen Stoeckerbewegung in Berlin, nennt die Reiznamen der Zeit, wenn er polemisiert, daß »Pastoren unter lebhaftem Beifall der Versammlung erklären, nicht Haeckel, Nietzsche, Marx, sondern die Moral der christlichen Kirche« seien als Hemmnis angemessener Welterfassung und Lebensgestaltung zu betrachten.[28] Der Nietzschekult der Bildungsbürger, der historische Materialismus als Leitidee der sozialdemokratischen Arbeiterbewegung und der in den Deutschen Monistenbund mündende Darwinismus, das haben die konservativen Gegner recht klar im Zusammenhang gesehen, wachsen zu herrschenden Bewegungen der Zeit an, weil die durch Intellektuelle vermittelten Ideen von Nietzsche, Marx und Haeckel bei der Auflösung eines verbindlichen bürgerlichen Wertekanons auf neue Weise vergesellschaftend wirken konnten.

Auch die katholische Amtskirche faßt in der Tradition des »Syllabus errorum« die modernen Geisteshaltungen unter dem Verdikt des Intellektualismus zusammen. Selbst in der kritischsten Zeitschrift des katholischen Bildungsbürgertums, dem von Carl Muth redigierten »Hochland«, gilt die Intellektualisierung der sozialen Beziehungen und der moralischen Ordnungen schlicht als »lebensfeindlich«.[29] Die antiintellektualistische Ausgestaltung des katholischen Bildungswesens wird im katholischen Milieu zuweilen derart pauschal propagiert, daß von seiten der Jesuiten widersprochen wird. Es sei zwar der Vernunftglaube des vormärzlichen Hermesianismus eine intellektuelle Irrlehre, Haeckels Welträtsel eine geistige Schmach für das Va-

terland und der »lügenhafte, heuchlerische, heimtückische Modernis-
mus« eine arge Plage, die sich jetzt auch über das katholische
Deutschland ausbreite; aber die Auseinandersetzung mit der modernen Kultur könne ihrerseits nur eine Angelegenheit der »reflektieren-
den Vernunft« sein.[30]
Die reflektierende Vernunft, so spielt sich der Diskurs im kaiserlichen
Deutschland zu Beginn des 20. Jahrhunderts ein, richtet sich auf Kul-
turdiagnose und Zeitkritik als Ganze, metapolitisch und idealistisch
überformt. Werner Sombart markiert für große Teile des orientie-
rungsschwachen Bürgertums eine Wendemarke, wenn er es zum intellektuellen Gebot erklärt, »keinen bestimmten praktisch-politischen Standpunkt« zu vertreten, vielmehr die »kulturphilosophische
Betrachtung« als Distanzort gegenüber »den Problemen der Politik
zu gewinnen«.[31]
Skeptisch verfolgt wird die Tendenz zur Entrationalisierung und Ent-
politisierung der Kultur in der sozialdemokratischen Presse. Für die
»Sozialistischen Monatshefte« greift der Wiener »Kultursozialist«
und Reichsratsabgeordnete Karl Leuthner das Großstadtthema
Georg Simmels auf und beklagt, daß sich die »Rebellion der Intellektuellen« in der Verbindung mit dem »städtisch-bürgerlichen Volksge-
fühl« erschöpfe. »Wie die Maler der Moderne die Farben und Luft-
stimmungen der regengrauen, nebelfeuchten Großstadtstraße dem
Reich des Schönen erobert haben, singen die Poeten der Moderne die
Lebensgier der wütend arbeitenden, wütend genießenden Großstadt.« Das Proletariat lasse sich von der »Ideologie des Stadtmen-
schen« anziehen, ohne zu merken, daß die in der Tat in weite Kreise
reichende »intellektuelle Revolte« ihm letztlich den abgetragenen
Anzug des politischen Liberalismus verpaßt.[32] Als im Weltkrieg die
Gebildeten zum »Krieg der Geister« aufrufen,[33] klagen die »Soziali-
stischen Monatshefte« die »Pflicht zur Sachlichkeit« als das leitende
Gebot ein, das die deutschen Intellektuellen zum Schaden der Nation
in ihren politischen Manifesten so sträflich vernachlässigen würden:
»Es heißt nicht, ein Herr Haeckel, ein Herr Lasson, ein Herr Thomas
Mann haben sich die und die Entgleisungen geleistet, sondern deut-
sche Gelehrte und Schriftsteller schreiben so bedrohliche, so groß-
sprecherische, so aller Sachlichkeit bare Briefe und Artikel.«[34]
Große Hoffnungen für die »Freiheit der Frau« setzt vor dem Ersten
Weltkrieg Grete Meisel-Hess in die soziale Gruppe der Intellektuel-

len. In einer essayistischen Selbstanzeige ihres Romans »Die Intellektuellen« siedelt sie diese Gruppe in einer »Übergangsstufe zu einem gesteigerten Menschentum« an. »In ein Trümmerfeld sind sie hineingesetzt. Nietzsche, Marx, Darwin haben die alten Tafeln zerschmettert – neue Gebote aber sind diesen vielspältig Suchenden noch nicht gebaut.« Ihre Protagonisten und Protagonistinnen, die sie der Berliner Szene entnimmt, leben in einem Zwischenreich, abgelöst bereits von der bürgerlichen Gesellschaft, aber noch im Streit und nicht recht schlüssig über die Grundpfeiler der neuen sozialen Ordnung. Milde karikiert die Autorin ihre eigene monistische Fortschrittsphilosophie, die der im Roman eingefangenen Typisierung intellektueller Lebensführung zugrundeliegt.[35]

Intellektuelle Lebensführung ist im Kaiserreich in keiner Gruppe so stark ausgeprägt wie im jüdischen Bildungsbürgertum. Oft dokumentiert sind die antisemitischen Ausfälle gegen ihren Intellektualismus,[36] die auch gegenwärtig nicht verebbt sind.[37] Aber George L. Mosse erinnert völlig zu Recht daran, daß die Darstellung des Anteils der jüdischen Deutschen an der Kultur der Kaiserzeit stark vernachlässigt worden ist. Auf knappem Raum, aber in großem Wurf führt er vor, wie entschlossen die jüdischen Gebildeten die klassischen Bildungswerte aus der Zeit der Aufklärung und des Idealismus verteidigen, als sie im Nationalismus der deutschen Mittelschichten verstümmelt zu werden drohen. Da sie dies nicht auf den Universitäten tun können, wo sie 1909 weniger als drei Prozent der Professoren stellen, repräsentieren und modifizieren sie diese Werte in den freien intellektuellen Berufen, primär im Zeitungswesen.[38] Die »Literaturjuden«, so zitiert Mosse einen unveröffentlichten Brief Walter Benjamins von 1912, »waren vornehmste Träger und Repräsentanten des Kulturlebens, das in diesem Fall nicht nur Kunst und Literatur, sondern auch den Sozialismus und die Emanzipationsbewegung der Frauen miteinschlösse«.[39]

»Der Intellekt kann alles. Aus einem Kommerzienratssohn vermag er einen Sozialisten, aus einer Pfarrerstochter eine Barfußtänzerin zu machen.« Intellektuellenschelte, die wie hier spöttisch aufspießt, daß »der Intellektualismus (mit und ohne Geist) vorwiegend links zu finden ist«,[40] bleibt in der deutschen Diskussion eher die Ausnahme. Es überwiegen die ins kulturphilosophisch Grundsätzliche ausgreifenden Kritiken, für die eine Kulturzeitschrift älteren Stils wie die

»Grenzboten« bezeichnenderweise einen französischen Gewährs-
autor zu Wort kommen läßt, um die Verschwisterung von Intellektualismus und Dekadenz aufzuzeigen.[41] Aber in welcher Schattierung
auch immer am Vorabend des Ersten Weltkrieges Intellektuellenkritik geübt wird, sie ist ein Indiz dafür, welche Aufmerksamkeit die
Selbstdarstellung der Intellektuellen in ihrem breiten Panorama[42] im
Kaiserreich gefunden hat. Insbesondere läßt sich aus der breit gefä-
cherten und nicht auf polemische Abwertung beschränkten Debatte
erschließen, auf welche Weise die deutschen Intellektuellen an der
»europäischen Geisteskonkurrenz« und damit an den »Gegensätzen
der europäischen Nationalkulturen«[43] beteiligt waren, die vor dem
Ersten Weltkrieg eine beherrschende Rolle spielten.

# Anmerkungen

## Gerd Krumeich
## Die Resonanz der Dreyfus-Affäre im Deutschen Reich

1 Vgl. Pierre Sorlin, La Croix et les Juifs, Paris 1967; Patrice Boussel, L'Affaire Dreyfus et la presse, Paris 1960.

2 Vgl. zur Entstehungsgeschichte jetzt: Jean-Baptiste Duroselle, Clemenceau, Paris 1988, S. 431–450.

3 Sicherlich ist immer wieder behauptet worden, daß Henry ermordet worden sei. Thalheimer macht hieraus aber ganz unzulässigerweise eine Gewißheit: Vgl. Siegfried Thalheimer (Hrsg.), Die Affäre Dreyfus, Frankfurt 1963, S. 109.

4 Stephen Wilson, ›Le Monument Henry‹: La structure de l'antisémitisme en France, 1898–1899, in: Annales ESC 32 (1977), S. 265–291.

5 Vgl. Charles Maurras, Au signe de Flore, Paris [2]1933, S. 80–82.

6 Vgl. Ernst Nolte, Der Faschismus in seiner Epoche, München [2]1965, S. 90–95.

7 Veröffentlicht in: Cahiers de la Quinzaine, 5.1.1900, kurzer Auszug bei: Thalheimer, S. 315f.

8 Vgl. auch: Henry Rousso, Vichy, le grand fossé, in: 20e siècle. Revue d'Histoire, 5 (janv.–mars 1985), S. 55–80.

9 Ernst-Otto Czempiel, Das deutsche Dreyfus-Geheimnis, München 1966; Marcel Baumont, Aux sources de l'Affaire, Paris 1959; vgl. auch Marcel Thomas, L'Affaire sans Dreyfus, Paris [2]1978.

10 Vgl. Rüdiger vom Bruch, Kunst und Kulturkritik in führenden bildungsbürgerlichen Zeitschriften des Kaiserreichs, in: Ekkehard Mai (Hrsg.), Ideengeschichte und Kunstwissenschaft, Berlin 1983, S. 313–347.

11 Zu diesem Zusammenhang insgesamt: Jean-François Sirinelli, Intellectuels et passions françaises, Paris 1990; Christophe Charle, Les élites de la république (1880–1900), Paris 1987.

12 So vom Bruch, S. 314.

13 Ebd., S. 315.

14 Nach Baumont, S. 165.

15 Zit. nach Wippermann (Hrsg.), Deutscher Geschichtskalender, Jg. 1898 (1899), S. 257.

16 Czempiel, S. 36–38. Hohenlohes Plan, Dreyfus zu entlasten, war an Widerständen aus Kreisen der Konservativen gescheitert.

17  So zutreffend Thalheimer, S. 109.
18  Czempiel, S. 39.
19  Nach Czempiel, S. 40; dieses Dokument wurde nicht in die Aktenveröffent-
    lichung des Auswärtigen Amtes aufgenommen, vgl. A. Mendelssohn-Bar-
    tholdy/F. Thimme u. a. (Hrsg.), Die Große Politik der Europäischen Kabi-
    nette 1871–1914, Berlin 1922 (im folgenden: G. P.).
20  Vgl. Gerd Krumeich, La puissance militaire française vue d'Allemagne autour
    de 1900, in: Pierre Milza/Raymond Poidevin (Hrsg.), La puissance française à
    la Belle Epoque. Mythe ou réalité, Paris 1992, S. 199–210.
21  G. P., Bd. 13, Nr. 3608–3612.
22  G. P. Bd. 13, Nr. 3609: Bülow an das Auswärtige Amt, 29. 9. 1898. Zum Ver-
    hältnis dieses konkreten Zynismus zur Gesamtsicht der wilhelminischen Frank-
    reichpolitik vgl. Czempiel, S. 63; Krumeich, La puissance militaire; ders.: Le
    déclin de la France dans la pensée politique et militaire allemande avant la
    Première guerre mondiale, in: Jean-Claude Allain (Hrsg.), La Moyenne puis-
    sance au XXe siècle, Paris 1988, S. 101–115; Heiner Raulf, Zwischen Machtpo-
    litik und Imperialismus. Die deutsche Frankreichpolitik 1904–1905, Düssel-
    dorf 1976.
23  Dies gegen die verdienstvolle Studie von Czempiel, der die Dynamik des natio-
    nalistischen Ausbruchs und dessen Auswirkungen auf die deutsche Außenpoli-
    tik in seine Überlegungen nicht einbezieht.
24  Durchgesehen wurden: Vorwärts, Jg. 1897–1899; Die Neue Zeit, Sozialisti-
    sche Monatshefte; vgl. auch: Rainer Winling, Echos de l'Affaire dans la presse
    socialiste allemande, in: Geraldi Leroy (Hrsg.), Les écrivains et l'Affaire Drey-
    fus, Paris 1983, S. 65–73; Czempiel, S. 109 ff. skizziert ebenfalls die Position
    der Sozialdemokratie.
25  Vorwärts, 25. 2. 1898.
26  Ebd., 24. 9. 1898.
27  Le Rappel, 15. 1. 1898, vgl. Sirinelli, S. 24–27, der allerdings irrtümlich
    l'Aurore als Quelle angibt.
28  Vorwärts, 21. 1. 1889, vgl. Winling, S. 68.
29  Vorwärts, 27. 1. 1889.
30  Sozialistische Monatshefte, September 1898, S. 404 f. Vgl. auch Czempiel,
    S. 113.
31  Vgl. Winling, S. 72.
32  Die Fackel, Nr. 21, Oktober 1899, S. 9.
33  Ebd., S. 6.
34  Ebd., Nr. 18, September 1899, S. 7.
35  So auch Winling, 72.
36  Vgl. zu Scheurer-Kestner und den anderen Protagonisten der Dreyfusards:
    Charles Andler, Vie de Lucien Herr, Paris 1932, S. 112 ff.
37  Die Nation, 6. 1. 1898.
38  Ebd., 22. 1. 1898.
39  Ebd., 29. 1. 1898.
40  Ebd., 12. 2. 1898.
41  Ebd., 26. 2. 1898.
42  Ebd., 5. 11. 1898.
43  Ebd., 16. 9. 1899.
44  Ebd.

45  Diese wird dargestellt bei Czempiel, S. 114–8.
46  Vom Bruch, S. 319, mit Verweis auf Harry Pross, Literatur und Politik (1963).
47  Deutsche Rundschau, März 1899, April 1899, Mai 1899.
48  Ebd., Oktober 1899, S. 186/187.
49  Ebd., September 1898, S. 467.
50  Krumeich, Le déclin de la France.
51  Deutsche Rundschau, März 1899, S. 474.
52  Deutsches Wochenblatt, 1.7.1899.
53  Ebd.
54  Ebd., April 1898.
55  Vom Bruch, S. 321.
56  Die Zukunft, 1.10.1898.
57  Ebd., 5.2.1898.
58  Ebd., 26.2.1898.
59  Ebd., 8.4.1899.
60  Ebd., 26.8.1899.
61  Vgl. Krumeich, La puissance militaire française.

## Wolfgang J. Mommsen
## Max Weber. Ein politischer Intellektueller
## im Deutschen Kaiserreich

1  Die nachfolgenden Darlegungen stützen sich unter anderem auf Wolfgang J. Mommsen, Max Weber und die deutsche Politik, 1890–1920, Tübingen [2]1974; ders., The Political and Social Theory of Max Weber. Collected Essays, Cambridge 1989 sowie auf die Max-Weber-Gesamtausgabe [künftig zit.: MWG]: MWG I/4: Landarbeiterfrage, Nationalstaat und Volkswirtschaftspolitik. Schriften und Reden 1892–1899, hrsg. von Wolfgang J. Mommsen in Zusammenarbeit mit Rita Aldenhoff, Tübingen 1993; MWG Bd. I/10: Zur Russischen Revolution von 1905. Schriften und Reden 1905–1912, hrsg. von Wolfgang J. Mommsen in Zusammenarbeit mit Dittmar Dahlmann, Tübingen 1989; MWG I/15: Zur Politik im Weltkrieg. Schriften und Reden 1914–1918, hrsg. von Wolfgang J. Mommsen in Zusammenarbeit mit Gangolf Hübinger, Tübingen 1984; MWG I/16: Zur Neuordnung Deutschlands. Schriften und Reden 1918–1920, hrsg. von Wolfgang J. Mommsen in Zusammenarbeit mit Wolfgang Schwentker, Tübingen 1988; MWG I/17: Wissenschaft als Beruf/Politik als Beruf, hrsg. von Wolfgang J. Mommsen und Wolfgang Schluchter in Zusammenarbeit mit Birgitt Morgenbrod, Tübingen 1992; Max Weber. Briefe 1906–1908, MWG II/5, Tübingen 1990; ferner auf Wolfgang Schluchter, Religion und Lebensführung, Frankfurt/M. 1988; Wilhelm Hennis, Max Webers Fragestellung: Studien zur Biographie des Werks, Tübingen 1987, und Detlev Peukert, Max Webers Diagnose der Moderne, Göttingen 1989.
2  Gesammelte Politische Schriften, Tübingen [2]1958, S. 20 [künftig zitiert: GPS].
3  Vgl. den Brief an Robert Michels vom 6.11.1907, MWG II/5, S. 423.

4 Wilhelm Hennis, Max Weber als Erzieher, in: Den Staat denken. Theodor Eschenburg zum 85. Geburtstag, hrsg. von Hermann Rudolph, Berlin 1989, S. 244.

5 MWG I/4, insbesondere S. 26 ff.

6 Ebd., S. 621.

7 Ebd., S. 543.

8 Ebd., S. 571.

9 Gesammelte Aufsätze zur Wissenschaftslehre, Tübingen [3]1968, S. 180 [künftig zit.: WL].

10 Ebd.

11 Gesammelte Aufsätze zur Religionssoziologie, Tübingen [2]1922, Bd. 1, S. 203 [künftig zit.: RS].

12 Ebd., S. 203 f.

13 MWG I/15, 465 f.

14 Dies ist gegen Wilhelm Hennis' temperamentvolle, aber einseitige und vielfach gewaltsame Interpretation einzuwenden. Vgl. Wilhelm Hennis, Max Webers Fragestellung.

15 MWG I/10.

16 MWG II/5, S. 28.

17 Nicht zuletzt deshalb war er auch bereit, die beträchtlichen Kosten für die Drucklegung als Beiheft des »Archivs« aus eigener Tasche zu bezahlen.

18 MWG I/10, S. 273.

19 Ebd., S. 270 ff., vgl. dazu im einzelnen auch die Einleitung, S. 1–54.

20 MWG II/5, S. 149 f.

21 Vgl. den Brief vom 14.12.1906 an Friedrich Naumann, ebd., S. 201 ff., hier 204.

22 Vgl. MWG I/15, S. 541 f.

23 Vgl. insbesondere den Brief von Ende Dezember 1908 an Friedrich Naumann, MWG II/5, S. 711 ff.

24 Vgl. MWG I/15, S. 577 ff.

25 Brief an Marie Baum vom 16. oder 17.8.1906, MWG II/5, S. 136.

26 Vgl. insbesondere den Brief an Robert Michels vom 16.8.1908, ebd., S. 637 ff.

27 Vgl. dazu auch Wolfgang J. Mommsen, Max Weber and Roberto Michels. An asymmetrical partnership, in: Archives européennes de sociologie, Bd. 22, 1981, S. 100–116, und ders., Robert Michels und Max Weber. Gesinnungsethischer Fundamentalismus versus verantwortungsethischen Pragmatismus, in: Max Weber und seine Zeitgenossen, hrsg. v. ders. und Wolfgang Schwentker, Göttingen 1988, S. 196–215.

28 Verhandlungen der Generalversammlung in Magdeburg, 30.9., 1. und 2.10.1907, Schriften des Vereins für Socialpolitik, Bd. 125, Leipzig 1908, S. 298.

29 Brief an Robert Michels vom 4.8.1908, MWG II/5, S. 615–620, hier S. 619.

30 Ebd., hier S. 615.

31 Ebd., hier S. 616.

32 Brief an Robert Michels vom 6.11.1907, ebd., S. 423: »*Politische* Demokratisierung ist das Einzige, was in jeder absehbaren Zukunft *vielleicht* erreichbar ist.«

33 Leipzig 1911 – siehe dazu auch Webers Brief an Michels nach Erhalt der Nach-

richt, daß dieser ihm das Buch widmen werde, von Ende 1910, demnächst in MWG II/6.

34 Vgl. dazu immer noch, ungeachtet der inzwischen erschienenen zahlreichen, zum Teil diese These kritisch beleuchtenden Literatur Wolfgang J. Mommsen, Max Weber und die deutsche Politik, S. 417 ff.; vgl. auch ders., The Political and Social Theory of Max Weber, S. 33 f.

35 MWG I/15, S. 192.

36 RS 1, S. 542 f.

37 Vgl. u. a. MWG I/15, S. 95 f.

38 MWG I/15, S. 421 ff.

39 Vgl. MWG I/15, S. 701 ff.

40 MWG I/17, S. 99.

41 Ebd., S. 106.

42 MWG I/17, S. 99.

43 Ebd., S. 109.

44 RS 1, S. 552.

45 Vgl. dazu die Einleitung zu MWG I/16, S. 1–45.

46 MWG I/17, S. 251.

47 MWG I/16, S. 273.

# Friedrich Lenger
## Die Abkehr der Gebildeten von der Politik.
## Werner Sombart und der »Morgen«

1 Richard Strauss, Gibt es für die Musik eine Fortschrittspartei?, in: Morgen. Wochenschrift für deutsche Kultur vom 14. 6. 1907, S. 15–18; Richard Muther, Kunstpflege, ebd., S. 19 f.; die Anmerkungen sind auf das Allernötigste beschränkt und tragen reinen Belegcharakter; die einschlägige Literatur bei Friedrich Lenger, Werner Sombart. Gelehrtenkultur, Sozialwissenschaft und Politik zwischen Kaiserreich und Nationalsozialismus, erscheint voraussichtlich 1994, Kap. VII.

2 Vgl. Artur Landsberger an Werner Sombart, 7. 6. 1907, Geheimes Staatsarchiv Merseburg, Rep. 92, Nachlaß Sombart (im folgenden: Nl. Sombart), Nr. 4c1, unfol.

3 Nicolaus Sombart, Eine Jugend in Berlin, München ²1984, S. 247.

4 Werner Sombart an Carl Hauptmann, 10. 1. 1905, Archiv der Akademie der Künste Berlin, Nachlaß Carl Hauptmann, K 146, unfol. (im folgenden: Nl. C. Hauptmann).

5 Werner Sombart, Technik und Kultur, Verhandlungen des Ersten Deutschen Soziologentages vom 19.–22. 10. 1910 in Frankfurt a. M., Tübingen 1911, S. 63–83, hier S. 73 f.

6 Franz Mehring, Recht so!, in: Die Neue Zeit XXIII: 2 (1904/1905), S. 33–37, hier S. 35.

7 Werner Sombart, Die deutsche Volkswirtschaft im Neunzehnten Jahrhundert, Berlin 1903, S. 479.

8 Werner Sombart an Carl Hauptmann, 21. 6. 1907, Nl. C. Hauptmann.

9 Vgl. Maximilian Harden an Artur Landsberger, 10. 2. 1907, Bundesarchiv Ko-

blenz, Nachlaß 62, Harden (im folgenden: Nl. Harden), Bd. 143, Blatt 51 sowie zur Finanzierung Hugo von Hofmannsthal an Richard Dehmel, 7.1.1908, abgedruckt in: Hugo von Hofmannsthal, Briefe 1900–1909, Wien 1937, S. 306 ff.

10  Hugo von Hofmannsthal an Rudolf Borchardt, 21.4.1907, abgedruckt in: Hugo von Hofmannsthal/Rudolf Borchardt, Briefwechsel, hrsg. von Marie-Luise Borchardt/Herbert Steiner, Frankfurt a. M. 1954, S. 41 f.; vgl. Richard Strauss/Hugo von Hofmannsthal, Briefwechsel, hrsg. von Willi Schuh, München 1990.

11  Vgl. dazu Lorenz Jäger, Zwischen Soziologie und Mythos. Hofmannsthals Begegnungen mit Werner Sombart, Georg Simmel und Walter Benjamin, in: Ursula Renner/G. Bärbel Schmid (Hrsg.), Hugo von Hofmannsthal: Freundschaften und Begegnungen mit deutschen Zeitgenossen, Würzburg 1991, S. 95–107.

12  Ferdinand Tönnies, Rückblicke auf die deutsche Volkswirtschaft und Kultur, in: Deutschland. Monatsschrift für die gesamte Kultur III (1903/1904), S. 598–613 und S. 690–700; diese Besprechung von Sombart, Die deutsche Volkswirtschaft, ist deshalb hier von Interesse, weil Sombart dort seine im folgenden behandelte Kulturkritik erstmals umfassender darlegte.

13  Werner Sombart, Kulturphilosophie, in: Morgen, 14.6.1907, S. 1–5.

14  Werner Sombart an Carl Hauptmann, 7.9.1904, Nl. C. Hauptmann und Werner Sombart an Otto Lang, 7.9.1904, Internationaal Instituut voor sociale Geschiedenis (Amsterdam), Nachlaß Otto Lang I, Korrespondenz Sombart, Nr. 43.

15  Karl Lamprecht, Americana. Reiseeindrücke. Betrachtungen. Geschichtliche Gesamtansicht, Freiburg 1906, S. 38 f. und S. 69; vgl. z. B. ders., Das Lied in der Romantik, in: Morgen, 28.6.1907, S. 90–94, oder ders., Fortschritte des nationalen und liberalen Denkens in Deutschland während der vierziger Jahre, ebd., v. 19.12.1907, S. 882–889 sowie zur Vermittlung Sombarts Artur Landsberger an Werner Sombart, 2.6.1907, Nl. Sombart, 4c1, unfol.: »Dass Sie mir ausser Kohler und Lamprecht auch noch Michels aufhalsen, ertrage ich geduldig.«

16  Mitgeteilt in: Marianne Weber, Max Weber. Ein Lebensbild, Tübingen ³1984, S. 295 (zuerst 1926).

17  Werner Sombart, The Industrial Group, in: Howard J. Rogers (Hrsg.), Congress of Arts and Science. Universal Exposition St. Louis 1904, Band VII, Boston, Mass. 1906, S. 791–799, hier S. 792 f.

18  Werner Sombart, Warum gibt es in den Vereinigten Staaten keinen Sozialismus, Tübingen 1906, S. 130 f., S. 9, 17 f. und 14. Vgl. zu dieser Studie Lenger, Werner Sombart, Kap. VII.

19  Werner Sombart, Wien, in: Morgen 19.7.1907, S. 172–175; vgl. Die Fackel IX: 232/233, 16.10.1907, S. 34–38, hier S. 36.

20  Werner Sombart an Artur Landsberger, 8.8.1908 (Abschrift), Nl. Sombart, Nr. 4c1, unfol.

21  Sombart, Wien.

22  Werner Sombart, Die Ausstellung, in: Morgen, 28.2.1908, S. 249–256.

23  Sombart, Kulturphilosophie.

24  Werner Sombart, Unser Interesse an der Politik, in: Morgen, 28.6.1907, S. 40–44.

25 Werner Sombart, Politik und Bildung, in: Morgen, 28. 6. 1907, S. 67–72. Zu den hier nicht behandelten Prägungen durch den naturemphatisch gefärbten Nietzscheanismus seines Schreiberhauer Freundeskreises vgl. Lenger, Werner Sombart, bes. Kap. VII.

26 Werner Sombart an Carl Hauptmann, 3. 4. 1907, Nl. C. Hauptmann.

27 Werner Sombart, Die Politik als Beruf, in: Morgen, 26. 7. 1907, S. 195–199.

28 Werner Sombart, Die Elemente des politischen Lebens in Deutschland, in: Morgen, 9. 8. 1907, S. 255–259.

29 Vgl. Werner Sombart, Vom Stil des politischen Lebens in Deutschland, in: Morgen, 2. 8. 1907, S. 132–134.

30 Werner Sombart, Die Abkehr der Gebildeten von der Politik, in: Morgen, 27. 9. 1907, S. 479–483; vgl. zu Sombarts Plänen aus der Schulzeit Lenger, Werner Sombart, Kap. I.

31 Sombart, Die Abkehr.

32 Werner Sombart, Wir müden Seelen, in: Morgen, 4. 10. 1907, S. 513–517.

33 Vgl. Werner Sombart, Notiz, in: Morgen, 5. 7. 1907, S. 98.

34 Werner Sombart an Carl Hauptmann, 24. 3. 1904, Nl. C. Hauptmann.

35 Werner Sombart, Gewerbewesen, 2 Bände, (= Sammlung Göschen 203/204), Leipzig 1904, Bd. 2, 119; vgl. zu den Aktivitäten Sombarts Lenger, Werner Sombart, Kap. VII.

36 Vgl. Friedrich Naumann, An Herrn Professor W. Sombart, in: Morgen, 6. 9. 1907, S. 383–387.

37 Werner Sombart, An Friedrich Naumann, in: Morgen, 13. 9. 1907, S. 415–421.

38 Vgl. Gustav Schmoller, Deutschlands und Preußens äußere und innere Politik, in: Neue Freie Presse (Wien), 3. 4. 1907 (Morgenblatt), S. 1 ff., und 4. 4. 1907 (Morgenblatt), S. 2 f. sowie Alfred Weber, Konstitutionelle oder parlamentarische Regierung in Deutschland, ebd., 21. 4. 1907 (Morgenblatt), S. 1 ff.

39 Vgl. zu Weber statt aller Einzelbelege die zusammenfassende Würdigung durch Wolfgang J. Mommsen, Politik und politische Theorie bei Max Weber, in: Johannes Weiß (Hrsg.), Max Weber heute. Erträge und Probleme der Forschung, Frankfurt a. M. 1989, S. 515–542.

40 Karl Jaspers, Max Weber. Politiker. Forscher. Philosoph, wieder in: Ders., Max Weber. Gesammelte Schriften, München 1988, S. 49–114, hier S. 54 (zuerst 1932).

41 Werner Sombart an Robert Michels, 28. 11. 1905, Archivio Fondazione Luigi Einaudi (Turin), Archivio Roberto Michels, busta 2–3 (Werner Sombart), unfol.

42 Vgl. Robert Michels, Die deutschen Sozialdemokraten und der internationale Krieg, in: Morgen, 16. 8. 1907, S. 299–302 sowie den in Anm. 15 zitierten Brief Artur Landsbergers.

43 Robert Michels, Zur Soziologie des Parteiwesens in der modernen Demokratie. Untersuchungen über die oligarchischen Tendenzen des Gruppenlebens, Stuttgart [4]1989, 372 (zuerst 1911).

44 Robert Michels an Werner Sombart, o. Dat., Nl. Sombart, 45, unfol.; vgl. Werner Sombart, Der Internationale Sozialistenkongreß in Stuttgart I und II, in: Morgen, 23. und 30. 8. 1907, S. 321–325 und S. 351–355 sowie zu Michels' Haltung Robert Michels, Eine syndikalistisch gerichtete Unterströmung im deutschen Sozialismus (1903–1907), in den Anmerkungen geringfügig gekürzt

wieder in: ders., Masse, Führer, Intellektuelle. Politisch-soziologische Aufsätze 1906–1933, Frankfurt a. M. 1987, S. 63–79 (zuerst 1932).

45 Werner Sombart, Die Bedeutung der syndikalistischen Lehren, in: Morgen, 6. 12. 1907, S. 816–819.

46 Vgl. ebd. sowie Werner Sombart, Neue Strömungen im Sozialismus, in: Morgen, 1. 11. 1907, S. 649–655; ders., Der Ursprung des revolutionären Syndikalismus, ebd. 22. 11. 1907, S. 751–754; ders., Die Erziehung zum Sozialismus, ebd., 3. 1. 1908, S. 5–9 sowie ders., Sozialismus und soziale Bewegung, ⁶1908, S. 109–142.

47 Werner Sombart an Lily Braun, 11. 5. 1906, Leo Baeck Institute (New York), Julie Braun-Vogelstein Collection, part I, box 2, folder 17.

48 Sombart, Der Internationale Sozialistenkongreß I.

49 Pier Paolo Portinaro, Kulturpessimismus und die Grenzen der Entzauberung. Diagnosen zu Technik, Kultur und Politik nach der Jahrhundertwende, in: Rüdiger vom Bruch/Friedrich Wilhelm Graf/Gangolf Hübinger (Hrsg.), Kultur und Kulturwissenschaften um 1900. Krise der Moderne und Glaube an die Wissenschaft, Stuttgart 1989, S. 175–195, hier S. 190.

50 Sombart, Die deutsche Volkswirtschaft, S. 552.

51 Zitiert nach Lawrence A. Scaff, Fleeing the Iron Cage. Culture, Politics, and Modernity in the Thought of Max Weber, Berkeley, Cal. 1989, S. 204.

52 Artur Landsberger an Werner Sombart, 20. (undeutlich)1. 1908, Nl. Sombart, 4c1, unfol.

53 Vgl. dazu Werner Sombart an Maximilian Harden, 12. 6. 1908 und 15. 6. 1908, Nl. Harden, Bd. 100, Heft 9, S. 11 ff. und S. 15.

54 Werner Sombart, Ihre Majestät die Reklame, in: Zukunft LXIII (1908), S. 475–487.

55 Willy Hellpach, Wir Jungen und die Politik, in: Morgen, 31. 1. 1908, S. 137–140; vgl. zur ganz unterschiedlichen Aufnahme der Sombartschen Aufsätze Lenger, Werner Sombart, Kap. VII.

56 Vgl. dazu z. B. Fritz Stern, Die politischen Folgen des unpolitischen Deutschen, wieder in: Michael Stürmer (Hrsg.), Das kaiserliche Deutschland. Politik und Gesellschaft 1870–1918, Düsseldorf 1977, S. 168–186.

57 Vgl. Thomas Nipperdey, Deutsche Geschichte 1866–1918, Bd. 1: Arbeitswelt und Bürgergeist, München 1990, S. 823f.

58 Vgl. Werner Sombart, Der Bourgeois. Zur Geistesgeschichte des modernen Wirtschaftsmenschen, Berlin 1987 (zuerst 1913), und ders., Händler und Helden. Patriotische Besinnungen, München 1915 sowie dazu Lenger, Werner Sombart, Kap. X.


## Rita Aldenhoff
## Kapitalismusanalyse und Kulturkritik.
## Bürgerliche Nationalökonomen entdecken Karl Marx

1 Eugen von Böhm-Bawerk, Zum Abschluß des Marxschen Systems, in: Staatswissenschaftliche Arbeiten. Festgaben für Karl Knies zur 75. Wiederkehr seines Geburtstages, hrsg. von Otto von Boenigk, Berlin 1896, Vorbemerkung.

2 Ebd.

3 Für die Auseinandersetzung mit Marx in der Nationalökonomie immer noch grundlegend: Dieter Lindenlaub, Richtungskämpfe im Verein für Sozialpolitik, Wiesbaden 1967, S. 272–384. – Marx war auch für Georg Simmels Kulturphilosophie zentral, doch dies auszuführen, erforderte zweifellos eine eigenständige Untersuchung.

4 Vgl. Chronik der Kgl. Friedrich-Wilhelms-Universität zu Berlin für das Rechnungsjahr 1891/92 (1892/93; 1893/94), Jg. 5 (6; 7), S. 66 (58; 59).

5 Alle Zitate nach: Gustav Schmoller, Wechselnde Theorien und feststehende Wahrheiten im Gebiete der Staats- und Sozialwissenschaften und die heutige deutsche Volkswirtschaftslehre, Berlin 1897, S. 14–16.

6 Abgedruckt in: Ursula Ratz, Aus Franz Mehrings marxistischer Frühzeit. Ein Briefwechsel Franz Mehrings mit Lujo Brentano (1891–1893), in: Internationale wissenschaftliche Korrespondenz zur Geschichte der deutschen Arbeiterbewegung Heft 19/20 (1973), S. 43.

7 Hierzu ausführlich: Rüdiger vom Bruch, Bürgerliche Sozialreform im deutschen Kaiserreich, in: Ders. (Hrsg.), Weder Kommunismus noch Kapitalismus. Bürgerliche Sozialreform in Deutschland vom Vormärz bis zur Ära Adenauer, München 1985, S. 69–71.

8 Briefe an Hermann Wagner vom 24.11. und 7.12.1872, in: Adolph Wagner. Briefe, Dokumente, Augenzeugenberichte 1851–1917, hrsg. von Heinrich Rubner, Berlin 1978, S. 118f.

9 Adolph Wagner, Die akademische Nationalökonomie und der Sozialismus, Berlin 1895, bes. S. 9, 27–36.

10 Vgl. Wolfgang Schluchter, Religion und Lebensführung, Bd. 1, Frankfurt a. M. 1988, S. 26–30.

11 Eugen von Böhm-Bawerk, Zum Abschluß des Marxschen Systems, S. 85–205.

12 Johann von Komorzynski, Der dritte Band von Karl Marx' »Das Kapital«, in: Zeitschrift für Volkswirtschaft, Sozialpolitik und Verwaltung 6 (1897), S. 242–299.

13 Werner Sombart, Karl Marx als Theoretiker, in: Die Zukunft 46 (1904), S. 21.

14 So Max Weber rückblickend 1911, zitiert nach: Max Weber, Landarbeiterfrage, Nationalstaat und Volkswirtschaftspolitik. Schriften und Reden 1892–1899, hrsg. von Wolfgang J. Mommsen und Rita Aldenhoff, Tübingen 1993 (= Max-Weber-Gesamtausgabe, Bd. I/4), S. 540.

15 Geleitwort der Herausgeber, in: Archiv für Sozialwissenschaft und Sozialpolitik 19 (1904), S. V.

16 Ferdinand Tönnies, Der Nietzsche-Kultus. Eine Kritik, Leipzig 1897, S. 5f. Vgl. zum folgenden vor allem: Lindenlaub, Richtungskämpfe, S. 337–366; Cornelius Bickel, Ferdinand Tönnies. Soziologie als skeptische Aufklärung zwischen Historismus und Rationalismus, Opladen 1991, bes. S. 62, 64, 131–137, 212; Günther Rudolph, Ferdinand Tönnies und die Lehre von Karl Marx, in: Hundert Jahre »Gemeinschaft und Gesellschaft«, hrsg. von Lars Clausen/Carsten Schlüter, Opladen 1991, S. 301–320.

17 Ferdinand Tönnies, Gemeinschaft und Gesellschaft. Nachdruck der 8. Auflage von 1935, Darmstadt 1979, S. XXIII (Vorrede zur 1. Auflage).

18 So heißt es in dem Zusatz von 1911 zu Gemeinschaft und Gesellschaft, S. 69f. Tönnies änderte auch später seine Ansichten zu Marx nicht, zumindest nicht in

den wesentlichen Punkten. Ferdinand Tönnies, Marx. Leben und Lehre, Jena 1921, S. IX f.

19 Cornelius Bickel, Ferdinand Tönnies' Weg in die Soziologie, in: Simmel und die frühen Soziologen, hrsg. von Otthein Rammstedt, Frankfurt a. M. 1988, S. 122 f.

20 Ferdinand Tönnies, Gemeinschaft und Gesellschaft, S. XXIII (Vorrede zur 1. Auflage).

21 So Gustav Schmoller in seiner Rezension (1903) von Sombarts »modernem Kapitalismus«, zit. nach: Sombarts ›Moderner Kapitalismus‹. Materialien zur Kritik und Rezeption, hrsg. von Bernhard vom Brocke, München 1987, S. 138.

22 Gerhart von Schulze-Gävernitz, Was fällt von Marx – was bleibt von Marx?, in: Die Hilfe, Nr. 44, 6. 11. 1910, S. 700.

23 Brief an Otto Lang vom 5. 10. 1893, Internationaal Instituut voor Sociale Geschiedenis, Amsterdam.

24 Werner Sombart, Zur Kritik des ökonomischen Systems von Karl Marx, in: Archiv für soziale Gesetzgebung und Statistik 7 (1894), S. 555–594.

25 Ebd., S. 574.

26 So in seiner Rektoratsrede von 1908: Gerhart von Schulze-Gävernitz, Marx oder Kant?, Freiburg i. Br. [2]1909.

27 Werner Sombart, Sozialismus und soziale Bewegung im 19. Jahrhundert (Ethisch-sozialwissenschaftliche Vortragskurse, Band IV), Bern 1897.

28 Werner Sombart, Der moderne Kapitalismus, Bd. 2, Leipzig 1902, S. 83.

29 Werner Sombart, Warum interessiert sich heute jedermann für Fragen der Volkswirtschaft und Sozialpolitik?, Leipzig 1904, S. 15 und 11.

30 Werner Sombart, Der moderne Kapitalismus, Bd. 2, S. 345.

31 Siehe dazu in diesem Band den Artikel von Friedrich Lenger sowie ders., Marx, the crafts, and the first edition of »Modern Capitalism«, sowie Lawrence A. Scaff, Sombart's Politics, beide demnächst in: Werner Sombart Social Scientist, hrsg. von Jürgen Backhaus, Marburg.

32 Werner Sombart, Warum interessiert sich heute jedermann für Fragen der Volkswirtschaft und Sozialpolitik?, S. 8.

33 Werner Sombart, Karl Marx als Theoretiker (wie oben, Anm. 13).

34 Werner Sombart, Sozialismus und soziale Bewegung, Jena [5]1905 (Vorwort).

35 Webers Handexemplar befindet sich in der Arbeitsstelle der Max-Weber-Gesamtausgabe, Bayerische Akademie der Wissenschaften, München.

36 Vgl. dazu die Einleitung von Jürgen Deininger zu: Max Weber, Die römische Agrargeschichte in ihrer Bedeutung für das Staats- und Privatrecht. 1891, hrsg. von Jürgen Deininger, Tübingen 1986 (Max-Weber-Gesamtausgabe I/2), S. 23 f.

37 Vgl. auch zum gesamten Kontext: Martin Riesebrodt, Vom Patriarchalismus zum Kapitalismus. Max Webers Analyse der Transformation der ostelbischen Agrarverhältnisse im Kontext zeitgenössischer Theorien, in: Kölner Zeitschrift für Soziologie und Sozialpsychologie 37 (1985), S. 546–567, bes. S. 553 und 565.

38 Max Weber, Die deutschen Landarbeiter, in: Bericht über die Verhandlungen des Fünften Evangelisch-sozialen Kongresses, abgehalten zu Frankfurt a. M. am 16. und 17. Mai 1894, Berlin 1894, S. 73 (MWG I/4, S. 329).

39 Vgl. Schluchter, Religion und Lebensführung, Bd. 1, S. 78f.
40 Max Weber, Die deutschen Landarbeiter, S. 77 (MWG I/4, S. 335f.).
41 Max Weber, Vorbemerkung des Herausgebers, in: Die Landarbeiter in den evangelischen Gebieten Norddeutschlands, hrsg. von Max Weber, Erstes Heft, Tübingen 1899, S. 10 (MWG I/4, S. 709).
42 Max Weber, Stellungnahme zur Flottenumfrage, in: Allgemeine Zeitung, München, Außerordentliche Beilage, Nr. 3, 13. 1. 1898, S. 4f. sowie: Die geschichtliche Stellung des modernen Kapitalismus, Bericht zu dem Vortrag in: General-Anzeiger der Stadt Mannheim und Umgebung, Nr. 340, 12. 12. 1897, S. 2 (MWG I/4, S. 673, 850f.).
43 Geleitwort der Herausgeber (wie oben, Anm. 15), S. V.
44 So die Charakterisierung von Lindenlaub, Richtungskämpfe, S. 330.

**Gangolf Hübinger**
**»Journalist« und »Literat«. Vom Bildungsbürger**
**zum Intellektuellen**

1 Gustav Freytag, Die Journalisten, Faksimiledruck nach der Ausgabe innerhalb der Gesammelten Werke von 1887. Mit einem Nachwort von Horst Kreißig, Göttingen 1966.
2 Vgl. M. Rainer Lepsius, Das Bildungsbürgertum als ständische Vergesellschaftung, in: Ders. (Hrsg.), Bildungsbürgertum im 19. Jahrhundert, Teil III: Lebensführung und ständische Vergesellschaftung, Stuttgart 1992, S. 9–18.
3 Fritz K. Ringer, Die Gelehrten. Der Niedergang der deutschen Mandarine 1890–1933, Stuttgart 1983, S. 128f.
4 Heinrich von Treitschke, Unsere Aussichten (Preußische Jahrbücher, 15. 11. 1879), zit. nach: Der Berliner Antisemitismusstreit, hrsg. von Walter Boehlich, Frankfurt a. M. 1965, S. 7–14.
5 Reinhart Koselleck, Zur anthropologischen und semantischen Struktur der Bildung, Einleitung zu: Ders. (Hrsg.), Bildungsbürgertum im 19. Jahrhundert, Teil II: Bildungsgüter und Bildungswissen, Stuttgart 1990, S. 11–46, hier S. 42.
6 Zur kritischen Kompetenz des Intellektuellen, abgesetzt von beruflicher Fachschulung und politischem Mandat, siehe M. Rainer Lepsius, Kritik als Beruf. Zur Soziologie der Intellektuellen, in: Ders.: Interessen, Ideen, Institutionen, Opladen 1990, S. 270–285.
7 Erstveröffentlichung: München 1900.
8 Heinrich Mann, Geist und Tat, in: Pan 1 (1910/11), S. 137–143, hier zit. nach Michael Stark (Hrsg.), Deutsche Intellektuelle 1910–1933, Heidelberg 1984, S. 39f.
9 Ebd., S. 40. Vgl. auch Michael Stark, Die Ritter vom Geiste. Ein erstes Echo auf Heinrich Manns »Geist und Tat«, in: Rudolf Woll (Hrsg.), Heinrich Mann. Werk und Wirkung, Bonn 1984, S. 125–133.
10 Kurt Hiller, Der Präsident, in: Die Weltbühne 28 (1932), S. 194–198.
11 M. Rainer Lepsius, Über die Institutionalisierung von Kriterien der Rationalität und die Rolle der Intellektuellen, in: Ders., Interessen, Ideen und Institutionen, S. 44–52, hier S. 50.

12  Thomas Nipperdey, Deutsche Geschichte 1866–1918, Bd. 1: Arbeitswelt und
    Bürgergeist, München 1990, S. 690.
13  Frankfurter Allgemeine Zeitung, Nr. 227, 29. 9. 1990.
14  Kurt Tucholsky, »Kleiner Vorschlag«, in: Die Weltbühne 27 (1931), S. 33.
    Wiederabdruck in: Ders., Gesammelte Werke, Bd. 9, Hamburg 1975,
    S. 109 f.
15  Jürgen Habermas, Heinrich Heine und die Rolle des Intellektuellen in
    Deutschland, in: Ders., Eine Art Schadensabwicklung, Frankfurt a. M. 1987,
    S. 25–54.
16  Max Weber, Zur Politik im Weltkrieg. Schriften und Reden 1914–1918, hrsg.
    von Wolfgang J. Mommsen in Zusammenarbeit mit Gangolf Hübinger, Tübin-
    gen 1984 (MWG I/15), S. 468, 592.
17  Die vielzitierte materialreiche Studie von Dietz Bering, Die Intellektuellen.
    Geschichte eines Schimpfwortes, Stuttgart 1978.
18  MWG I/15, S. 434, 438, 455, 454, 481, 484 f., 592.
19  Max Weber, Wissenschaft als Beruf und Politik als Beruf 1917/1919, hrsg. von
    Wolfgang J. Mommsen und Wolfgang Schluchter, in Zusammenarbeit mit Bir-
    gitt Morgenbrod, Tübingen 1992 (MWG I/17), S. 104, 110.
20  Die Wirtschaftsethik der Weltreligionen. Konfuzianismus und Taoismus.
    Schriften 1915–1920, hrsg. von Helwig Schmidt-Glintzer in Zusammenarbeit
    mit Petra Kolonko, Tübingen 1989 (MWG I/19), S. 297, 289.
21  MWG I/15, S. 611–615. Ernst Schulin, Krieg und Modernisierung. Rathenau
    als philosophierender Industrieorganisator im Ersten Weltkrieg, in: Tilmann
    Buddensieg (Hrsg.), Ein Mann vieler Eigenschaften. Walther Rathenau und
    die Kultur der Moderne, Berlin 1990, S. 55–69.
22  MWG I/15, S. 469 f.
23  MWG I/15, S. 660, auch 462, 594.
24  Ludwig Salomon, Artikel »Zeitungen«, in: Handwörterbuch der Staatswissen-
    schaften, Bd. 8, Jena ³1911, S. 987.
25  Siehe ausführlicher Rüdiger vom Bruch/Otto B. Roegele (Hrsg.), Von der
    Zeitungskunde zur Publizistik. Biographisch-institutionelle Stationen der deut-
    schen Zeitungswissenschaft in der ersten Hälfte des 20. Jahrhunderts, Frank-
    furt a. M. 1986.
26  MWG I/17, S. 191–196.
27  Geschäftsbericht auf dem ersten Deutschen Soziologentag in Frankfurt 1910,
    in: Max Weber, Gesammelte Aufsätze zur Soziologie und Sozialpolitik, Tübin-
    gen 1924, S. 434–441, Zitat S. 441.
28  Einleitung zur MWG I/17, S. 3.
29  Hans Staudinger, Wirtschaftspolitik im Weimarer Staat. Lebenserinnerungen
    eines politischen Beamten im Reich und in Preußen 1889 bis 1934, hrsg. von
    Hagen Schulze, Bonn 1982, S. 7–11.
30  Brief an Ferdinand Avenarius vom 1. 9. 1896, in: Lulu von Strauß und Torney-
    Diederichs (Hrsg.), Eugen Diederichs. Leben und Werk, Jena 1936, S. 40.
31  Erich Viehöfer, Der Verleger als Organisator. Eugen Diederichs und die bür-
    gerliche Reformbewegung der Jahrhundertwende, Frankfurt a. M. 1988, Zi-
    tate S. 96.
32  Hermann Kellermann (Hrsg.), Der Krieg der Geister. Eine Auslese deutscher
    und ausländischer Stimmen zum Weltkriege 1914, Weimar 1915; hier auch
    mehrere Belege dafür, daß sich die deutschen Verfasser patriotischer Manife-

ste als Intellektuelle verstehen, vgl. etwa S. 19, 22, 107. Das Zitat aus dem »Aufruf an die Kulturwelt« ebd., S. 66.

33  Salomon Grumbach, Das annexionistische Deutschland, Lausanne 1917, S. 132–140.

34  Siehe »Gegenadresse zur sogenannten Seeberg-Adresse«, MWG I/15, S. 259–263.

35  Siehe »Vorträge während der Lauensteiner Kulturtagungen«, ebd., S. 701–707.

36  Ernst Toller, Gesammelte Werke, Bd. 4, München 1978, S. 77–79. Zu Tollers intellektuellem Umfeld vgl. auch Dittmar Dahlmann, Max Webers Verhältnis zum Anarchismus und den Anarchisten am Beispiel Ernst Tollers, in: Wolfgang J. Mommsen/Wolfgang Schwentker (Hrsg.), Max Weber und seine Zeitgenossen, Göttingen 1988, S. 506–523.

37  Wolfgang Schumann, Pfingsttagung auf Burg Lauenstein 1917. Achtseitiges maschinenschriftliches Protokoll im Verlagsarchiv Eugen Diederichs, München, Zitat S. 8.

38  Anonym (Edgar Jaffé), Lauenstein, in: Europäische Staats- und Wirtschaftszeitung 1917, S. 994–996.

39  Exemplarisch für eine Soziologie der Intellektuellen im frühen 20. Jahrhundert jetzt an einer Gruppe um Erich Gutkind, Frederik van Eeden, Gustav Landauer, Florens Christian Rang, Martin Buber und Theodor Däubler untersucht bei Christine Holste, Der Forte-Kreis (1910–1915). Rekonstruktion eines utopischen Versuchs, Stuttgart 1992.


**Birgitt Morgenbrod**
**»Träume in Nachbars Garten«.**
**Das Wien-Bild im Deutschen Kaiserreich**

1  Egon Friedell, Die »Theaterstadt« Wien, in: Ders., Wozu das Theater?, hrsg. von Peter Haage, München 1965, S. 187–191, hier S. 188.

2  Bruno Hillebrand, In Wien mit deutschen Dichtern. Ein Spaziergang, Stuttgart 1988, S. 4.

3  Hugo von Hofmannsthal, Wir Österreicher und Deutschland, in: Gesammelte Werke. Reden und Aufsätze II, hrsg. von Bernd Schoeller, Frankfurt a. M. 1979, S. 390–396, hier S. 391.

4  Norbert Jacques, Stiefschwester Wien, in: Die neue Rundschau, Heft 5, Mai 1912, S. 728–731, hier S. 729.

5  Ebd.

6  Siehe dazu Gerhard Brunn, Die deutsche Einigungsbewegung und der Aufstieg Berlins zur deutschen Hauptstadt, in: Hauptstädte in europäischen Nationalstaaten, hrsg. von Theodor Schieder und Gerhard Brunn, München/Wien 1983, S. 15–33, hier S. 17 f.

7  Siehe dazu Wolfgang J. Mommsen, Österreich-Ungarn aus der Sicht des deutschen Kaiserreichs, in: Ders., Der autoritäre Nationalstaat. Verfassung, Gesellschaft und Kultur im deutschen Kaiserreich, Frankfurt a. M. 1990, S. 214–233.

8  Aus der Fülle der Literatur sei hier nur der von Gottfried Korff und Reinhard

Rürup herausgegebene Katalog zur Ausstellung »Berlin, Berlin« (Berlin 1987) anläßlich der 750-Jahr-Feier Berlins erwähnt.

9 Karl Scheffler, Berlin. Ein Stadtschicksal, Berlin 1910, S. 166 f.

10 Siehe dazu jüngst auch Thomas Nipperdey, Deutsche Geschichte 1866–1918, Bd. 1, München 1990, S. 668 ff.

11 Zit. nach Sabine Hollburg/Gottfried Korff, Metropole in Gardeuniform, in: Katalog zur Ausstellung »Berlin, Berlin«, S. 255.

12 Michael Georg Conrad, Berlin. Wien. München, in: Die Gesellschaft. Monatschrift für Litteratur, Kunst und Sozialpolitik, November und Dezember 1892, S. 1391 ff. und S. 1531 ff., hier S. 1394.

13 Paul Marsop, Die Kunststadt München, in: Süddeutsche Monatshefte, 1. Jg., Januar 1904, S. 41–47, hier S. 46 f.

14 Wilhelm Raabe, Der Schüdderump, in: Sämtliche Werke (Braunschweiger Ausgabe), Bd. 8, Freiburg i. Br./Braunschweig 1952, S. 266.

15 Zit. nach Richard Friedenthal, Karl Marx. Sein Leben und seine Zeit, München/Zürich 1981, S. 383.

16 Werner Sombart, Wien, in: Der Morgen. Wochenschrift für deutsche Kultur, 1907, Heft 6, S. 172–175.

17 Alfred Polgar, Geistiges Leben in Wien, in: Ders., Kleine Schriften, Bd. 1, hrsg. von Marcel Reich-Ranicki und Ulrich Weinzierl, Hamburg 1982, S. 296–300, hier S. 296.

18 Werner Sombart in einem »Toast auf Wien«, in: Neue Freie Presse, Nr. 16203, 29.9.1909, S. 12.

19 Sombart, Wien, S. 172 f.

20 Julius Bab/Willi Handl, Wien und Berlin. Vergleichendes zur Kulturgeschichte der beiden Hauptstädte Mitteleuropas, Berlin 1918, S. 292.

21 Theodor W. Adorno, Kleiner Dank an Wien, in: Gesammelte Schriften, Bd. 20/2, hrsg. von Rolf Tiedemann, Frankfurt a. M. 1986, S. 552–554, Zum Wien-Bild Adornos vgl. auch Heinz Seibert, Adorno in Wien. Über die (Un-)Möglichkeit von Kunst, Kultur und Befreiung, Wien 1990.

22 Wilhelm Hausenstein, Europäische Hauptstädte. Ein Reisetagebuch (1926–1932), München ²1954, S. 77–156, hier S. 86. Obwohl dieses »Reisetagebuch« erst in der Zeit der Weimarer Republik veröffentlicht wurde, wirkten hier, wie Hausenstein selbst schrieb (S. 82), doch ganz wesentlich frühere Erfahrungen aus der Zeit des Kaiserreichs nach.

23 Lujo Brentano, Mein Leben im Kampf um die soziale Entwicklung Deutschlands, Jena 1931, S. 141.

24 Siehe dazu vor allem die bei Marianne Weber, Max Weber. Ein Lebensbild, Tübingen ³1984, S. 582–627, abgedruckten Briefe Max Webers, hier S. 584.

25 Jakob Wassermann, Tagebuch aus dem Winkel, München/Wien 1987, S. 94.

26 Siehe dazu u. a. Péter Hanák, Verbürgerlichung und Urbanisierung. Ein Vergleich der Stadtentwicklung Wiens und Budapests, in: Gesellschaft, Politik und Verwaltung in der Habsburgermonarchie 1830–1918, hrsg. von Ferenc Glatz und Ralph Melville, Stuttgart 1987, S. 203–235, insb. S. 213 f.

27 Bab/Handl, Wien und Berlin, S. 18.

28 Hausenstein, Europäische Hauptstädte, S. 93.

29 Marianne Weber, Max Weber, S. 621.

30 Hausenstein, Europäische Hauptstädte, S. 87 f.

31 Marianne Weber, Max Weber, S. 623.

32 Siehe dazu Utz Jeggle/Joachim Schlör, Stiefkinder des Fortschritts. »Kennt ihr die deutsche Provinz?«, in: Jahrhundertwende. Der Aufbruch in die Moderne 1880–1930, Bd. 1, hrsg. von August Nitschke, Gerhard A. Ritter, Detlev J. K. Peukert, Rüdiger vom Bruch, Hamburg 1990, S. 56–74.

33 Conrad, Berlin. Wien. München, S. 1535.

34 Felix Salten, Der Wiener Korrespondent, in: Der Morgen. Wochenschrift für deutsche Kultur, 1907, Heft 4, S. 113–116.

35 Jakob Wassermann, Mein Weg als Deutscher und Jude, in: Ders., Deutscher und Jude. Reden und Schriften 1904–1933, Heidelberg 1984, S. 35–131, hier S. 108f.

36 Bab/Handl, Wien und Berlin, S. 326.

37 Sombart, Wien, S. 173.

38 Max Weber, Wahlrecht und Demokratie in Deutschland, in: Max-Weber-Gesamtausgabe, Bd. I/15, hrsg. von Wolfgang J. Mommsen in Zusammenarbeit mit Gangolf Hübinger, Tübingen 1984, S. 354f.

39 Siehe dazu u. a. Hilde Spiel, Glanz und Untergang. Wien 1866–1938, Wien 1987, S. 41.

40 Siehe dazu Carl E. Schorske, Wien. Geist und Gesellschaft im Fin de Siècle, Frankfurt a. M. 1982, S. 5–9.

41 Zit. bei Eduard Baumgarten, Max Weber. Werk und Person, Tübingen 1964, S. 626.

42 Marianne Weber, Max Weber, S. 616.

43 Ebd., S. 583.

44 Ebd., S. 623.

45 Nicolaus Sombart, Freuds Vienna, in: Merkur. Deutsche Zeitschrift für europäisches Denken, 1977, Bd. 1, S. 185–190, hier S. 186.

46 Marianne Weber, Max Weber, S. 623.

47 Jacques, Stiefschwester Wien, S. 729.

48 Sombart, Wien, S. 174.

49 Hillebrand, In Wien, S. 5.

50 Donald J. Olsen. Die Stadt als Kunstwerk. London, Paris, Wien, Frankfurt a. M., New York 1988, S. 19.

51 Hillebrand, In Wien, S. 4.

52 Jacques, Stiefschwester Wien, S. 728.

53 Hausenstein, Europäische Hauptstädte, S. 82.

**Eva Karádi**

## Macht und Ohnmacht des Geistes.
## Mitteleuropäische Intellektuelle im Budapester »Sonntagskreis«

1 Vgl. Eva Karádi, Ernst Bloch und Georg Lukács im Max-Weber-Kreis, in: Wolfgang J. Mommsen und Wolfgang Schwentker (Hrsg.), Max Weber und seine Zeitgenossen, Göttingen 1988, S. 682–702.

2 Vgl. Albert Salomon, German Sociology, in: E. G. Gurwitsch (Hrsg.), 20th Century Sociology, New York 1945, S. 586–614.

3 Ausführlicher über diesen Kreis siehe David Kettler, Marxismus und Kultur. Mannheim und Lukács in den ungarischen Revolutionen 1918/19, Neuwied

1967. Arnold Hauser, der Budapester Sonntagskreis, in: Ders., Im Gespräch mit Georg Lukács, München 1978, S. 48–81. Peter Por, Lukács und sein Sonntagskreis: Ein unbekanntes Kapitel des europäischen Denkens, in: Zeitschrift für Literaturwissenschaft und Linguistik, 53/54 (1984), S. 108–146. Éva Karádi/Erzsébet Vezér (Hrsg.), Lukács, Mannheim und der Sonntagskreis, Frankfurt a. M. 1985.

4   Kurt Gassen/Michael Landmann (Hrsg.), Buch des Dankes an Georg Simmel, Berlin 1958. Siehe auch meinen Beitrag: Simmel und der Sonntagskreis, in: Beiträge der Georg-Simmel-Gesellschaft, Bielefeld 1 (1988), S. 2–15.

5   Béla Balázs' erste bedeutende kulturphilosophische Arbeit, seine »Todesästhetik«, ist als Beitrag in Simmels Privatissimum 1906 entstanden. Lukács' erstes auch in Deutschland erschienenes Buch, der Essayband »Die Seele und die Formen« (Berlin 1911), kann ebenso wie seine »Dramensoziologie« (die deutsche Übersetzung der einleitenden Kapitel erschien 1914 im Archiv für Sozialwissenschaft und Sozialpolitik, das ganze Buch im Rahmen der Werkausgabe bei Luchterhand) als Werk eines Simmel-Schülers betrachtet werden. Lukács lebte zwischen 1911 und 1918 mit kurzen Unterbrechungen in Heidelberg und versuchte sich dort zu habilitieren. Karl Mannheim ist auf seinen Spuren 1920 nach Heidelberg gekommen, wo er sich dann bei Alfred Weber habilitierte. Béla Fogarasi war im Sommer 1914 in Lasks Seminar in Heidelberg und schrieb von dort nach Budapest: »Lukács hat eine sehr gute Position in der Heidelberger Gesellschaft. Man hört viel von ihm durch Lask und andere.« (Nachlaß Emma Ritoók, Privatbesitz).

6   »Wenn wir nun einmal ein uns selbst überlassenes Völkchen im weltweiten Wettbewerb sein werden, dem mit Politik nicht zu helfen war, das diesen Wettbewerb weder wirtschaftlich noch industriell bestehen kann und auch in seiner Zivilisation schrecklich zurückgeblieben ist, dann ist das einzige, mit dem wir wettbewerbsfähig sein können, das, was ich mache, was wir machen: gute Kunst und gute Wissenschaft und Philosophie.« Béla Balázs, Tagebuch, November 1918, in: Karádi/Vezér (Hrsg.), Sonntagskreis, S. 120.

7   »Und überall ist das so. Überall sind die Ungarn die ›allermodernsten‹. Grotesk bis zum Beweinen schreiten sie an der Spitze jeder neuen künstlerischen und philosophischen Bewegung.« Georg Lukács, Neue ungarische Lyrik (ung.), Huszadik Század 1909, S. 248.

8   Manche von ihnen waren Mitbegründer der ungarischen Freien Bühne, der sogenannten »Thalia Gesellschaft« (1904–1908), waren Mitglieder der Sozialwissenschaftlichen Gesellschaft (ein Äquivalent zum deutschen Verein für Socialpolitik), publizierten in ihrer Zeitschrift »Huszadik Század« (20. Jahrhundert) (1900–1919) und in der ersten wirklich modernen literarischen Zeitschrift »Nyugat« (Der Westen) (ab 1908). Ihr Verhältnis zur vorangegangenen Generation der Moderne ist am treffendsten in Lukács' Rede anläßlich der Vernissage der ungarischen Konstruktivisten (Die Acht) ausgedrückt. Mit dem Titel »Die Wege haben sich getrennt« macht er den Bruch zur impressionistischen Kultur, in der sie aufgewachsen waren, deutlich.

9   Karl Mannheim, Das Problem der Generationen, in: Ders., Wissenssoziologie, Neuwied 1964, S. 509–565.

10  Charle de Tolnay, Erinnerungen, in: Karádi/Vezér (Hrsg.), Sonntagskreis, S. 92.

11  Karl Mannheim, Heidelberger Briefe (1920), in: Karádi/Vezér (Hrsg.), Sonntagskreis, S. 73–91.

12 Balázs, Tagebuch, 23. 12. 1915, ebd., S. 107.

13 Ebd., S. 108.

14 Gothein an seine Frau, Budapest, 6. 3. 1918. Nachlaß Gothein, Universitätsbibliothek Heidelberg.

15 Lajos Fülep, Assisi. Nachlaß Fülep, Handschriftenabteilung der Bibliothek der
Ungarischen Akademie der Wissenschaften. Vgl. meinen Beitrag »Der unbe-
kannte Lajos Fülep«, in: Bücher aus Ungarn 29 (1987), S. 29–91.

16 Balázs, Tagebuch, 28. 5. 1918, in: Karádi/Vazér (Hrsg.), Sonntagskreis, S. 114
und S. 117.

17 Ebd., S. 104.

18 Arnold Hauser, Im Gespräch mit Georg Lukács, München 1978, S. 49–61.

19 Arnold Hauser, Erinnerungen, In: Karádi/Vazér (Hrsg.), Sonntagskreis,
S. 102.

20 Antal an Oszkár Jászi, Wien, 22. 6. 1922, Nachlaß Jászi, Columbia-Universität,
New York. Friedrich Antal, der Kunsthistoriker, war in den 1920er Jahren
Herausgeber der Zeitschrift »Kritische Berichte zur kunsthistorischen Litera-
tur« in Berlin.

21 Karl Mannheim, Seele und Kultur (1918), in: Ders., Wissenssoziologie,
S. 66–84.

22 Béla Fogarasi: Konservativer und progressiver Idealismus (ung.), Budapest
1918.

23 Balázs, Tagebuch, 11. 2. 1917, in: Karádi/Vezér (Hrsg.), Sonntagskreis,
S. 114.

24 Balázs, Erinnerungen, 1922, in: Karádi/Vezér (Hrsg.), Sonntagskreis, S. 93.

25 Programm der Freien Schule für Geisteswissenschaften, in: Karádi/Vezér
(Hrsg.), Sonntagskreis, S. 159.

26 Karl Mannheim, Ernst Bloch. Geist der Utopie, ebd., S. 255.

27 Lajos Fülep, Geistesgeschichte, ebd., S. 279 f.

28 Hausers frühe ästhetische Abhandlung vertritt eine stärker orthodoxe kantiani-
sche Auffassung der Kunst und der Ästhetik als Lukács' Ästhetik, mit der er
sich in Heidelberg habilitieren wollte. Fogarasi hat in seiner Arbeit über die
Theorie der Literaturgeschichte Lukács' simmelianisches Zusammenknüpfen
historischer und soziologischer Gesichtspunkte in der Literaturgeschichte als
Störung der Sphärenimmanenz kritisiert. Vgl. Georg Lukács, Zur Theorie der
Literaturgeschichte, (ung., 1910), in: Text und Kritik, 39/40 (1973).

29 Karl Mannheim, Georg Lukács. Theorie des Romans, in: Logos (1920), Wiederabdruck in: Ders., Wissenssoziologie, S. 85–90.

30 Káldor, Über Bücher, in: Karádi/Vezér (Hrsg.), Sonntagskreis, S. 69. Zusam-
menfassend kann die Weltanschauung des Sonntagskreises als weltablehnend
in der Form eines Dualismus von Faktizitäten und Werten, Sein und Gelten
charakterisiert werden. Dazu kommt die Relativierung des Bestehenden, als
ignorierbare Übergangsphase mit Hilfe geschichtsphilosophischer Konstruk-
tionen.

31 Emma Ritoók, Erinnerungen, Nachlaß Ritoók, Privatbesitz.

32 Karádi/Vezér (Hrsg.), Sonntagskreis, S. 111 f.

33 Káldor, Über Bücher, in: Karádi/Vezér (Hrsg.), Sonntagskreis, S. 68.

34 Georg Lukács an Paul Ernst, 14. 4. 1915, in: Karl August Kutzbach (Hrsg.),
Paul Ernst und Georg Lukács. Dokumente einer Freundschaft, Düsseldorf
1973/74, S. 66.

35  Karádi/Vezér (Hrsg.), Sonntagskreis, S. 111.
36  Ebd., S. 93.
37  Georg Lukács, Diskussionsbeiträge über konservativen und progressiven Idealismus (1918), in: Karádi/Vezér (Hrsg.), Sonntagskreis, S. 249.
38  Béla Balázs, Zur Dostojewski-Jahresfeier (1922), in: Karádi/Vezér (Hrsg.), Sonntagskreis, S. 269 f.
39  Sinkó, Az út (1920), Budapest 1990, zitiert in: Karádi/Vezér (Hrsg.), Sonntagskreis, S. 20 f.
40  Ebd.
41  Lajos Fülep, Über den Marxismus, Manuskript im Nachlaß Fülep, Budapest.
42  Balázs, Tagebuch, Wien, 4.12.1919, in: Karádi/Vezér (Hrsg.), Sonntagskreis, S. 121.
43  Ebd., S. 124.
44  Ebd., S. 127.
45  Charles de Tolnay an Lajos Fülep, 2.12.1920, Nachlaß Fülep, Budapest.
46  Karl Mannheim an Béla Balázs, 15.2.1930, Nachlaß Balázs, Handschriftenabteilung der Ungarischen Akademie der Wissenschaften.
47  Karl Mannheim, Heidelberger Briefe (1921), in: Karádi/Vezér (Hrsg.), Sonntagskreis, S. 75 f.
48  Prager Presse vom 28.3.1937, zit. nach: Kurt Wolff, Karl Mannheim, in: Dirk Käsler (Hrsg.), Klassiker des soziologischen Denkens, München 1978, Bd. 2, S. 343.
49  Karl Mannheim, Heidelberger Briefe, in: Karádi/Vezér (Hrsg.), Sonntagskreis, S. 91.


**Dittmar Dahlmann**

**Bildung, Wissenschaft und Revolution. Die russische Intelligencija im Deutschen Reich um die Jahrhundertwende**

1  Theodor Kistiakowski, Gesellschaft und Einzelwesen. Eine methodologische Untersuchung. Inaugural-Dissertation zur Erlangung der Doktorwürde der Philosophischen Fakultät der Kaiser-Wilhelms-Universität zu Strassburg, Berlin 1899; eine erweiterte Fassung erschien unter demselben Titel ebenfalls im Verlag Otto Liebmann im Jahre 1899 in Berlin. Kistjakovskij benutzte in Deutschland die wörtliche Übersetzung seines Vornamens Bogdan (ukrainisch Bohdan) ins Deutsche Theodor.
2  Vgl. dazu Susan Eva Heuman, Bogdan Kistiakovskii and the Problem of Human Rights in the Russian Empire, 1899–1917, Ph. D. Diss., Columbia University, New York 1977, S. 6 ff.
3  Charles E. Timberlake, The Zemstvo and the Development of a Russian Middle Class, in: Edith W. Clowes/Samuel D. Kassow/James L. West (Hrsg.), Between Tsar and People. Educated Society and the Quest for Public Identity in Late Imperial Russia, Princeton 1991, S. 164–179; Dietrich Beyrau, Russische Intelligenzija und Revolution, in: Historische Zeitschrift 252 (1991), S. 559–586, hier S. 569 f.
4  Beyrau, Intelligenzija, S. 570.
5  Zur Intelligencija vgl. jetzt neben dem bereits zitierten Aufsatz von Beyrau:

Karl Schlögel, Jenseits des Großen Oktober. Das Laboratorium der Moderne. Petersburg 1909–1921, Berlin 1988, S. 67–122 und Kap. 10 über Izgoev und Lenin, S. 391–428; ders., Einleitung, in: ders. (Hrsg.), Vechi. Wegzeichen. Zur Krise der russischen Intelligenz, Frankfurt a. M. 1990, S. 5–44; Leonid Luks, Intelligencija und Revolution. Geschichte eines siegreichen Scheiterns, in: Historische Zeitschrift 249 (1989), S. 265–294.

6 Zur Entstehung des Befreiungsbundes vgl. Shmuel Galai, The Liberation Movement in Russia 1900–1905, Cambridge 1973, S. 177 ff.; George Fischer, Russian Liberalism. From Gentry to Intelligentsia, Cambridge, Mass. 1958, S. 140 ff.; Klaus Fröhlich, The Emergence of Russian Constitutionalism 1900–1904. The Relationship Between Social Mobilization and Political Group Formation in Pre-Revolutionary Russia, Den Haag 1981, S. 212 ff., Richard Pipes, Struve. Liberal on the Left, 1870–1905, Cambridge, Mass. 1970, S. 333 ff.; Wolfgang J. Mommsen in Zusammenarbeit mit Dittmar Dahlmann (Hrsg.), Max Weber. Zur Russischen Revolution von 1905. Schriften und Reden 1905–1912, Tübingen 1989, S. 89 ff. (= Max-Weber-Gesamtausgabe, Abt. I, Band 10; künftig: MWG. I/10).

7 Pavel Novgorodcev (Hrsg.), Problemy idealizma. Sbornik statej, Moskau 1903. Kistjakovskij verfaßte darin den Beitrag Russkaja sociologičeskaja škola i kategorija vozmožnosti pri rešenij social'no-étičeskich problem, S. 295–391. Die übrigen Aufsätze stammten von Petr Struve unter dem Pseudonym P. G., Nikolaj Berdjaev, Semen Frank, Sergej Bulgakov, Pavel Novgorodcev, Evgenij Trubeckoj, Sergej Trubeckoj, S. Askol'dov, A. Lappo-Danilevskij, Sergej Ol'denburg und Dmitrij Žukovskij.

8 Paul Miliukov, Russia and Its Crisis, London 1962, S. 169, erste Auflage Chicago 1905.

9 Maria Deppermann, Rußland um 1900: Reichtum und Krise einer Epoche im Umbruch, in: Musik-Konzepte, Heft 37/38, 1984, S. 61–106, hier S. 61 ff. Der folgende Abschnitt basiert im wesentlichen auf dieser anregenden Studie.

10 Ebd., S. 67.

11 MWG I/10, S. 719. Kokoškin war Mitautor des Verfassungsentwurfs des Befreiungsbundes von 1904/05, zugleich Mitbegründer des Befreiungsbundes und der Konstitutionell-Demokratischen Partei. Allgemein zu den russischen Studenten in Heidelberg zwischen 1862/63 und 1914 vgl. Gesa Bock, Studenten des Russischen Reiches an der Universität Heidelberg (1862/63–1914), unveröffentlichte Diplomarbeit Heidelberg 1991.

12 Nachlaß Georg Jellinek, Bundesarchiv Koblenz (künftig: BAK), Nr. 136/14.

13 Kistjakovskij an Jellinek, 5. Februar 1903, ebd., Nr. 136/13; vgl. auch den Nachruf Bogdan Kistjakovskijs auf Georg Jellinek: Georg Ellinek kak myslitel' i čelovek, in: Russkaja Mysl', 1911, Nr. 3, S. 77–86, hier S. 83.

14 Heuman, Kistiakovskii, S. 30. Zur Bankettkampagne vgl. Terence Emmons, Russia's Banquet Campaign, in: California Slavic Studies, 10 (1977), S. 45–86.

15 MWG I/10, S. 6 ff., 72 ff. und 86. Auch Weber und Kistjakovskij blieben bis zum Ausbruch des Ersten Weltkrieges in beständiger Verbindung. Vgl. M. Rainer Lepsius/Wolfgang J. Mommsen in Zusammenarbeit mit Birgit Rudhard und Manfred Schön (Hrsg.), Max Weber. Briefe 1906–1908, Tübingen 1990, S. 717 f. (= Max-Weber-Gesamtausgabe, Abt. II, Bd. 5).

16 Robert C. Williams, Culture in Exile. Russian Emigrés in Germany, 1881–1941, Ithaca/London 1972, S. 14f.

17 Iwan Turgenjew, Rauch, in: Ders., Romane, München 1964, S. 493–666.

18 N. I. Pirogov an A. V. Golovin, 24.3.1865, Central'nyj Gosudarstvennyj Istoričeskij Archiv, St. Petersburg, fond 733, op. 120, d. 251, S. 14–19.

19 Verzeichnis der Behörden, Lehrer, Anstalten, Beamten und Studierenden der Großherzoglichen Badischen Universität Freiburg, Sommersemester 1910, S. 117 und 119. Nach der Statistik studierten von diesen 67 Russen 7 Jura, 10 Staatswissenschaften, 30 Medizin, 9 mathematisch-naturwissenschaftliche Fächer, 10 Philosophie und Geschichte und 1 Philologie. Ebd. Zur Gesamtzahl russischer Studenten an deutschen Universitäten siehe Botho Brachmann, Russische Sozialdemokraten in Berlin 1895–1914 mit Berücksichtigung der Studentenbewegung in Preußen und Sachsen, Berlin 1962, S. 185ff.; vgl. allgemein zu den russischen Studenten an deutschen Hochschulen in den zwei Jahrzehnten vor dem Ersten Weltkrieg: Claudie Weill, Marxistes russes et socialdemocratie allemande 1898–1904, Paris 1977, S. 69ff.; dies., Les Étudiants Russes en Allemagne 1900–1914, in: Cahiers du Monde Russe et Soviétique 20 (1979), S. 203–225; dies., La »question des étrangers«: les étudiants russes en Allemagne, 1900–1914, in: Le Mouvement Social 120 (1982), S. 77–94; dies., Convivialité et Sociabilité des Étudiants Russes en Allemagne 1900–1914, in: Cahiers du Monde Russe et Soviétique 32 (1991), S. 349–368; Williams, Culture, S. 24f.; ders., Russians in Germany: 1900–1914, in: Journal of Contemporary History 1 (1966), Nr. 4, S. 121–149.

20 Jack Wertheimer, The »Ausländerfrage« at Institutions of Higher Learning. A Controversy Over Russian-Jewish Students in Imperial Germany, in: Leo Baeck Institute Yearbook 27 (1982), S. 187–215; ders., Between Tsar and Kaiser. The Radicalization of Russian-Jewish University Students in Germany, in: ebd. 28 (1983), S. 329–349.

21 Vgl. Fedor Stepun, Vergangenes und Unvergängliches. Aus meinem Leben. Erster Teil 1884–1914, München [2]1949, S. 134ff., der das soziale Leben und die politischen Auseinandersetzungen in der Heidelberger Lesehalle ausführlich und plastisch beschreibt.

22 Studenčeskij Listok, Nr. 1, 20.5.1913, und Nr. 5/6, 14.2.1914; Lothar Fritsche, Die Rolle der russischen Studenten an der Technischen Hochschule Dresden in der Zeit von 1900–1914, Phil. Diss., TU Dresden 1970, S. 65ff.; Brachmann, Sozialdemokraten, S. 69f.

23 Stepun, Vergangenes und Unvergängliches, S. 135.

24 Vgl. u. a. Friedrich Hitzer, Lenin in München. Dokumentation und Bericht, München 1977; Xaver Streeb, Lenin in Deutschland, Berlin 1957; Friedrich Donath, Lenin in Leipzig, Berlin 1958; Brachmann, Russische Sozialdemokraten; Karl Brundig, Die Weimar-Jenaer »Iskra«-Tradition. Russische revolutionäre Studenten in Jena 1898–1914, Jena 1977.

25 Universitätsarchiv Freiburg (künftig UA FR), B 1, VII, 3 sowie Staatsarchiv Freiburg, Bestand 315, Nr. 47. Das badische Ministerium wies 1902 die Landesuniversitäten an, aus Preußen ausgewiesenen russischen Studenten die Immatrikulation zu verweigern und wiederholte diese Anweisung im Laufe des Jahres dreimal.

26 1904 kam es daraufhin zum sogenannten Königsberger Prozeß wegen Geheimbündelei, Hochverrat gegen Rußland und Zarenbeleidigung, vgl. dazu Kurt

Eisner (Hrsg.), Der Geheimbund des Zaren. Der Königsberger Prozeß wegen Geheimbündelei, Hochverrat gegen Rußland und Zarenbeleidigung vom 12. bis 25. Juli 1904, Berlin 1904. Vgl. auch Barbara Vogel, Deutsche Rußlandpolitik. Das Scheitern der deutschen Weltpolitik unter Bülow 1900–1906, Düsseldorf 1973, S. 87 ff.

27 Im Zusammenhang mit diesen Ereignissen wurde auch Struves Wohnung in Gaisburg von der Polizei durchsucht, der anschließend den Verlagsort nach Paris verlegte. Vgl. Hauptstaatsarchiv Stuttgart Bestand E 49, 215/6 sowie Bestand E 46, Bü. 1272. Vgl. auch Pipes, Struve. Liberal on the Left, S. 349 ff. Struve wählte die Nähe Stuttgarts wohl nicht nur, weil dort der Druckort der Zeitschrift war, sondern vermutlich auch deswegen, weil er zwischen 1879 und 1882 mit der Familie dort gelebt und die Schule besucht hatte. Vgl. ebd., S. 9.

28 UA FR, B 1, XIV. 1 b, 2.

29 Ebd.

30 Ebd.

31 Ebd.

32 Ebd. 1912 entstanden zwei Organisationen der russisch-jüdischen Studenten, der Verein jüdischer Studenten aus Rußland und die Jüdische nationale Vereinigung, von denen nicht einmal die Mitgliederzahlen überliefert sind. Vgl. das Verzeichnis der Organisationen der russischen Studenten im Deutschen Reich in: Studenčeskij Listok, Nr. 1, 20. 5. 1913, und Nr. 5/6, 14. 2. 1914, Beilage.

33 Sergius Swatikow, Die Entwürfe der Änderung der russischen Staatsverfassung. Zur Entwicklung der konstitutionellen Ideen in Rußland, 1730–1819, Heidelberg 1904; Michael Kalantaroff, Die moderne Staatsverfassung des Russischen Reiches, Heidelberg 1908.

34 Bogdan Kistjakovskij, Zur Verteidigung des Rechts, in: Wegzeichen. Zur Krise der russischen Intelligenz. Eingeleitet und übersetzt von Karl Schlögel, Frankfurt a. M. 1990, S. 212–250. Kistjakovskij sorgte neben anderen auch für die Übersetzungen der Werke Jellineks ins Russische.

35 Nl. Gustav Radbruch, UB Heidelberg, Heid. Hs. 3716, S. 2, vgl. auch ders., Russische und deutsche Studenten, in: Frankfurter Zeitung, Nr. 116, 27. 4. 1913, 1. Morgenblatt, S. 1.

36 Unter den russischen Studenten der Geisteswissenschaften dominierten die der Philosophie und Geschichte. Im SS 1910 waren es an der Freiburger Universität 10, nur einer war in den philologischen Fächern immatrikuliert. Verzeichnis der Universität Freiburg, Sommersemester 1910, S. 119.

37 Aleksandr Petrunkevič (1875–1964) war der Sohn Ivan Petrunkevičs, des bedeutenden Führers des sogenannten Zemstvoliberalismus in Rußland, Mitbegründer und erster Vorsitzender der liberalen Konstitutionell-Demokratischen Partei. Die Dissertation Aleksandr Petrunkevičs ist seinem Vater gewidmet, dem er lebenslang Gesprächs- und Korrespondenzpartner, auch und gerade für politische und kulturell-geistige Probleme, blieb. Vgl. Shmuel Galai, The Tragic Dilemma of Russian Liberalism as Reflected in Ivan Il'ič Petrunkevič's Letters to His Son, in: Jahrbücher für Geschichte Osteuropas, N. F. 29 (1981), S. 1–29. Petrunkevič studierte zunächst von 1894–1898 in Moskau, dann seit dem Wintersemester 1899/1900 in Freiburg. Verzeichnis der Universität Freiburg, Wintersemester 1899/1900, S. 51. Er war von 1917

bis zu seiner Emeritierung 1944 Professor der Zoologie an der Yale University in New Haven und eine Kapazität auf dem Gebiet der Spinnenforschung. Vgl. Encyclopedia Americana, 1961 edition, Vol. 21, S. 695c.

38 UA FR, Bestand B 31: Promotionen der mathematisch-naturwissenschaftlichen Fakultät 1910/1911: Sergius von Bubnoff. Er war zunächst im ersten Semester für Philosophie immatrikuliert, wechselte jedoch bereits in seinem zweiten Studiensemester zur Geologie. Nach der Promotion war er 2. Assistent am Lehrstuhl für Geologie und Paläontologie in Freiburg. Habilitation 1921 in Breslau, von 1929 bis 1950 Professor in Greifswald und von 1950 bis zu seinem Tod 1957 an der Humboldt-Universität Berlin.

39 Fritsche, Studenten, S. 94.

40 Alfons von Witte, Die Gewerkschaftsbewegung in Rußland, Karlsruhe 1909 (= Volkswirtschaftliche Abhandlungen der Badischen Hochschulen. X. Bd., 3. Ergänzungsheft). Siehe Verzeichnis der Freiburger Universität, Sommersemester 1910, S. 112. Alfons Vitte (von Witte) war zunächst im Sommersemester 1907 Gasthörer, dann vom WS 1907/08 bis zum SS 1910 voll immatrikuliert.

41 Robert C. Williams, Artists in Revolution. Portraits of the Russian Avant-Garde, 1905–1925, Bloomington/London 1977, S. 115 f. und 192 f.; ders., Culture, S. 27 f.

42 Katalog der Dissertationen der Albert-Ludwigs-Universität Freiburg. Es scheint einer Anmerkung wert, daß Bubnov mütterlicherseits aus einer rußlanddeutschen Familie stammte, Stepun väterlicherseits aus einer preußischen, der darüber hinaus die deutsche St.-Michaelis-Schule in Moskau ab der Sexta besuchte. Siehe dazu Fedor Stepun, Vergangenes und Unvergängliches, S. 44 ff. und 56 f. Auch F. Stepuns Bruder Oskar studierte vom Wintersemester 1904/05 bis zum Wintersemester 1909/10 in Heidelberg Medizin.

43 MWG I/10, S. 6 ff. und 71 f.

44 Katalog der Dissertationen der Albert-Ludwigs-Universität Freiburg.

45 Sergej Rubinstein, Eine Studie zum Problem der Methode. I. Absoluter Rationalismus (Hegel), Marburg 1914. Die zur Veröffentlichung in den von Cohen und Natorp herausgegebenen »Philosophischen Arbeiten« vorgesehene erweiterte Fassung unter dem Titel: »Eine Studie zum Problem der Methode. Absoluter und dualistischer Rationalismus und die transzendentale Philosophie«, ist nicht mehr erschienen. Zu Rubinštejns weiterer Karriere vgl. Filosofskij Énciklopedičeskij Slovar', 2-oe izd., Moskau 1989, S. 563.

46 Friedrich Steppuhn, Wladimir Ssolowjew, Leipzig 1910; auch in: Zeitschrift für Philosophie und Philosophische Kritik 138 (1910), S. 1–79 und 239–291. Hubert Treiber hat jüngst die Auffassung vertreten, daß Webers Rationalismusthese ihr Anregungspotential aus einer Lektüre der Dissertation Fedor Stepuns erhalten haben könnte. Hubert Treiber, Die Geburt der Weberschen Rationalismus-These: Webers Bekanntschaft mit der russischen Geschichtsphilosophie in Heidelberg. Überlegungen anläßlich der Veröffentlichung des ersten Briefbandes der Max-Weber-Gesamtausgabe, in: Leviathan. Zeitschrift für Sozialwissenschaft 19 (1991), S. 435–451, hier: S. 440 ff. Vor allem anderen erstaunt die Chronologie. Max Weber veröffentlichte im Februar und August 1906 zwei umfangreiche Aufsätze über Rußland, also rund drei Jahre vor Stepuns Promotion im Januar 1909, die ihn als einen der besten Kenner der Verhältnisse in diesem Lande auswiesen. Webers Rußlandschriften sind ja nicht nur eine Chro-

nik der revolutionären Erhebung im Russischen Reich in den Jahren 1905/06, sondern zugleich auch eine tiefgreifende Analyse der gesellschaftlichen, politischen, sozialen, ökonomischen und kulturellen Verhältnisse in diesem Land. Um dies leisten zu können, lernte Weber Russisch und vertiefte sich in die Lektüre der wichtigsten Werke russischer Publizisten und Wissenschaftler. Vgl. das Verzeichnis der von Weber zitierten Literatur in MWG I/10, S. 739–759. Weber las die Arbeiten russischer Juristen (Izgoev und Pobedonoscev), Historiker (Miljukov), Soziologen (Michajlovskij) und Publizisten (Struve, Dragomanov) usw. im Original. Allein schon aufgrund der zeitlichen Abfolge, aber vielmehr noch aufgrund der umfassenden Literaturkenntnisse Webers ist es unerklärlich, wie Treiber dazu kommen kann, Weber habe der Dissertation Stepuns auch nur »Anregungspotential« für seine Rationalismusthese entlehnen können. Das, was dort zu lesen steht, wußte Weber bereits drei Jahre vorher. Zudem scheint es nicht unerheblich, daß Stepuns Doktorvater, Wilhelm Windelband, zu einer Treibers Interpretation völlig entgegengesetzten Beurteilung der Dissertation gelangte. Er sah in jenem ersten Teil, auf den Treiber rekurriert, vor allem »die Aufnahme französischer und deutscher Philosophie in die russische Geistesbewegung des 19. Jahrhunderts«, und fand es interessant zu sehen, »wie wunderlich sich romantische, Hegel'sche, Feuerbach'sche, Comte'sche und französisch-traditionalistische Ideen in den Köpfen des jungen Rußland gekreuzt, verschoben, verschroben haben«. Gutachten Windelbands in: Universitätsarchiv Heidelberg, H-IV-757/4: Akten der philosophischen Fakultät 1908/09 II b. Im ersten Teil der Stepunschen Dissertation also geht es um die Rezeption der westeuropäischen Philosophie im Rußland des 19. Jahrhunderts. Erneut ist zu fragen, welches »Anregungspotential« Weber daraus für seine Rationalismusthese empfangen haben könnte?

47 Boris Pasternak, Geleitbrief. Entwurf zu einem Selbstbildnis, Frankfurt a. M. 1958, S. 35; auch in: ders., Luftwege. Ausgewählte Prosa, Frankfurt a. M. 1986 u. d. T.: Der Schutzbrief, S. 215.

48 Pasternak, Geleitbrief, S. 40 f.

49 Boris Pasternak, Menschen und Standorte. Autobiographische Skizze, in: ders., Luftwege, S. 340; Williams, Russians in Germany, S. 126.

50 Pasternak, Geleitbrief, S. 31.

51 Thomas R. Beyer, Jr., Osip Mandel'shtam and the University of Heidelberg: Three Documents, in: Slavonic and East European Review 65 (1987), S. 236–237; ders., Osip Mandel'štam i Gejdel'bergskij universitet, in: Minuvšee 5 (1988), S. 222–227; Pavel Nerler (d. i. Pavel Poljan), Osip Mandel'štam in Heidelberg, in: Russica Palatina. Skripten der Russischen Abteilung des Instituts für Übersetzen und Dolmetschen der Universität Heidelberg, hrsg. von Willy Birkenmaier, 21 (1992), S. 3–69.

52 Wegzeichen, S. 336 ff.

53 Ebd., S. 336. Zum Briefwechsel Bulgakovs mit Weber vgl. MWG I/10, S. 284.

54 Zu ihnen gehörten Berdjaev, Bulgakov, Frank, Geršenzon, Struve und Kistjakovskij. Die Ausnahme bildete A. Izgoev (Lande), der in Odessa studiert hatte.

55 Stepun, Vergangenes und Unvergängliches, S. 120 und 122.

56 Ebd., S. 152 f. und 202 ff.; Walter Asmus, Richard Kroner (1884–1974). Ein

Philosoph und Pädagoge unter dem Schatten Hitlers, Frankfurt a. M. 1990, S. 27 f.

57 Verzeichnis der Universität Freiburg, Sommersemester 1907, S. 40; Stadtarchiv Freiburg, Melderegister. Bubnov war vom 8. April bis Oktober 1907 in Freiburg gemeldet.

58 Stepun, Vergangenes und Unvergängliches, S. 197 ff.; Stadtarchiv Freiburg, Melderegister. Vor dem Ersten Weltkrieg hielt sich Stepun für längere Zeit noch einmal von Ende Mai bis Ende August 1912 in Freiburg auf. Ebd.

59 Vom Messias. Kulturphilosophische Essays, Leipzig 1909, S. III. Der Band enthält die Beiträge: Richard Kroner, Ein Blatt aus dem Tagebuch unserer Zeit, S. 1–10; N. von Bubnoff, Fichte, S. 11–27; G. Mehlis, Comte, S. 28–41; S. Hessen, Herzen, S. 42–59 und F. Steppuhn, Ssolowjów, S. 60–77.

60 Vom Messias, S. 8 f.

61 Ebd., S. 10.

62 Rüdiger Kramme, Philosophische Kultur als Programm. Die Konstituierungsphase des »Logos«, in: Hubert Treiber/Karól Sauerland (Hrsg.), Heidelberg als intellektuelles Zentrum zu Beginn des 20. Jahrhunderts, Wiesbaden 1993, S. 1.

63 Stepun, Vergangenes und Unvergängliches, S. 152 f. Dies scheint jedoch unzutreffend zu sein, denn weder Merežkovskij noch Gippius nahmen später am »Logos« irgendeinen Anteil.

64 Kramme, Philosophische Kultur, S. 21. Die deutsche Ausgabe erschien im Verlag J. C. B. Mohr (Paul Siebeck), die russische bis 1913 im Verlag Musaget, der von einer Deutschen, Hedwig Friedrich, finanziert wurde. Neben Stepun und Gessen gehörten noch ab 1911 Boris Jakovenko, ein weiterer Schüler Wilhelm Windelbands, und Emeljan Metner (Emil Mettner) zur russischen Redaktion. Ab 1914 erschien die russische Ausgabe im Verlag M. O. Vol'f. Zum russischen »Logos« vgl. jetzt den Artikel von Michail V. Bezrodnyj, Zur Geschichte des russischen Neukantianismus. Die Zeitschrift »Logos« und ihre Redakteure, in: Zeitschrift für Slawistik 37 (1992), S. 489–511, der auf russischem Archivmaterial basiert. Zunächst sollte der russische »Logos« augenscheinlich im Verlag der Russkaja Mysl', die von Petr Struve und A. Kizevetter redigiert wurde, erscheinen. Vgl. einen undatierten, handschriftlichen Entwurf im Nachlaß Heinrich Rickert, Heid. HS 2740/148 in der UB Heidelberg. Siehe dazu Bezrodnyj, ebd., S. 491 und 506.

65 Ein ungezeichneter maschinenschriftlicher Entwurf: »Logos. Internationale Jahresschrift für Philosophie der Kultur«, den Asmus, Kroner, S. 27, Richard Kroner zuschreibt, befindet sich im Jonas-Cohn-Archiv an der Universität Duisburg, Lehrstuhl Prof. Dr. Dieter-Jürgen Löwisch. Datiert Freiburg/Br. Juli 1909. Weitere Fassungen, datiert Juni 1909 und Juli 1909, im Nachlaß Heinrich Rickert, UB Heidelberg, Heid. HS 2740/148. Ein Exemplar mit wohl von der Hand Arnold Ruges stammenden Korrekturen, das als programmatische Grundlage diente, und das Redaktionsstatus ebd. Die endgültige Fassung in der ersten Nr. des »Logos«, 1910, S. I–IV. Vgl. Kramme, Philosophische Kultur, S. 7 ff. mit Fn. 31 und 32.

66 »Logos«, Entwurf, Jonas-Cohn-Archiv. Die erste Nummer des russischen »Logos« enthielt einen von Stepun und Gessen verfaßten längeren programmatischen Artikel, der auf die spezifisch russischen Bedingungen ausführlich einging. Vgl. Bezrodnyj, Geschichte, S. 491 und 506.

67 Vgl. dazu Kramme, Philosophische Kultur, passim.
68 Weill, Question; Wertheimer, Ausländerfrage; ders., Tsar and Kaiser; Brachmann, Sozialdemokraten, S. 72 ff. und 101 ff.
69 Paul Honigsheim, Max Weber in Heidelberg, in: René König/Johannes Winckelmann (Hrsg.), Max Weber zum Gedächtnis. Materialien und Dokumente zur Bewertung von Werk und Persönlichkeit, Köln/Opladen 1963, [2]1985, S. 161–271, hier S. 169 und 172; zu weiteren Berichten über Webers Rede zum 50jährigen Jubiläum der Heidelberger Lesehalle vgl. MWG I/10, S. 701 ff.
70 Aaron Z. Štejnberg, Druz'ja moich rannich let (1911–1928), Paris 1991, S. 196; Max Webers Rede zum 50jährigen Jubiläum der Russischen Lesehalle in Heidelberg, in: Russica Palatina 21 (1992), S. 70–78, hier S. 76.
71 Katalog der Dissertationen der Universität Freiburg. Falsch ist augenscheinlich die Angabe bei Nerler, Mandel'štam, S. 34, Štejnberg habe eine Dissertation bei Emil Lask begonnen. Aaron Štejnberg studierte vom WS 1908/09 bis zu seiner Promotion in Heidelberg. Sein Bruder Izaak promovierte 1910 bei Karl von Lilienthal in Heidelberg über »Die Lehre vom Verbrechen im Talmud. Eine juristisch-dogmatische Studie«, Stuttgart 1910.
72 Štejnberg, Druz'ja, S. 196; Max Webers Rede in: Russica Palatina 21, 1992, S. 76 f.
73 MWG I/10, S. 272 f.
74 Vgl. ebd., S. 264 und 283 f.; Kramme, Philosophische Kultur, S. 28.
75 Buch des Dankes an Georg Simmel. Briefe, Erinnerungen, Bibliographie. Zu seinem 100. Geburtstag am 1. März 1958 hrsg. von Kurt Gassen und Michael Landmann, Berlin 1958, S. 107 f.; Kramme, Philosophische Kultur, Fn. 16, S. 35; Gustav Radbruch, Russische und deutsche Studenten, in: Frankfurter Zeitung, Nr. 116, 1. Morgenblatt, 27. 4. 1913, S. 1.
76 Stepun, Vergangenes und Unvergängliches, S. 139 ff.

**Edith Hanke**
**Das »spezifisch intellektualistische Erlösungsbedürfnis«.**
**Oder: Warum Intellektuelle Tolstoi lasen**

Herrn Peter Burger, München, danke ich für einige wichtige Literaturhinweise zur Stellung Rittelmeyers in der bayerischen Landeskirche sowie zur neueren Landauer-Forschung.

1 J. Norden, Zum 70. Geburtstage des Grafen Leo Tolstoi, in: Illustrirte Zeitung, Bd. 111, Nr. 2880 (8. 9. 1898), S. 320–321, hier S. 320.
2 Sehr informativ, gerade für den späten Tolstoi: Viktor Schklowski, Leo Tolstoi. Eine Biographie, Wien u. a. 1981.
3 Ausführlich zur Tolstoi-Rezeption in Deutschland: Edith Hanke, Prophet des Unmodernen. Leo N. Tolstoi als Kulturkritiker in der deutschen Diskussion der Jahrhundertwende, Tübingen 1993.
4 Friedrich Rittelmeyer, Tolstois religiöse Botschaft, dargestellt und beurteilt in vier Vorträgen, Ulm 1905, S. 111.
5 Die Diederichs-Gesamtausgabe gliederte sich in drei Serien, wobei die Serie I. »Sozial-ethische Schriften« und die Serie II. »Theologische Schriften« Tolstois

Spätwerk in insgesamt 16 Bänden enthielten. Im Vergleich dazu umfaßte die Serie III. »Dichterische Schriften« 19 Bände.

6 Wilhelm Baum, Wittgensteins tolstojanisches Christentum, in: Österreichische Philosophen und ihr Einfluß auf die analytische Philosophie der Gegenwart, hrsg. v. Johann Christian Marek u. a., Bd. I, Innsbruck u. a. 1977, S. 339–349, hier S. 346.

7 Ludwig Wittgenstein, Geheime Tagebücher 1914–1916, hrsg. u. dokumentiert von Wilhelm Baum, Wien/Berlin [2]1991.

8 Thomas Nipperdey, Deutsche Geschichte 1866–1918. Bd. 1: Arbeitswelt und Bürgergeist, München 1990, S. 690.

9 Graf Leo Tolstoy, Religion und Moral. Antwort auf eine in der »Ethischen Kultur« gestellte Frage, Berlin 1894.

10 Max Weber, Wissenschaft als Beruf, in: ders., Wissenschaft als Beruf 1917/1919. Politik als Beruf 1919, hrsg. von Wolfgang J. Mommsen u. Wolfgang Schluchter in Zusammenarbeit mit Birgitt Morgenbrod (künftig zit. MWG I/17), Tübingen 1992, S. 49–111, hier S. 93, 105.

11 Ausführlich dazu, insbesondere mit Bezug auf Max Weber: Hans G. Kippenberg, Intellektuellen-Religion, in: Peter Antes, Donate Pahnke (Hrsg.), Die Religion von Oberschichten. Religion – Profession – Intellektualismus, Marburg 1989, S. 181–201.

12 Max Weber, Zwischenbetrachtung: Theorie der Stufen und Richtungen religiöser Weltablehnung, in: ders., Die Wirtschaftsethik der Weltreligionen. Konfuzianismus und Taoismus. Schriften 1915–1920, hrsg. v. Helwig Schmidt-Glintzer in Zusammenarbeit mit Petra Kolonko (künftig zit. MWG I/19), Tübingen 1989, S. 479–522, hier S. 514.

13 Max Weber, Wirtschaft und Gesellschaft. Grundriß der verstehenden Soziologie, hrsg. v. Johannes Winckelmann, Studienausgabe, Tübingen [5]1985, S. 307–308.

14 MWG I/17, S. 106.

15 Biographisches im folgenden nach Friedrich Rittelmeyer, Aus meinem Leben, Stuttgart 1937, und Erwin Schühle, Entscheidung für das Christentum der Zukunft. Friedrich Rittelmeyer – Leben und Werk, Stuttgart 1969.

16 Der allgemeine deutsche Protestantenverein in seinen Statuten [...] Berlin 1889; hier zit. nach Friedrich Wilhelm Graf, Kulturprotestantismus, in: Theologische Realenzyklopädie, hrsg. v. Gerhard Müller, Bd. XX, Berlin, New York 1990, S. 230–243, hier S. 232.

17 Reinhard Schmidt-Rost, Die Christliche Welt. Eine publizistische Gestalt des Kulturprotestantismus, in: Hans Martin Müller (Hrsg.), Kulturprotestantismus, Beiträge zu einer Gestalt des modernen Christentums, Gütersloh 1992, S. 245–257, hier S. 246.

18 Hermann Steinlein, Zur kirchlichen Lage in Bayern 1910/11, in: Jahrbuch für die evangelisch-lutherische Landeskirche Bayerns, hrsg. von Siegfried Radner, München 12 (1912), S. 78–132; die Position Rittelmeyers sowie seine Stellungnahme im Fall Jatho finden sich auf S. 78–96. Die Zuordnung Rittelmeyers zum »Freien Protestantismus« erläutert Wolfgang Trillhaas, Autobiographische Notizen zum »Freien Protestantismus« vor Karl Barth, in: Mitteilungen der Ernst-Troeltsch-Gesellschaft, Augsburg 6 (1991), S. 13–23.

19 Nipperdey, Deutsche Geschichte, S. 485–486.

20 Christoph Schrempf, Tolstois Bekehrung, in: Die Wahrheit. Halbmonats-

schrift zur Vertiefung in die Fragen und Aufgaben des Menschenlebens, Stuttgart 3 (1894/95), S. 193–208; Tolstois Christentum, ebd., S. 345–358; Tolstoi als Profet (sic!), ebd. 4 (1895/96), S. 145–158.

21 Rittelmeyer, Tolstois religiöse Botschaft, S. 30–31.

22 Friedrich Rittelmeyer, Meine Lebensbegegnung mit Rudolf Steiner, Stuttgart 1947, S. 16.

23 Rittelmeyer, Aus meinem Leben, S. 203.

24 Rittelmeyer, Tolstois religiöse Botschaft, S. I.

25 Ebd., S. 42.

26 Ebd., S. 45.

27 Ebd., S. 111.

28 Ebd., S. 42.

29 Ebd., S. 54.

30 Ebd., S. 61.

31 Friedrich Rittelmeyer, Der Jenseitsglaube und die soziale Arbeit, in: Die Verhandlungen des siebzehnten Evangelisch-sozialen Kongresses, abgehalten in Jena am 5. bis 7. Juni 1906, Göttingen 1906, S. 11–25, bes. S. 20–21.

32 Rittelmeyer, Aus meinem Leben, S. 257. Zum ESK: Volker Drehsen, »Evangelischer Glaube, brüderliche Wohlfahrt und wahre Bildung«. Der Evangelisch-soziale Kongreß als sozialethisches und praktisch-theologisches Forum des Kulturprotestantismus im Wilhelminischen Kaiserreich (1890–1914), in: Kulturprotestantismus (1992), S. 190–229, hier S. 203.

33 Friedrich Rittelmeyer, Tolstoj, Graf Leo Nikolajewitsch (1828–1910), in: Die Religion in Geschichte und Gegenwart. Handwörterbuch in gemeinverständlicher Sprache, Bd. 5, Tübingen 1913, Sp. 1284–1289.

34 Rittelmeyer, Tolstois religiöse Botschaft, S. 21–22.

35 Ebd., S. 107.

36 Nipperdey, Deutsche Geschichte, S. 521.

37 Informativ z. B. die Biographie von Siegbert Wolf, Gustav Landauer zur Einführung, Hamburg 1988.

38 Gustav Landauer, Der Todesprediger. Roman, Dresden, Leipzig [1893], S. 54.

39 Gustav Landauer, Skepsis und Mystik. Versuche im Anschluß an Mauthners Sprachkritik, Münster, Wetzlar 1978, S. 70. Philippe Despoix, Von der Bühne zur Geschichte: Gustav Landauer, in: Internationales Archiv für Sozialgeschichte der deutschen Literatur, Tübingen 15, 2 (1990), S. 146–168, vertritt – im Gegensatz zur hier dargelegten antinomischen Interpretation – ein synthetisches Skepsis-Mystik-Konzept.

40 Gustav Landauer, Die Revolution, Frankfurt a. M. 1907, S. 53 (dort alle Zitate).

41 Formuliert in den Aufzeichnungen zu einem nicht vollendeten Dostojewski-Buch. Georg Lukács, Dostojewski. Notizen und Entwürfe, Budapest 1985. Zum Hintergrund: Éva Karádi, Ernst Bloch und Georg Lukács im Max-Weber-Kreis, in: Wolfgang J. Mommsen und Wolfgang Schwentker (Hrsg.), Max Weber und seine Zeitgenossen, Göttingen, Zürich 1988, S. 682–702.

42 Gustav Landauer, Aufruf zum Sozialismus, Revolutionsausgabe, Berlin ²1919.

43 Gustav Landauer, Ein Brief über die anarchistischen Kommunisten, in: Der Sozialist, Berlin, Bern 2 (1910), S. 161–166, hier S. 164.

44  Ulrich Klan, Dieter Nelles, »Es lebt noch eine Flamme«. Rheinische Anarcho-
    Syndikalisten/-innen in der Weimarer Republik und im Faschismus, Grafenau-
    Döffingen 1986, S. 273–284.
45  Gustav Landauer, Anarchische Gedanken über Anarchismus, in: Die Zu-
    kunft, Berlin, Bd. 37 (1901), S. 134–140, hier S. 137, 138.
46  Landauer, Aufruf zum Sozialismus, S. VIII.
47  Gustav Landauer, Lew Nikolajewitsch Tolstoi, in: Der Sozialist, Berlin, Bern 2
    (1910), S. 179–181, hier S. 179.
48  Das Mystikverständnis Landauers grenzt sich dadurch auch von der soziologi-
    schen Typologie Max Webers und Ernst Troeltschs ab, die Mystik – im Gegen-
    satz zu Kirche und Sekte – als »radikalen, gemeinschaftslosen Individualismus«
    charakterisieren, der »weltindifferent oder weltfeindlich« sei, so der Vortrag
    von Ernst Troeltsch, Das stoisch-christliche Naturrecht und das moderne pro-
    fane Naturrecht, und die anschließende Diskussion, in: Verhandlungen des
    Ersten Deutschen Soziologentages vom 19.–22. Oktober 1910 in Frankfurt
    a. M., Tübingen 1911, S. 166–214, Zitate S. 173f.
49  So die Hauptaussage des Landauer-Vortrags, Durch Absonderung zur Ge-
    meinschaft, in: Heinrich Hart, Julius Hart, G. Landauer, F. Holländer, Die
    Neue Gemeinschaft, ein Orden vom wahren Leben. Vorträge und Anspra-
    chen, gehalten bei den Weihefesten, den Versammlungen und Liebesmahlen
    der Neuen Gemeinschaft, Leipzig 1901, S. 45–68.
50  Michaël Löwy, Le messianisme romantique de Gustav Landauer, in: Archives
    de Sciences sociales des Religions, Paris 60, 1 (1985), S. 55–66, hier S. 61.
51  Despoix, Von der Bühne zur Geschichte, S. 149.
52  MWG I/19, S. 480.
53  Wittgenstein, Geheime Tagebücher, S. 20.

## Wolfgang Schwentker
## Fremde Gelehrte. Japanische Nationalökonomen und
## Sozialreformer im Kaiserreich

1  Bei der Nennung japanischer Eigennamen folge ich der Konvention, wonach
   der Familienname vorangestellt wird. Dies gilt allerdings nicht für bibliographi-
   sche Angaben von Literatur japanischer Autoren in westlichen Sprachen. Die
   Transkription japanischer Namen und Begriffe erfolgt nach Hepburn. Bei bekannten Städtenamen wird jedoch auf Längenzeichen verzichtet.
2  Vgl. die Standardbiographie zu Kanai von Kawai Eijirô, Kanai Noburu no shôgai to gakuseki (Leben und wissenschaftliches Vermächtnis von Kanai Noburu), Tokyo 1939. Das Buch erschien wenig später in gekürzter und umgear-
   beiteter Form unter dem Titel Meiji shisôshi no ichi danmen: Kanai Noburu o
   chûshin toshite (Ein Querschnitt durch die Geistesgeschichte der Meiji-Zeit,
   unter besonderer Berücksichtigung von Kanai Noburu), Tokyo 1941, jetzt in
   Kawai Eijirô, Zenshû (Gesammelte Werke), Bd. 8, Tokyo 1969.
3  A. W. Burks (Hrsg.), The Modernizers: Overseas Students, Foreign Employ-
   ees and Meiji Japan, Boulder, Col. 1985. Wie viele japanische Studenten genau
   zum Studium ins Ausland gegangen sind, ist auch noch heute unter den Fachleuten umstritten. Fest steht jedoch, daß seit etwa 1890 die überwiegende

Mehrzahl an deutschen Universitäten studierte. Für das Jahrzehnt 1887–1897 sind insgesamt 71 japanische Studenten in Deutschland nachgewiesen. Siehe Minoru Ishizuki, Overseas Study by Japanese in the Early Meiji Period, in: Burks (Hrsg.), Modernizers, S. 180.

4  Zur Geschichte der Meiji-Zeit vgl. John W. Hall, Das japanische Kaiserreich, Frankfurt a. M. 1968 u. ö.; Jean-Pierre Lehmann, The Roots of Modern Japan, London 1982; Janet E. Hunter, The Emergence of Modern Japan. An Introductory History since 1853, London 1989; Wolfgang Schwentker, Die Anfänge der Modernisierung Japans im 19. Jahrhundert. Vom Tokugawa-Shogunat zur Meiji-Ära, Hagen 1992 (= Studieneinheit der Fernuniversität: Neuzeitliches Asien; 6).

5  Vgl. Kawakami Hajime, Nihon sonnô ron (Zum japanischen Kaisertum), in: ders., Chôsaku shû (Gesammelte Werke), Tokyo 1964, Bd. 1, S. 154.

6  Zur frühen Geschichte der japanischen Wirtschaftswissenschaften immer noch am besten Sumiya Etsuji, Nihon keizaigakushi (Geschichte der japanischen Wirtschaftswissenschaften), Kyoto 1958. Informativ auch Chûhei Sugiyama/ Hiroshi Mizuta (Hrsg.), Enlightenment and Beyond. Political Economy Comes to Japan, Tokyo 1988, und Tessa Morris-Suzuki, A History of Japanese Economic Thought, London 1989.

7  Taguchi Ukichi, Keizairon no ronpô (Denkweisen der Wirtschaftslehre), [1894], zit. nach Kawai, Meiji shisôshi no ichi danmen, S. 195.

8  Vgl. dazu am besten Harald Winkel, Die deutsche Nationalökonomie im 19. Jahrhundert, Darmstadt 1977, bes. S. 69 ff.

9  Mizuta, Historical Introduction, in: Sugiyama/Mizuta (Hrsg.), Enlightenment and Beyond, S. IX, sieht in den 1880er Jahren einen »turning point in many ways, and for the future of higher education, it marked the decline of the liberalist tradition. The German Historical School, which had a large following among the earliest foreign and native teachers, became predominant in the newly established educational institutions.«

10  Vgl. dazu auch den glänzenden Essay von Kenneth B. Pyle, Advantages of Followership: German Economics and Japanese Bureaucrats, 1890–1925, in: Journal of Japanese Studies 1 (1974), S. 127–164. Der Beitrag konzentriert sich weniger auf die Deutschland-Reisen japanischer Wissenschaftler, sondern eher auf ihren Einfluß auf die staatliche Bürokratie und die sozialpolitische Gesetzgebung. Auch läßt Pyle leider den eminent wichtigen Brentano-Schüler Fukuda Tokuzô gänzlich außer acht.

11  Karl Rathgen galt während des Kaiserreichs unter den deutschen Nationalökonomen und Sozialwissenschaftlern als einer der besten Kenner Japans und legte eine stattliche Anzahl von einschlägigen Untersuchungen vor. Vgl. dazu Willy Kraus, Karl Rathgen in Tokyo, in: Bochumer Jahrbuch zur Ostasienforschung 13 (1989), S. 233–257.

12  Das Folgende nach Sumiya, Nihon keizaigakushi, S. 251–273, und Kawai, Meiji shisôshi, S. 75–91.

13  Kanai Noburu, Heideruberuku taizai nikki (Tagebuch des Aufenthalts in Heidelberg), abgedruckt in Kawai, Kanai Noburu no shôgai to gakuseki, S. 367–372.

14  Saale-Zeitung (Halle), 25.5.1888: »Die Japaner in Halle«.

15  Das Referat, dessen erste Seite als Faksimile bei Kawai, Meiji shisôshi no ichi danmen, abgedruckt ist, war mir leider nicht zugänglich.

16 Winkel, Nationalökonomie, S. 139.

17 Kawai, Meiji shisôshi, S. 86.

18 So Schmoller in der Eröffnungsrede zur Eisenacher Tagung des Vereins für Socialpolitik 1872, abgedruckt bei Franz Boese, Geschichte des Vereins für Socialpolitik 1872 bis 1932, Berlin 1932, S. 9. Vgl. dazu auch Rüdiger vom Bruch, Bürgerliche Sozialreform im deutschen Kaiserreich, in: Ders. (Hrsg.), Weder Kommunismus noch Kapitalismus. Bürgerliche Sozialreform in Deutschland vom Vormärz bis zur Ära Adenauer, München 1985, S. 72 ff.

19 Vgl. Brief Kanai Noburus an Lorenz von Stein vom 27. 1. 1890, Schleswig-Holsteinische Landesbibliothek Kiel, Nachlaß Lorenz von Stein Cb 102.4.2.4. Siehe zur Wirkungsgeschichte von Steins jetzt: Reinhard Zöllner, Lorenz von Stein und Japan, in: Albert von Mutius (Hrsg.), Lorenz von Stein 1890–1990, Heidelberg 1992, S. 29–40.

20 Vgl. Brief Kanai Noburus an Lorenz von Stein vom 13. 5. 1890, ebd.

21 Vgl. Kawai, Meiji shisôshi, S. 90.

22 Siehe dazu Sumiya, Nihon keizaigakushi, S. 261.

23 Kanai Noburu, Kôjô jôrei ni tsuite (Über die Fabrikgesetzgebung), in: Tokyo keizai zasshi 10 (1891), hier nach Pyle, Advantages of Followership, S. 143.

24 Kanai Noburu, Shakai seisaku to kojinshugi (Die Sozialpolitik und der Individualismus),: Hôgaku kyôkai zasshi 30 (1912), S. 1450 f. Vgl. dazu auch Kenneth B. Pyle, Meiji Conservatism, in: Marius B. Jansen, Cambridge History of Japan, Vol. 5: The Nineteenth Century, Cambridge 1989, S. 706 f.

25 Einschlägig dazu Sumiya, Nihon keizaigakushi, S. 250 ff.

26 Ebd., S. 252.

27 Grundlegend für das Studium von Kuwatas Leben und Werk ist Kuwata Kumazô ikôshû (Der schriftliche Nachlaß von Kuwata Kumazô), Tokyo 1934; darüber hinaus hilfreich Sumiya, Nihon keizaigakushi, S. 275–290. Eine kurze biographische Skizze in Nihon jinmei daijiten (Große Japanische Biographie), Bd. 2, Tokyo 1937, Nachdruck 1979, S. 465.

28 Vgl. Sumiya, Nihon keizaigakushi, S. 276.

29 Kuwata Kumazô, Kokka to shakai mondai (Der Staat und die soziale Frage), in: Kokka gakkai zasshi 10 (1896), S. 489–499. Vgl. dazu auch Pyle, Advantages of Followership, S. 147.

30 Kuwata, Kokka to shakai mondai, S. 489 ff.

31 Kuwata Kumazô, Dôtoku to keizai to no kankei (Das Verhältnis von Ethik und Wirtschaft), in: Kuwata Kumazô ikôshû, S. 247–262.

32 Lujo Brentano, Mein Leben im Kampf um die soziale Entwicklung Deutschlands, Jena 1931, S. 156.

33 So Schmoller nach Dieter Lindenlaub, Richtungskämpfe im Verein für Socialpolitik, Wiesbaden 1967 (Vierteljahresschrift für Sozial- und Wirtschaftsgeschichte, Beiheft Bde. 52/53), S. 53 ff.

34 Joseph A. Schumpeter, Theorie der wirtschaftlichen Entwicklung (1911), Berlin [2]1964, S. 102.

35 Zu dieser Auseinandersetzung, die in der deutschen Nationalökonomie vor allem zwischen Lujo Brentano und Adolph Wagner ausgetragen wurde, vgl. Brentano, Mein Leben, S. 210–216. Brentano warf Wagner ein antiquiertes volkswirtschaftliches Ideal vor, das durch eine Mischung aus Landwirtschaft und Industrie charakterisiert sei, »bei welcher die erstere der führende, die Industrie der von ihr abhängige Zweig der Volkswirtschaft ist«.

36  Sumiya, Nihon keizaigakushi, S. 288.
37  Ebd., S. 275.
38  Kumazô Kuwata, Die Genossenschaftsbewegung in Japan, in: Archiv für Sozialwissenschaft und Sozialpolitik 48 (1920/21), S. 731–747.
39  Ebd., S. 740.
40  Für ein kurzes biographisches Porträt vgl. Yamada Yûzô, Fukuda Tokuzô, in Nakamura Hajime/Takeda Kiyoko (Hrsg.), Kindai Nihon tetsugaku shisoka jiten (Lexikon der Philosophen und Denker im modernen Japan), Tokyo 1982, S. 501 ff. sowie Kanazawa Ikuko, Fukuda Tokuzô shoshu – Hitotsubashi kankei o chûshin toshite (Die Werke Fukuda Tokuzôs, unter besonderer Berücksichtigung der Beziehungen zur Hitotsubashi-Universität), in: Hitotsubashi Ronsô 105,6 (1991), S. 830–838.
41  Brentano, Mein Leben, S. 167. Zum Wirken Brentanos vgl. vor allem James J. Sheehan, The Career of Lujo Brentano. A Study of Liberalism and Social Reform in Imperial Germany, Chicago 1966.
42  Sumiya, Nihon keizaigakushi, S. 291.
43  Tokuzo Fukuda, Die gesellschaftliche und wirtschaftliche Entwicklung in Japan, Stuttgart 1900 (= Münchener Volkswirtschaftliche Studien; Bd. 42).
44  Morris-Suzuki, History of Japanese Economic Thought, S. 68.
45  Fukuda, Entwicklung in Japan, S. 117.
46  Karl Rathgen, Rezension zu Fukuda, Die gesellschaftliche und wirtschaftliche Entwicklung in Japan, in: Jahrbuch für Gesetzgebung, Verwaltung und Volkswirtschaft im Deutschen Reich, 25 (1901), S. 341 f.
47  Brief Fukuda Tokuzôs an Lujo Brentano vom 17. 10. 1900, Bundesarchiv Koblenz, Nachlaß Lujo Brentano, 1001/76.
48  Schreiben Fukuda Tokuzôs an Lujo Brentano vom 28. 7. 1901, ebd.
49  Brief Fukuda Tokuzôs an Carl Johannes Fuchs vom 4. 4. 1902, Universitätsbibliothek Tübingen, Nachlaß Carl Johannes Fuchs.
50  Vgl. dazu Thomas R. H. Havens, Farm and Nation in Modern Japan. Agrarian Nationalism, 1870–1940, Princeton 1974, S. 90 ff.
51  Brief Fukuda Tokuzôs an Lujo Brentano vom 21. 6. 1902, Bundesarchiv Koblenz, Nachlaß Lujo Brentano, 1001/76.
52  Bis heute bleibt die Abschottung des japanischen Reis vom Weltmarkt eines der sensitivsten Themen der japanischen Politik.
53  Brief Fukuda Tokuzôs an Lujo Brentano vom 19. 11. 1903, Bundesarchiv Koblenz, Nachlaß Lujo Brentano, 1001/76.
54  Brief Fukuda Tokuzôs an Lujo Brentano vom 8. 2. 1908, ebd.
55  Die Geschichte des japanischen Vereins für Sozialpolitik ist in der westlichen Forschung bislang noch nicht behandelt worden. Die Vereinigung publizierte, wie der »Verein für Socialpolitik«, die Verhandlungen der jährlichen Generalversammlungen, zum Teil unter der Redaktion Fukudas und anderer Gelehrter, die über Studienerfahrungen im Deutschen Reich verfügten.
56  Brief Fukuda Tokuzôs an Lujo Brentano vom 30. 1. 1930, Bundesarchiv Koblenz, Nachlaß Lujo Brentano, 1001/76. Dieser Eindruck Fukudas wird bestätigt von Emil Lederer, der in den 1920er Jahren als Gastprofessor in Tokyo wirkte. Siehe Wolfgang Schwentker, Die Japan-Studien Emil Lederers in: Rikkyō Keizaigaku Kenkyu 44 (1991), S. 107–127.

**Gangolf Hübinger**
**Die Intellektuellen im wilhelminischen Deutschland.**
**Zum Forschungsstand**

1 Christophe Charle, Naissance des »Intellectuels« 1880–1900, Paris 1990.

2 »In this sense, most complex literate societies have their intellectuels, who are marked out by their involvement in the business of articulating reflections on human activities and exercising some kind of cultural authority acknowledged by the attentions of the wider society«, Stefan Collini, Public Moralists. Political Thought and Intellectual Life in Britain 1850–1930, Oxford 1991, S. 28.

3 Siehe Peter Wittig, Intellektuelle in der Politik: Zur Entwicklung des englischen Fabier-Sozialismus, in: Neue politische Literatur 25 (1980), S. 43–61.

4 Einleitende Zusammenfassung von Karl Schlögel, Russische Wegzeichen, in: Vechi. Wegzeichen. Zur Krise der russischen Intelligenz, Essays von Nikolaj Berdjaev u. a., eingeleitet und aus dem Russischen übersetzt von Karl Schlögel, Frankfurt a. M. 1990, hier S. 9 f.

5 Ebd., S. 12, 20.

6 Grete Meisel-Hess, Die Intellektuellen, Berlin 1911.

7 Dietz Bering, Die Intellektuellen. Geschichte eines Schimpfworts, Stuttgart 1978.

8 Michael Stark (Hrsg.), Deutsche Intellektuelle 1910–1933, Heidelberg 1984.

9 Jürgen Habermas, Heinrich Heine und die Rolle der Intellektuellen in Deutschland, in: ders., Eine Art Schadensabwicklung, Frankfurt a. M. 1987, S. 27–54, Zitate S. 32, 31.

10 Karl Kautsky, Akademiker und Proletarier, in: Die Neue Zeit 19, 2 (1900/01), S. 89–91, hier S. 90. Vgl. zur Intellektuellendebatte in der SPD mit weiteren Belegen die prägnante Analyse von Ingrid Gilcher-Holtey, Intellektuelle in der sozialistischen Arbeiterbewegung. Karl Kautsky, Heinrich Braun und Robert Michels, in: J. Rojahn/T. Schelz/H.-J. Steinberg (Hrsg.), Im Banne des Marxismus. Karl Kautskys Bedeutung in der sozialistischen Arbeiterbewegung, Frankfurt a. M. (erscheint 1993).

11 Georg Simmel, Die Großstädte und das Geistesleben, in: Die Großstadt. Vorträge und Aufsätze zur Städteausstellung, von Karl Bücher u. a. (Jahrbuch der Gehe-Stiftung, Bd. 9) Dresden 1903, S. 185–206. Wiederabdruck in: Ders., Das Individuum und die Freiheit, Berlin 1984, S. 192–204, Zitate S. 192 f. Zur Wechselwirkung von Intellektualität und Urbanität siehe jetzt auch Walter Prigge (Hrsg.), Städtische Intellektuelle. Urbane Milieus im 20. Jahrhundert, Frankfurt a. M. 1992.

12 Max Weber, Rezension zu Franz Eulenburg, Die Entwicklung der Universität Leipzig in den letzten hundert Jahren. Statistische Untersuchungen, Leipzig 1909, in: Archiv für Sozialwissenschaft und Sozialpolitik 29 (1909), S. 674.

13 Siehe Max Weber, Gesammelte Aufsätze zur Religionssoziologie, Bd. 2, Tübingen 1920, S. 377. Vgl. auch Hans G. Kippenberg, Intellektuellen-Religion, in: Peter Antes/Donate Pahnke (Hrsg.), Die Religion von Oberschichten, Marburg 1989, S. 181–201.

14 Vgl. im Überblick den Artikel »Intelligenz, Intelligentsia, Intellektueller«, in: Historisches Wörterbuch der Philosophie, hrsg. von Joachim Ritter/Karlfried Gründer, Bd. 4, Sp. 445–458.

15 Vgl. M. Rainer Lepsius, »Über die Institutionalisierung von Kriterien der Rationalität und die Rolle der Intellektuellen« und »Kritik als Beruf. Zur Soziologie der Intellektuellen«, in: Ders., Interessen, Ideen und Institutionen, Opladen 1990, S. 44–52 und S. 270–285.

16 Josef A. Schumpeter, Kapitalismus, Sozialismus, Demokratie, Winterthur 1946, S. 237.

17 Wolfgang Eßbach, Die Junghegelianer. Soziologie einer Intellektuellengruppe, München 1988, S. 20, 419.

18 Ebd., S. 419.

19 Vgl. Fritz Ringer, Fields of Knowledge, French Academic Culture in Comparative Perspective, 1890–1920, Cambridge 1992, S. 40.

20 Siehe hierzu die Einleitung von Reinhart Koselleck, Zur anthropologischen und semantischen Struktur der Bildung, in: Ders. (Hrsg.), Bildungsbürgertum im 19. Jahrhundert Teil II: Bildungsgüter und Bildungswissen, Stuttgart 1990, S. 11–46. Außerdem M. Rainer Lepsius, Das Bildungsbürgertum als ständische Vergesellschaftung, in: Ders. (Hrsg.), Bildungsbürgertum im 19. Jahrhundert Teil III: Lebensführung und ständische Vergesellschaftung, Stuttgart 1992, S. 9–18.

21 Wolfgang J. Mommsen, Kultur und Politik im deutschen Kaiserreich, in: Ders., Der autoritäre Nationalstaat, Frankfurt a. M. 1990,. S. 257–286, bes. S. 282 f.

22 Siehe ausführlicher Rüdiger vom Bruch / Friedrich Wilhelm Graf / Gangolf Hübinger (Hrsg.), Kultur und Kulturwissenschaften um 1900. Krise der Moderne und Glaube an die Wissenschaft, Stuttgart 1989.

23 Ernst Bloch, Briefe 1903–1975, hrsg. von Karola Bloch u. a., Bd. 1, Frankfurt a. M. 1985, S. 66 f.

24 Dritte Auflage, Bd. 4 (1905), Sp. 855.

25 Ludwig Fuld, Sammlung der Intellektuellen, in: Die Kritik. Wochenschau des öffentlichen Lebens 15 (1900), S. 292–296.

26 Siehe ausführlicher R. J. V. Lenman, Art, Society, and the Law in Wilhelmine Germany: The Lex Heinze, in: Oxford German Studies 8 (1973), S. 86–113.

27 Georg Lasson, Intellektualismus? in: Kirchliche Wochenschrift für evangelische Christen, 1903, Sp. 578–581.

28 Der Reichsbote, 26. 9. 1909, Artikel »Der Protestantenverein«.

29 Bischof O. Prohászka, Die Unzulänglichkeit des Intellektualismus in Moral und Religion, in: Hochland 7 (1910), S. 385–391.

30 Christian Pesch, Intellektualismus und Antiintellektualismus, in: Stimmen aus Maria Laach 80 (1911), S. 142–153.

31 Werner Sombart: Wir müden Seelen, in: Morgen. Wochenschrift für deutsche Kultur 1 (1907), S. 513–517, Zitate S. 515, 517.

32 »Zwar hat die intellektuelle Revolte weit über den Kreis des Liberalismus links auf die Sozialdemokratie, rechts auf die alldeutschen Gruppen und die Form ihrer Problematik gewirkt; sogar Konservative konnten sich ihren Einflüssen nicht vollständig entziehen. Doch das äußere Gerüst und die typische Art des deutschen Liberalismus beharrte gleichwohl fort.« Karl Leuthner, Die Rebellion der Intellektuellen, in: Sozialistische Monatshefte 17 (1911), S. 225–231, Zitate S. 230 f.

33 Vgl. Hermann Kellermann, Der Krieg der Geister, Dresden 1915.

34 Paul Westheim, Die Pflicht der Intellektuellen, in: Sozialistische Monatshefte 21 (1915), S. 347–353, Zitate S. 348.

35 Grete Meisel-Hess, Die Intellektuellen, in: Dokumente des Fortschritts 5
   (1912), S. 309–312, Zitate S. 310. Zur intellektuellen Frau in der Gesellschaft
   vgl. übergreifend das Themenheft »Intellektuelle« von: L'Homme. Zeitschrift
   für feministische Geschichtswissenschaft, 2 (1991), Heft 2.

36 Bering, Die Intellektuellen, S. 118 ff.

37 Jüngstes Beispiel in einer Geschichte der Intellektuellen ist Gottfried Eisermann, Die Intellektuellen, in: Der Staat 31 (1992), S. 231–264. Eisermann mokiert sich über die »Bewunderer« Heinrich Heines, die ihn zum Intellektuellen
   avant la lettre erheben und kommentiert in diesem Zusammenhang (S. 243) so
   falsch in der Sache wie süffisant im Ton eine marginale achteinhalbseitige Betrachtung von Rudolf Schay über »Die jüdischen Intellektuellen« und ihre Haltung zwischen Assimilierung und Zionismus: »Vgl. einen der gescheiterten
   Versuche, rein auf konfessioneller Basis eine Klassifizierung der Intellektuellen vorzunehmen, bei R. Schay« (Kölner Vierteljahreshefte für Soziologie 3
   (1923/24), S. 124–132). Deplaciert ist auch die Rede von der »Totschlag-Keule
   des Antisemitismus« (S. 256).

38 George L. Mosse, Jüdische Intellektuelle in Deutschland. Zwischen Religion
   und Nationalismus, Frankfurt a. M. 1992.

39 Ebd., S. 105.

40 »Luther, Friedrich der Große, der Freiherr vom Stein, Fichte, Bismarck, sie
   alle hatten auffallend starke Intellekte und waren doch keine Intellektuellen.
   Dagegen sind die meisten Führerinnen der Frauenbewegung, die liberalen Ab-
   geordneten und ein großer Teil der sozialdemokratischen Partei Intellektuelle«, Oscar A. H. Schmitz, Die Intellektuellen, in: Zeitschrift für Philosophie
   und Pädagogik 21 (1914), S. 247–250.

41 Léon Bazalgette, Intellektualisms und Dekadenz, in: Die Grenzboten 69
   (1910), S. 19–30.

42 Vgl. als Querschnitt und mit ausführlicher Einleitung Jürgen Schutte/Peter
   Sprengel, Die Berliner Moderne, Stuttgart 1987. Siehe auch exemplarisch für
   einen kurzzeitigen bündischen Zusammenschluß einer Intellektuellengruppe
   Christine Holste, Der Forte-Kreis (1910–1915). Rekonstruktion eines utopi-
   schen Versuchs, Stuttgart 1992. Anspruchsvoller im Titel als im Inhalt ist Hans-
   Joachim Eberhard: Intellektuelle der Kaiserzeit. Ein sozialpsychologischer
   Streifzug durch Naturalismus, Antinaturalismus und Frühexpressionismus,
   Frankfurt a. M. 1991.

43 Wolf Lepenies, Aufstieg und Fall der Intellektuellen in Europa, Frankfurt
   a. M. 1992, S. 63 f.

# Die Autorinnen und Autoren

**Rita Aldenhoff**, Dr. phil., geb. 1954; Studium und Promotion (1982) in Düsseldorf; tätig als wissenschaftliche Mitarbeiterin des Arbeitskreises für moderne Sozialgeschichte, Heidelberg. Veröffentlichungen u. a.: Schulze-Delitzsch. Ein Beitrag zur Geschichte des Liberalismus zwischen Revolution und Reichsgründung (1984); weitere Arbeitsschwerpunkte: Max Weber und die Sozialwissenschaften seiner Zeit.

**Dittmar Dahlmann**, Dr. phil., geb. 1949; Studium und Promotion (1983) in Düsseldorf; Leiter der Forschungsstelle für Geschichte und Kultur der Deutschen in Rußland der Universität Freiburg. Veröffentlichungen u. a.: Land und Freiheit. Machnovščina und Zapatismo als Beispiele agrarrevolutionärer Bewegungen (1986), ferner zu Max Weber und zur russischen Geschichte des 19. und frühen 20. Jahrhunderts.

**Edith Hanke**, Dr. phil., geb. 1962; Studium in Bonn und Freiburg, Promotion 1990; tätig als Wissenschaftliche Redakteurin der Max-Weber-Gesamtausgabe in der Bayerischen Akademie der Wissenschaften, München. Veröffentlichung: Prophet des Unmodernen. Leo N. Tolstoi als Kulturkritiker in der deutschen Diskussion der Jahrhundertwende (1993).

**Gangolf Hübinger**, Dr. phil., geb. 1950; Studium und Promotion (1982) in Düsseldorf, Habilitation (1992) in Freiburg. Privatdozent für Neuere und Neueste Geschichte an der Universität Freiburg; Veröffentlichungen u. a.: Georg Gottfried Gervinus. Historisches Urteil und politische Kritik (1984); (Mithrsg.): Kultur und Kulturwissenschaften um 1900 (1989); Forschungen zur Politik-, Geistes- und Wissenschaftsgeschichte des 19. und frühen 20. Jahrhunderts.

**Eva Karádi**, Dr. phil., geb. 1946; Promotion 1975 und Habilitation 1986 in Budapest; Dozentin für Philosophie an der Universität Budapest; Veröffentlichungen u. a.: Georg Lukács, Karl Mannheim und der Sonntagskreis (Mithrsg. 1985); Ernst Bloch und Georg Lukács im Max-Weber-Kreis, in: Mommsen/Schwentker (Hrsg.), Max Weber und seine Zeitgenossen (1988).

**Gerd Krumeich**, Dr. phil., geb. 1945; Professor für Neuere und Neueste Geschichte an der Universität Freiburg; neuere Veröffentlichungen u. a.: Jeanne d'Arc in der Geschichte (1989); Arbeitsschwerpunkte: Geschichte Frankreichs, Militärgeschichte, Erster Weltkrieg, Mentalitätsgeschichte.

**Friedrich Lenger**, Dr. phil., geb. 1957; Studium in Düsseldorf, Bielefeld und Ann Arbor/Michigan, Promotion 1985 in Düsseldorf, Habilitation 1993 in Tübingen; Wissenschaftlicher Assistent für Neuere und Neueste Geschichte an der Universität Tübingen. Veröffentlichungen u. a.: Zwischen Kleinbürgertum und Proletariat. Studien zur Sozialgeschichte der Düsseldorfer Handwerker 1816–1878 (1986); Sozialgeschichte der deutschen Handwerker seit 1800 (1988); Forschungen zur academic community des späten 19. und frühen 20. Jahrhunderts.

**Wolfgang J. Mommsen**, Dr. phil., D. litt. (h. c.), geb. 1930, Professor für Mittlere und Neuere Geschichte an der Universität Düsseldorf; Präsident der Internationalen Kommission für Geschichte der Geschichtsschreibung, Mithrsg. der Max-Weber-Gesamtausgabe; neuere Veröffentlichungen u. a.: Der autoritäre Nationalstaat. Verfassung, Gesellschaft und Kultur des deutschen Kaiserreichs (1990); Das Ringen um den nationalen Staat, Bd. 1: Die Gründung und der innere Ausbau des Deutschen Reiches unter Otto von Bismarck, 1850–1890 (1993); weitere Arbeitsschwerpunkte: Europäischer Imperialismus und Nationalismus; Geschichte der Geschichtsschreibung, europäische Geistes- und Kulturgeschichte im 19. und 20. Jahrhundert.

**Birgitt Morgenbrod**, Dr. phil., geb. 1955, Studium und Promotion (1988) in Düsseldorf; tätig als Wissenschaftliche Mitarbeiterin der Max-Weber-Gesamtausgabe; weitere Arbeitsschwerpunkte: österreichische Geschichte des 19. und 20. Jahrhunderts.

**Wolfgang Schwentker**, Dr. phil., geb. 1953, Studium in Bonn und Düsseldorf, Promotion 1986; nach Forschungsaufenthalten in Tokyo und Oxford derzeit Wissenschaftlicher Assistent am Historischen Seminar der Universität Düsseldorf; Veröffentlichungen u. a.: Konservative Vereine und Revolution in Preußen 1848/49 (1988); Mithrsg.: Max Weber und seine Zeitgenossen (1988); Forschungsschwerpunkt: Japanische Geschichte, deutsch-japanische Gelehrtenbeziehungen, deutsche Sozial- und Ideengeschichte des 19. Jahrhunderts.

# Wolfgang J. Mommsen
# Der autoritäre Nationalstaat

## Verfassung, Gesellschaft und Kultur
## im deutschen Kaiserreich

**Band 10525**

Das deutsche Kaiserreich ist durch eine »Revolution von oben«, und nicht durch einen freien Willensakt seiner Bürger, begründet worden. Die Spuren dieser obrigkeitlichen Vergangenheit sind in seinem politischen System immer sichtbar geblieben. Auf der anderen Seite hätte es ohne die Mitwirkung der liberalen Nationalbewegung nicht entstehen und sich zu einem machtvollen Nationalstaat entwickeln können.

Seit 1897 verschrieb sich das Deutsche Reich einer aggressiven »Weltpolitik«, die nicht nur von konkreten imperialistischen Zielsetzungen bestimmt war. Vielmehr stand hinter ihr das Bestreben der aufsteigenden Mittelschichten, zu einem großen und machtvollen Staatsgebilde zu gehören und damit an politischen Entscheidungsprozessen teilzuhaben, an denen verantwortlich mitzuwirken ihnen die halbkonstitutionelle Verfassungsstruktur weitgehend verwehrte.
Auf diese Weise war der notwendige beständige Ausgleich der Interessen zwischen den Führungseliten und der öffentlichen Meinung nicht möglich. Es entwickelten sich extrem nationalistische Expansionsbestrebungen, die zunehmend die politischen Realitäten hinter sich ließen. Das deutsche Kaiserreich wurde dadurch in den Ersten Weltkrieg hineingetrieben, an dessen Ende der Zusammenbruch der autoritären Staatsordnung und gleichzeitig die Entmachtung der Hohenzollern-Monarchie in der Revolution von 1918 bis 1920 standen.
In diesem Band sind Essays und Aufsätze zusammengefaßt, die zum Teil, da verstreut veröffentlicht, schwer zugänglich waren.

# Fischer Taschenbuch Verlag

fi 1096 / 1

# Das Ende der Kolonialreiche

## Dekolonisation und die Politik der Großmächte
### Herausgegeben von Wolfgang J. Mommsen

Das Ende
der Kolonialreiche
Dekolonisation und die Politik
der Großmächte
Herausgegeben
von Wolfgang J. Mommsen

Geschichte
Fischer

**Band 4439**

Mit Beiträgen von
Rudolf von Albertini,
Dieter Brötel,
Bernhard Dahm, William
Roger Luis, Jürgen Lütt,
Jürgen Osterhammel
und Reinhard Schulze

Die Deutschen, befangen in den unmittelbaren Problemen der Nachkriegszeit und allzusehr beschäftigt mit sich selber, haben für lange Zeit die großen internationalen Entwicklungen, die sich am Rande des Zweiten Weltkrieges und in den beiden Jahrzehnten danach in der Welt vollzogen haben, relativ unbeachtet gelassen. Mit dem Wiederaufstieg der Bundesrepublik zu einer Mittelmacht mit erheblichem wirtschaftlichen Potential und parallel zur Entspannung zwischen den beiden Weltsystemen werden an die deutsche Politik zunehmend Aufgaben und Probleme herantreten, die sich auf das Verhältnis der fortgeschrittenen Industriestaaten zu den Ländern der sogenannten Dritten Welt beziehen.
Anhand von Fallbeispielen aus dem asiatischen und afrikanischen Raum werden die unterschiedlichen, für alle Seiten sehr schmerzhaften Prozesse der Dekolonisation detailgenau und auf der Basis neuester wissenschaftlicher Forschung dargestellt.

## Fischer Taschenbuch Verlag

fi 1094 / 1

»Ein widersprüchliches Buch. Und deshalb ein schönes
Buch. Ein Buch, das betroffen macht und das einen betrifft.«
*Hermann Glaser*

# Nicolaus Sombart

## *Jugend in Berlin*
### 1933-1943

### Ein Bericht
Band 10526

Sombarts Elternhaus stand im alten Grunewaldviertel - im
Rückblick eine Idylle, fern der Massenaufmärsche im Zentrum
der Reichshauptstadt. Die Bibliothek des Vaters und der Salon
der Mutter bildeten die Pole einer eigenwilligen, intellektuell
und künstlerisch vielseitigen Jugend, die bis zur Einberufung
in die Wehrmacht von den politischen Ereignissen auffallend
distanziert blieb. Das Porträt seines Vaters, des »Herrn Ge-
heimrat«, und die Gespräche mit dem »Preußischen Staats-
rat« Carl Schmitt, können darüber hinaus beanspruchen, wichtige Beiträge zur Erforschung der geistigen Haltung jener bildungsbürgerlichen Elite zu sein, die sich der Zerstörung »ihres« Deutschland durch Hitler nicht zu widersetzen verstand.
Das ist die andere Dimension dieses Buches: Ohne die Tabus
der Rechten und der Linken zu respektieren, geht hier jemand
in extremer Subjektivität der Frage nach den mutmaßlichen
Ursachen des »deutschen Sonderweges« nach, wobei - jenseits,
der autobiographischen Anekdote - Antisemitismus, Männer-
bundtradition und Matriachatsmythos zu zentralen Themen
eines originellen Deutungsversuches werden.

# Fischer Taschenbuch Verlag

fi 534 / 2

Gerhard Hirschfeld/Patrick Marsh (Hg.)

*Kollaboration in Frankreich*

Politik, Wirtschaft und Kultur während der
nationalsozialistischen Besatzung 1940-1944
Aus dem Englischen von Hans Günter Holl
351 Seiten. Geb.

Die Kollaboration mit der nationalsozialistischen Besatzungs-
macht während des Zweiten Weltkrieges zählt zu den um-
strittensten, aber auch interessantesten Themen der jüngsten
europäischen Geschichte. Erst allmählich beginnt sich der
Nebel des Vergessens und Verdrängens zu lichten. In Frankreich, wo die Literatur über den Widerstand gegen die Deutschen inzwischen ganze Bibliotheken füllt, blieb die Kollaboration jahrzehntelang ein politisches und gesellschaftliches
Tabu. Dabei funktionierte die Zusammenarbeit zwischen Be-
setzern und Besetzten in kaum einem anderen Land so rei-
bungslos wie in Frankreich. Ohne die Kollaboration hätte
sich die deutsche Herrschaft, hätten sich auch die kleinen und
großen Barbies dieses Systems nicht so ungehindert entfalten
können. Die Autoren des Bandes beschreiben die politischen,
wirtschaftlichen und kulturellen Aspekte der französischen
Kollaboration während des Zweiten Weltkrieges. Der Bogen
ist weit gespannt: Die dubiose Politik Vichy-Frankreichs, seine Ideologien und Pragmatiker werden ebenso erörtert wie
die Rolle der Kirchen und der Mythos der Jeanne d'Arc. Ausführlich befassen sich die Autoren auch mit dem umstrittenen
Verhalten von Künstlern, Schriftstellern, Theater- und Filme-
machern. Der Band schließt mit einer faszinierenden Analyse
der Behandlung der Kollaboration in der französischen Nach-
kriegsgeschichte sowie im modernen französischen Film.

S. Fischer

fi 1131 / 2

# Mentalitäts- und Sozialgeschichte

Günter Barudio
**Paris im Rausch**
Die Revolution
in Frankreich
1789-1795
Band 10503

Dirk Blasius
**Ehescheidung
in Deutschland
im 19. und
20. Jahrhundert**
Band 10406

Fernand Braudel,
Georges Duby,
Maurice Aymard
**Die Welt des
Mittelmeeres**
Zur Geschichte und
Geographie kultu-
reller Lebensformen
Band 4443

Roger Chartier
**Die unvollendete
Vergangenheit**
Geschichte und die
Macht der Weltaus-
legung. Band 10968

Pierre Chaunu
**Europäische Kul-
tur im Zeitalter
des Barock. Bd.7421**

Alain Corbin
**Pesthauch
und Blütenduft**
Eine Geschichte des
Geruchs. Band 4402

N. Zemon Davis
**Frauen und
Gesellschaft am
Beginn der Neuzeit**
Studien über Fami-
lie, Religion und die
Wandlungsfähigkeit
des sozialen Körpers
Band 4403

N. Zemon Davis
**Humanismus,
Narrenherrschaft
und die Riten
der Gewalt**
Gesellschaft und
Kultur im frühneu-
zeitlichen Frankreich
Band 4369
**Der Kopf in
der Schlinge**
Gnadengesuche
und ihre Erzähler
Band 10335
**Die wahrhaftige
Geschichte von
der Wiederkehr
des Martin Guerre**
Band 4433

Georges Duby
**Der heilige
Bernhard und
die Kunst der
Zisterzienser**
Band 10727

# Fischer Taschenbuch Verlag

# Mentalitäts- und Sozialgeschichte

Richard van Dülmen
**Reformation
als Revolution**
Soziale Bewegung
und religiöser
Radikalismus in
der deutschen
Reformation
Band 4366
**Frauen vor Gericht**
Kindsmord in der
frühen Neuzeit
Band 4431
**Hexenwelten**
Magie und
Imagination vom
16.-20. Jahrhundert
Band 4375
**Verbrechen,
Strafen und
soziale Kontrolle**
Studien zur histo-
rischen Kultur-
forschung III
Band 10239

Richard van Dülmen
**Dynamik der
Tradition**
Studien zur
histrischen Kultur-
forschung IV
Band 11052

(Hg.) R. van Dülmen,
Norbert Schindler
**Volkskultur**
Zur Wiederent-
deckung des ver-
gessenen Alltags
16.-20. Jahrhundert
Band 3460

Arlette Farge,
Jacques Revel
**Logik des
Aufruhrs**
Die Kinder-
deportationen
in Paris 1750
Band 7419

François Furet,
Denis Richet
**Die Französische
Revolution**
Band 7371

Hermann Glaser
**Industriekultur
und Alltagsleben**
Vom Biedermeier
zur Postmoderne
Band 11751

Eva Labouvie
**Zauberei und
Hexenwerk**
Ländlicher Hexen-
glaube in der frühen
Neuzeit. Band 10493

Peter Laslett
**Verlorene
Lebenswelten**
Geschichte der vor-
industriellen Gesell-
schaft. Band 10561

# Fischer Taschenbuch Verlag

fi 1702 / 4 b

# Mentalitäts- und Sozialgeschichte

Maurice Lombard
**Blütezeit des Islam**
Eine Wirtschafts-
und Kultur-
geschichte
8.-11. Jahrhundert
Band 10773

W. J. Mommsen (Hg.)
**Das Ende der
Kolonialreiche**
Dekolonisation
und die Politik
der Großmächte
Band 4439

L. Niethammer u.a.
**Bürgerliche
Gesellschaft in
Deutschland**
Historische Ein-
blicke, Fragen,
Perspektiven
Band 4387

W. Reinhard (Hg.)
**Imperialistische
Kontinuität und
nationale Ungeduld
im 19. Jahrhundert**
Band 10576

Norbert Schindler
**Widerspenstige
Leute.** Studien zur
Volkskultur in der
frühen Neuzeit
Band 10576

W. Schivelbusch
**Geschichte der
Eisenbahnreise**
Zur Industrialisie-
rung von Raum und
Zeit im 19. Jahr-
hundert. Band 4414
**Das Paradies,
der Geschmack
und die Vernunft**
Eine Geschichte
der Genußmittel
Band 4413

Paul Veyne
**Die Originalität
des Unbekannten**
Für eine andere
Geschichtsschreibung
Band 7408

Michel Vovelle
**Die Französische
Revolution**
Soziale Bewegung
und Umbruch der
Mentalitäten
Band 4340

Heinrich
August Winkler
**Zwischen Marx
und Monopolen**
Der deutsche
Mittelstand vom
Kaiserreich zur
Bundesrepublik
Deutschland
Band 10405

# Fischer Taschenbuch Verlag

# Wissenschaft im geteilten Deutschland

## Restauration oder Neubeginn nach 1945?

Herausgegeben von
Walter H. Pehle und Peter Sillem
Band 11464

Mit Beiträgen von *Wolfgang Benz,
Peter Dudek, Helmut Fahrenbach, Bernd Faulenbach, Gerd
Irrlitz, Ernst Klee, Dietmut Majer, Peter Mattes, Manfred
Naumann, Karl-Siegbert Rehberg, Willibald Sauerländer,
Klaus R. Scherpe, Hans Schleier, Helga und Lothar Sprung
sowie Helmut Steiner*

Die Autoren des Bandes untersuchen die Verhältnisse nach
1945 in West- und Ostdeutschland. Sie kommen zu dem
Ergebnis, daß in beiden deutschen Staaten die Entwicklungen
höchst unterschiedlich verliefen. Gerade in Ostdeutschland
hat es nach 1945 große Chancen gegeben - nicht ohne Grund
sind so viele Emigranten dorthin zurückgekehrt -, die dann
freilich mit der Etablierung des DDR-Staates vom Stalinismus
unterdrückt wurden. Im Westen verlief die Entwicklung hingegen bruchlos - von wenigen Ausnahmen abgesehen. Die
Zahl der zur Rechenschaft Gezogenen ist selbst in Promille-
Werten kaum meßbar: Es gab hier keine »Stunde Null«. Den
15 Beiträgen des Bandes liegen Vorträge zugrunde, die während der »Frankfurter Historik-Vorlesungen« 1991 gehalten
wurden. Autoren aus der alten Bundesrepublik und aus der
ehemaligen DDR untersuchen aus ihrer jeweils besonderen
Perspektive die Entwicklungen ihrer Disziplinen: Zeitge-
schichte, Soziologie, Rechtswissenschaft, Philosophie, Psy-
chologie, Kunstgeschichte, Literaturwissenschaft, Pädagogik, Theologie und Geschichtswissenschaft.

## Fischer Taschenbuch Verlag